高职高专互联网+新形态教材·财会系列

企业纳税筹划
(微课版)

谭晓宇　主　编

林艳华　孟宵冰　副主编

李　璐　张宝娟　郭金林　参　编

清华大学出版社
北京

内 容 简 介

"企业纳税筹划"是高职院校会计、财务管理等专业的一门理论与实践紧密结合的职业核心技能培养课程。本书采用任务驱动教学方法，对每一个纳税筹划任务通过案例引入、筹划思路、税法依据、筹划方案解析、筹划点评等环节，将"教、学、做"融为一体，具有较强的可操作性，使学生在课程学习过程中通过理论学习和技能训练，培养纳税筹划能力，独立分析和解决纳税筹划任务。全书共分为7个模块：纳税筹划认知、企业设立阶段的纳税筹划、企业购产销阶段的纳税筹划、企业经营阶段的其他税种纳税筹划、企业利润核算阶段的纳税筹划、企业重组的纳税筹划、企业真实业务的纳税筹划案例。

本书既可以作为高职高专会计专业、财务管理专业及相关专业学生的教材，也可以作为税务筹划相关工作从业人员的参考书。

图书在版编目(CIP)数据

企业纳税筹划：微课版/谭晓宇主编. —北京：清华大学出版社，2023.10（2025.1重印）
高职高专互联网+新形态教材. 财会系列
ISBN 978-7-302-64738-6

Ⅰ. ①企…　Ⅱ. ①谭…　Ⅲ. ①企业管理—税收筹划—高等职业教育—教材　Ⅳ. ①F810.423

中国国家版本馆 CIP 数据核字(2023)第 190545 号

责任编辑：梁媛媛
装帧设计：刘孝琼
责任校对：李玉茹
责任印制：沈　露

出版发行：清华大学出版社
　　　　网　　　址：https://www.tup.com.cn, https://www.wqxuetang.com
　　　　地　　　址：北京清华大学学研大厦 A 座　　　邮　　编：100084
　　　　社 总 机：010-83470000　　　　　　　　　邮　　购：010-62786544
　　　　投稿与读者服务：010-62776969, c-service@tup.tsinghua.edu.cn
　　　　质量反馈：010-62772015, zhiliang@tup.tsinghua.edu.cn
　　　　课件下载：https://www.tup.com.cn, 010-62791865

印 装 者：三河市少明印务有限公司
经　　销：全国新华书店
开　　本：185mm×260mm　　　印　张：17.5　　　字　数：422 千字
版　　次：2023 年 10 月第 1 版　　　印　次：2025 年 1 月第 3 次印刷
定　　价：49.80 元

产品编号：094565-01

前　　言

在高等教育中，"企业纳税筹划"是会计、财务管理等专业的一门理论与实践紧密结合的职业核心技能培养课程。在实际工作中，企业纳税筹划是企业在法律规定的许可范围内，通过对经营、投资、理财等活动的事先筹划与安排，对纳税方案进行优化选择，以期达到节约税收成本或税后所得最大化的一种经济行为。可以说，纳税筹划是企业充分利用国家的税收优惠政策进行的，可以有效推进国家利用税收优惠想要达成的目标的实现。此外，企业实施纳税筹划，可以对国家税收立法的完善提供重要的参考。

随着税法制度的不断完善，很多企业虽然有纳税筹划的意愿，但因缺乏纳税筹划人才，或者没有聘请外部财税专家进行纳税筹划，而往往使用违法行为达到逃避税收负担的目的，这不仅不会使企业节约税收成本或者取得税后收益最大化，反而会因为税收违法行为导致企业纳税成本的增加。

税务专家在长期纳税筹划实践中发现，企业纳税筹划空间不仅存在于会计核算环节，而且存在于投资、交易、技术操作或生产管理的各个环节，企业只有系统地实现科学筹划，在降低成本的同时完善内部纳税体系，改善税企关系，才能实现纳税筹划的目标。因此，开展纳税筹划是企业在市场经济体制下的当务之急，也是企业在市场竞争中立于不败之地的基本前提。

本书的编写具有以下特点。

1. 体例新颖、易学实用

本书打破了传统的按税种分体系编写的模式，创新性地按照企业生产经营事项及会计核算工作过程架构教材体系，从企业实际出发，选取企业经营过程中的典型项目作为学习阶段的纳税筹划任务，构建教学内容。在编写过程中，以"实用、够用、可操作"为原则，力求易学易做。

2. 内容系统、可操作性强

本书采用任务驱动教学方法，通过案例引入、筹划思路、税法依据、筹划方案解析、筹划点评等环节，将"教、学、做"融为一体，具有较强的可操作性。学生在课程学习过程中，通过理论学习和技能训练，可以具备对企业设立阶段、企业购产销阶段、企业利润核算阶段、企业重组阶段等不同模块中的纳税筹划能力。然后，通过独立分析和解决相关纳税筹划任务，制定纳税筹划方案，独立地、较熟练地完成企业经营过程中所涉及的典型纳税筹划工作任务，从而充分体现高职教育以培养学生的能力为本的特色。

3. 思政指引、立德树人

作为落实立德树人根本任务的重要课程，本书结合税种特点和纳税筹划的方式方法，增加思政指引栏目，填补了专业教材思政育人的缺失。思政元素的指引以诚信纳税、合规守矩、规范前行为主线，并厚植爱国主义情怀，将爱国心、强国志、报国行的责任担当融入其中。通过思政元素的指引，引导学生塑造正向价值观，增长知识，强化技能，同时注重锤炼德法兼修的职业素养，使成人与成才同向同行。

本书共分为 7 个模块，其中，模块 1 纳税筹划认知、模块 5 企业利润核算阶段的纳税筹划中的项目 19、20 由谭晓宇编写；模块 2 企业设立阶段的纳税筹划、模块 6 企业重组的纳税筹划由张宝娟编写；模块 3 企业购产销阶段的纳税筹划由林艳华编写；模块 4 企业经营阶段其他税种的纳税筹划由李璐编写；模块 5 企业利润核算阶段的纳税筹划中的项目 21、22 由郭金林编写；模块 7 企业真实业务的纳税筹划案例由孟宵冰编写。全书由谭晓宇设计、总纂、统稿，由众腾人力资源集团有限公司财务总监、注册税务师马红帮审稿。

由于近几年税收政策法规改革较大，本书根据最新的税收政策(包括企业所得税、增值税、消费税、印花税等)的变化，增加了针对最新税收政策进行纳税筹划的法规依据和筹划方法。虽然本书在编写过程中尽最大努力紧跟实际，但往往刚完成一个任务的编写，政策就发生变化的情况时有发生，加之编者水平有限，书中难免存在错漏或不尽人意的地方，望广大读者批评、指正。

本书在撰写过程中，参考并借鉴了大量的相关纳税筹划领域的著作、教材和论文，在此向其作者表示由衷的感谢；此外，本书还得到了烟台市税务局专家、山东金点典税务师事务所所长、山东康桥律师事务所合伙人的大力帮助，在此一并表示感谢。

编　者

目　　录

模块 1　纳税筹划认知

模块2 企业设立阶段的纳税筹划

高职高专互联网+新形态教材·财会系列

模块 3 企业购产销阶段的纳税筹划

高职高专互联网＋新形态教材·财会系列

模块 4 企业经营阶段的其他税种纳税筹划

高职高专互联网+新形态教材·财会系列

模块 5 企业利润核算阶段的纳税筹划

模块 6　企业重组的纳税筹划

模块 7　企业真实业务的纳税筹划案例

高职高专互联网＋新形态教材·财会系列

模块 1 纳税筹划认知

项目 1
纳税筹划与避税

【学习目标】

[能力目标]

能够理解纳税筹划的意义，对纳税筹划有正确的认识。

[知识目标]

1. 理解纳税筹划与避税的内涵，掌握二者的区别。
2. 理解节税、税负转嫁、涉税零风险筹划的形式。
3. 掌握纳税筹划的特点。
4. 了解纳税筹划的目标。

[素质目标]

1. 利用多种途径，了解我国税法及相关条例、细则，具备扎实的法规理论功底。
2. 多方位锻炼自己与人沟通的能力，增强自己的团队协作能力。

【思政指引】

关键词：合法依规

纳税筹划的核心是通过合法的方式，最小化纳税义务，从而降低企业的税收负担。纳税筹划需要从企业整体战略出发，综合考虑企业自身条件、行业特点、国家政策等因素，采取最优的税务规划方案，达到降低税率、延缓税款缴纳、缩减税基、避免税务风险等的目的。

【项目引例】

王先生欲创办企业，现有三种企业组织形式可供选择：一是成立个人独资企业；二是成立合伙企业(假设 3 人合伙)；三是成立一人有限公司。在预期所得额相同的情况下，从节税的角度应如何进行选择？

由于中国税收法律和法规的复杂性，特别是各类税收法规的不断出台，税赋风险已经成为企业生产经营中最常见、最主要的风险之一。

所谓的税赋风险，是指纳税人因违反税收法律法规而遭受惩罚的风险，以及纳税人因多重缴税而承受额外的经济负担的风险。

依法纳税是纳税人应尽的义务，但是很多企业由于缺乏内部纳税筹划人才，或者没有聘请外部财税专家进行纳税筹划，导致企业不堪税负，甚至有些企业采用不合法的手段，如偷税、逃税、骗税、抗税等，最终一败涂地。

国内税务专家在长期纳税筹划实践中发现，企业纳税筹划空间 80%以上不在会计核算环节，而是在投资、交易、技术操作或生产管理环节，企业必须借助纳税筹划专家，才能系统地实现科学筹划，在降低成本的同时完善内部纳税体系，改善税企关系。因此，开展纳税筹划是企业在市场经济体制下的当务之急，也是企业在市场竞争中立于不败之地的基本前提。

纳税筹划在西方国家的理论研究和实践应用起步较早，在 20 世纪 30 年代就曾引起社会的广泛关注，并得到法律的认可。在我国，自 20 世纪 90 年代初引入纳税筹划以来，其功能和作用不断被人们接受和重视。

1.1　认识纳税筹划

1.1.1　纳税筹划的含义

纳税筹划的含义

纳税筹划、税务筹划等概念是由英文"tax planning"翻译而来的。

国际财政文献局在 1998 年版《国际税收词汇》中是这样表述"税务筹划"的：税务筹划是使一个经营和(或)私人事务缴纳尽可能少的税收的安排。这里所讲的"人"，可以是自然人，也可指法人或其他组织。

我国关于纳税筹划的概念，从已有的专著来看，具有代表性的说法归纳起来主要有三种：一是税务筹划属于避税范畴，避税包括税务筹划、税收规避和税收法规的滥用三种方式。二是税务筹划有广义和狭义理解之分。广义的看法中，张中秀教授认为，税务筹划是指一切采用合法和非违法手段进行的纳税方面的策划和有利于纳税人的财务安排，主要包括非违法的避税筹划、合法的节税筹划与运用价格手段转移税负的转嫁筹划和涉税零风险；盖地教授认为，税务筹划包括节税筹划和避税筹划。狭义的税务筹划是指企业合法的节税筹划。三是将税务筹划外延到各种类型的少缴税、不缴税的行为，甚至将逃税策划、骗税策划也都包括在纳税筹划的概念中。

因此，国内对"税务筹划"的定义基本上可以归纳为：企业在法律规定的许可范围内，通过对经营、投资、理财等活动的事先筹划与安排，进行纳税方案的优化选择，以期达到节约税收成本或税后所得最大化的一种经济行为。

1.1.2 纳税筹划产生的重要意义

随着纳税筹划的各类方法和途径日益受到企业经营者的关注和重视，可以说，无论是个人还是企业，有序规范地开展纳税筹划具有十分重要的价值和意义。

(1) 企业实施纳税筹划有助于纳税人实现经济利益最大化。纳税人通过纳税筹划，一方面可以减少现金流出，从而达到在现金流入不变的前提下增加净流量；另一方面，可以延迟现金流出时间，获得货币的时间价值，从而提高资金的使用效率，帮助纳税人实现最大的经济效益。

(2) 纳税筹划可以最大限度地强化企业的纳税意识，实现诚信纳税，减少企业发生"偷、逃、欠、骗、抗"税等税收违法行为。纳税筹划的存在和发展为纳税人节约税收开支提供了合法的渠道，这就在客观上减少了企业税收违法的可能性，使其远离税收违法行为。

(3) 纳税筹划有助于企业提高自身的经营管理水平，尤其是财务管理和会计核算水平。如果一个国家的现行税收法规存在漏洞而纳税人却无视其存在，这可能意味着纳税人经营水平层次较低，对现有税法没有深层次的掌握，更谈不上依法纳税和诚信纳税了。

(4) 纳税筹划是国家推进税收优惠政策，鼓励企业从事税收政策所鼓励的行为，有利于国家通过完善税收立法，完善相关法律制度。因此，企业实施纳税筹划不仅有利于降低税务成本，而且有利于企业有效贯彻国家的宏观经济政策，使经济效益和社会效益达到有机结合，从而增加国家税收。

1.1.3 纳税筹划的相关概念

纳税筹划是通过涉税业务进行筹划并制定一整套完整的纳税操作方案从而达到减轻税负、节税的目的。因此，在进行纳税筹划时，会涉及以下几个相关概念。

1. 税收

税收是政府为了满足社会公众的需要，凭借政治权力，强制、无偿地取得财政收入的一种形式。

2. 税法

税法是国家制定的用于调整国家与纳税人之间在征纳税方面的权利及义务关系的法律规范的总称。

3. 避税

避税强调的是不违背法律本身，但违背了法律立法精神，是指企业利用法律的空白、漏洞或缺陷，来对各种涉税事项进行策划和安排，通过规避税收来实现企业价值最大化。一方面，由于避税违背了法律立法精神，风险较大，是一种短期行为，最终难以实现企业价值最大化的目标，所以避税被称为"合法的逃税"。20 世纪 80 年代之后，越来越多的国家在税法中加入了反避税条款。随着税法的逐渐严密与完善，避税的可利用空间将会越来越小。另一方面，企业的避税行为又会促使政府弥补漏洞与缺陷，客观上能够促使税法逐步得到完善。

4. 节税

节税，顾名思义，就是节减税收，是纳税人利用税法的政策导向性，在税法规定允许或者鼓励的范围内进行的纳税选择，即采取合法手段减少应纳税款的行为。节税一般是指在多种经营活动中选择税负最轻或税收优惠最多的而为之，以达到减少税收的目的。节税遵循了税法的立法精神，顺应了政府的政策导向，有利于加强政府对投资和经济的宏观调控，因此节税实质上就是纳税筹划的另一种委婉表述。

5. 税负转嫁

税负转嫁是指纳税人在缴纳税款之后，通过各种途径将自己应该负担的税收转移给他人的一种行为。如果纳税人与实际负税人是同一个人，就不存在税负转嫁的情况；但当纳税人和负税人不一致时，则必然存在税负转嫁。通常，税负转嫁发生在间接税的征收过程中。税负转嫁有不同的途径，如前转、后转或消转等。

1.2　纳税筹划的特点

纳税筹划的特点

纳税筹划是通过事先的规划，在合乎税法规定的前提下，最大限度地降低纳税人税负的一种行为。因此，纳税筹划具备以下六个特点。

1.2.1　合法合理性

合法合理性是指纳税筹划必须以不违反国家现行的税收法律、法规为前提，否则将构成税收违法行为。同时，纳税筹划应适应其企业的特点，并结合企业整体长远利益考虑，与不实施纳税筹划相比，能够给企业带来更多的经济效益。

1.2.2　筹划目的性

筹划目的性是指纳税筹划要有明确的目的，即取得税收利益，实现企业价值最大化或股东财富最大化。在进行纳税筹划时，企业既可以选择较低税负的纳税筹划方案，也可以选择总体收益最大化的纳税筹划方案。低税负意味着低税收成本，低税收成本意味着高资本回收率。企业还可以选择滞延纳税时间，在税法允许的范围内，尽量争取延期缴纳税款，纳税时间的滞延相当于企业在滞延期内得到一笔无息贷款，在通货膨胀环境中，纳税时间的推后还可减少企业的实际税款支出。

1.2.3　事先设计性

事先设计性是指纳税筹划是对未来应纳税事项进行事先规划、设计和安排，以便使企业取得整体的财务收益，实现企业价值最大化。通过事先设计，或降低税负，或实现企业经济效益最大化，或获取资金的时间价值，从而实现纳税筹划的目的。一方面，企业只有在经营行为发生之后才有纳税义务的发生，因此纳税义务的发生通常具有滞后性，这决定了企业可以对自身应税经营行为进行事前安排。另一方面，纳税筹划要在应税行为发生之前进行，一旦业务已经发生，事实已经存在，纳税义务已经形成，此时便无法筹划了。

1.2.4　筹划统筹性

筹划统筹性是指纳税筹划应该从战略的角度去考虑和把握，企业进行纳税筹划时应当用全面、发展的眼光统筹看问题。企业在进行税务筹划时，应着眼于企业整体税负的降低，不能只盯在个别税种负担的高低上，孤立地对单个税种进行筹划。另外，纳税筹划作为企业财务管理系统中的一个组成部分，与企业其他财务管理活动是相互影响、相互制约的，税负的降低不一定意味着企业股东权益的增加，有时一味追求减轻税负，反而会导致企业股东权益的减少，所以要通过纳税筹划来统筹安排。企业在进行纳税筹划时还需要注意的是，在纳税筹划的过程中要及时根据经济环境和企业实际情况的不断变化对方案进行必要的调整。

1.2.5　筹划专业性

筹划专业性是指企业在设计、安排纳税筹划时，必须由掌握专业知识、专业方法的专门人才来完成，其过程具有高度的专业性。纳税筹划的专业性有三层含义：一是企业的税务筹划需要由财务、会计，尤其是精通税法的专业人员进行；二是企业进行纳税筹划必须采用专业方法来完成，一般较多采用统计学方法、数学方法、运筹学方法及会计学方法等来进行预测、决策和规划；三是随着现代社会经济发展日趋复杂，各国税制也越趋复杂，仅靠纳税人自身进行税务筹划已显得力不从心，税务代理、咨询及筹划业务应运而生，税务筹划呈现日益明显的专业化特点。

1.2.6　筹划过程多维性

首先，纳税筹划贯穿于生产经营活动的全过程，每个可能产生税收成本的环节均可以实施纳税筹划。因此，企业不仅要对生产经营过程规模大小的控制、会计方法的选择及购销活动的安排等进行纳税筹划，而且在企业设立之前对注册地点的选择、组织方式的选择、产品经营品种的确定等也应进行纳税筹划。其次，纳税筹划活动的设计不应仅限于一个企业，应同其他企业合作，共同探索纳税筹划的可能性与途径。

1.3　纳税筹划的原则

纳税筹划有利于实现企业价值或经济利益最大化，所以纳税人在开展经营活动时都倾向于进行纳税筹划。但如果纳税人无原则地进行纳税筹划，可能就达不到预期的目的。根据纳税筹划的性质和特点，企业进行纳税筹划时，应当遵循以下原则。

1.3.1　财务价值最大化原则

纳税筹划属于财务管理范畴，纳税筹划的目标应与财务管理的目标相一致。现代财务理论基本上确立了以企业价值最大化作为财务管理的目标，企业的内在价值应当是未来企业能够创造的现金净流量的现值，是对未来现金流入和流出、现金流量的时间价值和风险综合评价的结果。这个原则对筹划提出的要求是：筹划活动必须兼顾全局，考虑包括税收在内的各方面因素；在多种备选方案中，选择体现全体利益相关者利益的方案；进行筹划时，要兼顾各个税种之间的关系，全面考虑方案结果对纳税人整体财务状况的影响，同时也要考虑方案可能带来的非财务影响，包括相关的社会效益和对企业形象的影响。

1.3.2　筹划性原则

纳税筹划是一种以筹划为前提的行为，因此纳税筹划应当遵循筹划性原则。所谓筹划性，就是要对自己的生产经营状况进行调整和安排。这种调整和安排既包括地域上的调整和安排，也包括产业和行业上的调整和安排，还包括具体生产经营过程中的调整和安排。其目的是满足税收优惠政策所规定的条件，或者满足低税率所规定的条件，或者能够最大限度地减轻税法所确认的交易额、经营额或者收入额。纳税人在进行纳税筹划时，必须在国家与纳税人的税收法律关系形成以前，根据国家税收法律的差异性，对自己的经营、投资、理财等活动进行事前筹划和安排，尽可能地减少应税行为的发生，降低自己的税收负担水平，为实现纳税筹划目标做好充分准备；否则，一旦自己的经营、投资、理财等活动已经形成，纳税义务已经产生，再想减轻税收负担就非常困难。

纳税筹划可以使纳税人获得利益，但无论是内部筹划，还是外部筹划，都要耗费一定的人力、物力和财力。纳税筹划要尽量使筹划成本降到最低水平，使筹划效益达到最大化。

1.3.3　合法性原则

纳税筹划应当遵循合法性原则。纳税筹划的第一步，就是要认真了解税法的相关规定。只有了解税法的内容，才能确保在法律允许的范围内进行纳税筹划。纳税筹划不能曲解法律，更不能违反法律的明确规定。一般来说，税法规定了优惠政策，就是希望纳税人能从事优惠政策所鼓励的行为。纳税人因从事该行为而享受优惠政策，并且减轻税收负担，不仅合法而且是税法鼓励的行为。

作为纳税主体的企业法人，承担的税种较多，纳税税基、地点、时限、税率等各有差异，如果进行纳税筹划，企业的税负可能就有所不同。企业要进行纳税筹划，首先应当遵守国家相关税收法律法规，要求纳税筹划的当事人熟知国家各项税收法律法规，只有在懂法、守法的基础上，才能进行有效的纳税筹划。

1.3.4　动态调整原则

纳税筹划是一门科学，有其自身规律。但是，无论多么完美的纳税筹划方案，都只是一定历史条件下的产物，不可能在任何时间、任何地点、任何情况下都适用。纳税筹划的一个典型特点是合法性，究竟是否合法，取决于一个国家在一定时期内的具体法律规定。

受各种主客观因素的影响，国家的财税法律政策是不断调整的，因此纳税筹划方法不能长期固定不变，而应根据变化了的新法律、新政策及时进行修订和完善，以使其不断保持旺盛的生命力并指导实践。如果企业拟长期实现企业价值最大化，就必须密切关注国家有关税收法律法规的变化，并根据国家税收法律法规等的变化及时修正或调整纳税筹划方

高职高专互联网＋新形态教材·财会系列

案，使之符合国家税收法律法规的规定，以防止出现违法违规行为。因此，适时动态调整纳税筹划方案是纳税筹划的一个不容忽视的重要原则。

1.3.5 利益兼顾原则

企业在进行纳税筹划时，一方面，要注意兼顾纳税单位内部局部与整体的利益，对局部有利但对整体不利的纳税筹划要摒弃或慎用，对局部和整体都有利的纳税筹划要多用，对局部有大利并对整体无害或对整体有大利但对局部有小害的纳税筹划要相机使用。

另一方面，要注意兼顾国家、集体和个人的利益。对个人有利但对国家、集体有害的纳税筹划原则上要禁用，对国家、集体、个人都有利的纳税筹划要多用，对国家、集体无害且对个人有利的纳税筹划或对国家、集体有大利但对个人仅有小利的纳税筹划要相机使用。

以上原则需要在纳税筹划的过程中综合考虑、综合运用，不能只关注一个或几个原则，而忽略了其他原则，否则就可能顾此失彼，最终达不到纳税筹划的目的。另外，以上应该遵守的原则都必须在法律所允许的限度内实施，也可以说合法性原则是最基础的原则。

1.4　纳税筹划的目标

纳税筹划的目标是指企业通过纳税筹划希望或可能达到的目的。对纳税筹划的目标定位是否准确，会直接影响纳税筹划方案实施的成败。

1.4.1 节约纳税成本

节约纳税成本也可称为"减轻税收负担"，或者"纳税成本最小化"。这一目标是纳税筹划产生的直接动因。纳税人是税收义务的承担者，企业作为市场经济的主体，在产权界定清晰的前提下，总是致力于追求自身经济利益的最大化。要实现经济利益的最大化，就是要使总成本最小化。通过合理的筹划，可以降低这些成本，为纳税人带来实际经济效益。实际上，也就意味着纳税筹划为纳税人创造了筹划效益。

纳税筹划的这一目标不应该简单追求缴税绝对额最低，而是追求相对缴税额的降低。在保证其他经济目标不受影响的前提下，如果因为筹划后将原本应该缴纳的税负减免或延期，以及将原本应该缴纳的金额较大的税负减少，这都是成功的筹划。而如果筹划虽然降低了税负，却影响了其他经营活动或者经济指标，那么纳税筹划就可能是得不偿失的。因此，纳税筹划以税负最小化为目标具有很大的缺陷，甚至会将企业的纳税筹划引入误区。当然，降低税负是纳税筹划最直接的动机，是纳税筹划兴起与发展的直接原因，没有节税动机，也就不可能会有纳税筹划。

1.4.2 实现涉税零风险

涉税零风险是指纳税人账目清楚，纳税申报正确，缴纳税款及时、足额，不会出现任何关于税收方面的处罚，即在税收方面没有任何风险，或风险极小甚至可以忽略不计的一种状态。纳税人在对纳税采取各种应对行为时，可能涉及的风险包括因为纳税人在与纳税有关的各项工作的疏漏而导致损失或者增加纳税成本的风险，如政策风险、管理风险、权力风险等。实现涉税零风险是纳税筹划方案的最低目标，同时也是实现最高目标的基础。纳税人在履行纳税义务时，首先要做到合法，在涉税上不出现法律风险；其次才是在合法的基础上运用各种筹划方法，实现最低税负。

实现企业涉税零风险，虽然不一定能够直接获取税收上的好处，但能间接地获得一定的经济利益，具体表现为：第一，可以使纳税人免遭税务机关的任何税收方面的处罚，避免发生不必要的经济损失；第二，会使企业品牌和产品具有良好的市场信誉，可以避免发生不必要的名誉损失；第三，有利于企业控制成本费用，也有利于企业的长远发展与规模扩大，更有利于企业开展财务管理和进行纳税筹划。

1.4.3　实现税后利润最大化

税后利润最大化是在节约纳税成本、实现税负最小化目标的基础上，对企业经营产生的收入、成本费用及税后利润之间进行统筹考虑。它在一定程度上克服了只考虑税负高低，而没有考虑相关收入和成本费用的缺陷。实现税后利润最大化的目标，是目前纳税筹划理论和实务中较多采用的目标之一。企业经营收入扣除成本、费用及税金后，才会形成企业的税后利润。要实现税后利润最大化，必须考虑相关因素的变化，即企业营业收入增加的同时，减少成本费用，同时尽可能减少缴纳的税款，使企业税后利润达到最大化。

但是应该看到的是，实现税后利润最大化的目标，没有解决货币时间价值和风险计量的问题。当纳税筹划方案涉及不同期间的现金流量时，由于货币资金具有现值或者终值的变化，如果只注重对本年利润的追求，没有把货币资金的时间价值考虑到筹划中，就会造成纳税筹划的短期行为，不能兼顾企业的长远发展，有可能使纳税筹划得到的结果出现差异，从而导致决策失误。当然，在一年以内的短期纳税筹划决策中，把实现税后利润最大化作为筹划目标，通常是可以选择和评价出最优纳税筹划方案的。

1.4.4　获取资金时间价值

由于货币资金具有时间价值，所以通常纳税人可以通过一定的手段，将当期应该缴纳的税款延缓到以后年度缴纳，从而获得货币资金的时间价值，这是企业纳税筹划目标体系的有机组成部分。

既然货币资金具有时间价值，那么企业就应该尽量减少当期的应纳税所得额，以延缓当期的税款缴纳。虽然这笔税款迟早是要缴纳的，但本期内无偿占用这笔资金就相当于获得一笔无息贷款，并且这笔无息贷款不会存在任何的财务风险。因此，纳税人在生产经营决策中，只有把货币资金的时间价值考虑进去，才能使纳税筹划方案设计得更具科学性。但企业也不能只单纯地为了获取货币资金的时间价值，而每期都最大限度地延缓缴纳税款，这样在一定程度上会影响企业的税收信誉。

1.4.5　维护企业自身的合法权益

维护企业自身合法权益是企业进行纳税筹划必不可少的一个环节。从依法纳税的角度来看，纳税筹划是对纳税人依法纳税的权利和税务机关依法征税的权力进行调整，以实现税收增长与经济发展的良性互动，促进经济的长期持续发展。依法纳税，不仅要求纳税人依照税法规定及时足额地缴纳税款，还要求税务机关依照税法规定合理合法地征收税款。企业负有及时足额缴纳税款的义务，对应缴纳的税款，不能偷税、漏税和逃税；但对不应缴纳的税款，企业有权拒绝缴纳，以维护自己的合法权益。

项 目 训 练

一、理论训练

1. 简述纳税筹划与避税、偷税的区别。

2. 简述纳税筹划的特点。

3. 简述纳税筹划的目标。

4. 企业可以采用哪些手段进行避税？你认为是否合法？

二、操作训练

1. 由 5 人组成一个小组，讨论对纳税筹划的认识，谈谈企业是否应该进行纳税筹划。

2. 组织观摩纳税筹划团队的纳税筹划过程，增加实际工作体验。

项目 2

纳税筹划的方法、技术手段与实施步骤

【学习目标】

[能力目标]

能够使用有效的纳税筹划技术手段与方法，按照纳税筹划步骤，设计、制定各阶段纳税筹划方案。

[知识目标]

1. 熟悉纳税筹划的方法与技术手段。
2. 了解纳税筹划的实施步骤。

[素质目标]

1. 联系实际，深刻领会纳税筹划的方法和技术手段，储备深厚的理论功底。
2. 多方位提升与人沟通的能力，加强团队协作能力。

【思政指引】

关键词：诚实守信

诚信是人类社会生活的基本要求，"内诚于心，外信于人"是一种美德。只有坚守诚信，才能获得长久的发展，企业、个人概莫能外。诚信是企业提品质、创品牌、赢口碑的重要助力，是竞争中克敌制胜的重要砝码。以诚信为基础形成的纳税筹划方案必将为企业的长远发展保驾护航。

【项目引例】

红星企业 2022 年拟委托加工一批化妆品，由受托加工单位代收代缴消费税 500 万元。

现有两个受托单位可以选择：一是设在市区的乙公司，二是设在县城的丙公司。假设两个公司的信誉和加工质量相同。试问：应选择哪个公司？请为其进行纳税筹划。

方案一：选择设在市区的乙公司作为受托方；

方案二：选择设在县城的丙公司作为受托方。

2.1　纳税筹划的方法

纳税筹划的方法很多，而且实际工作中也是将多种方法结合起来使用。

2.1.1　税制要素筹划法

对于不同税种而言，其税制基本要素均包括纳税人、征税对象、税率。通常情况下，企业应纳税额等于计税依据与税率之积。因此，通过税制基本要素进行筹划，就是通过降低计税依据，采用较低的税率，减少应纳税额，来达到降低税负的目的，从而实现纳税筹划。

1. 降低计税依据

计税依据是计算纳税人应纳税额的依据。目前，我国税法中的计税依据大致分为三类：一是计税金额，如以销售额作为计税依据；二是计税数量，如以销售数量、使用或占用面积作为计税依据；三是应纳税所得额，如企业所得税和个人所得税均以纳税人应纳税所得额作为计税依据。

在税率一定的情况下，计税依据越小，则纳税人的税负就越低。纳税人可以通过降低计税依据来达到纳税筹划的目的。

2. 降低税率

我国目前各个税种大都存在不同的税率，虽然纳税人无法改变法定税率的高低，但税率的高低往往因为纳税人的身份或者征税对象的不同而发生变化，这就为纳税人进行纳税筹划提供了选择的空间。纳税筹划的思路是尽量选择适用低税率或者防止税率的提升。例如，增值税中一般纳税人的税率有 13%、9%、6% 等几档，纳税人可以通过纳税身份的转换或者经营项目的变化来实现税率的下降。

3. 直接减少应纳税额

我国税法在每一个税种中都规定有减免税、退税、税款抵免等税收优惠政策。利用这些税收优惠政策，企业可以在计税依据和税率既定的情况下，通过直接减少应纳税额达到纳税筹划的目的。

2.1.2　组织形式选择筹划法

按照我国设立企业的相关法律规定，企业的组织形式包括股份有限公司、有限责任公司、合伙企业、个人独资企业等。按照我国税法的规定，不同组织形式的企业，适用的税收政策有所不同。因此，企业在设立阶段，通过选择组织形式，可以达到纳税筹划的目的。例如，合伙企业和个人独资企业不属于法人，只就其经营所得缴纳个人所得税，无须缴纳企业所得税等。

2.1.3 延期纳税筹划法

在税法允许的范围内，通过纳税人延期缴纳税款，可以获得货币资金的时间价值，从而达到纳税筹划的目的。

2.1.4 税负转嫁筹划法

典型的税负转嫁是在商品流通过程中，纳税人通过提高销售价格或压低购进价格，将税负转嫁给购买者或供应者，即通过税负的后转和前转，使纳税人和负税人分离，形成法律意义上的纳税主体是纳税人，而经济上的承担主体是负税人(购买者或供应者)。由于这种税负转嫁的存在并不影响国家的税收收入，因此政府对此一般持中立态度。

2.1.5 涉税零风险筹划法

涉税零风险筹划虽然不能为企业带来直接经济利益的增加额，但却能够为企业创造一定的间接经济利益。这主要表现在：一是涉税零风险筹划可以避免涉税风险和损失的出现，从而避免了税务机关的经济处罚；二是企业实现涉税零风险可以避免发生信誉损失，而好的纳税信誉有利于企业的生产经营；三是通过实现企业会计账目清楚，纳税申报正确，缴纳税款及时、足额等，可以获取税务检查及税收优惠政策运用上的宽松待遇等。这些都有利于企业价值最大化目标的实现和企业的长远发展。

涉税零风险筹划有利于形成良好的税收征纳环境，促进经济和社会和谐发展，因此政府对此非常提倡。

2.2 纳税筹划的技术手段

纳税筹划的技术手段

2.2.1 税收优惠技术

税收优惠技术是企业在进行纳税筹划时最常用的技术，也是最不容易引起争议的技术。税收优惠技术包括两个特点：第一，要注意对税收优惠政策进行综合考量，全面权衡，从而实现整体税负的降低；第二，要注意风险与收益之间的权衡。通常情况下，国家鼓励发展的，往往也是风险比较大的，要全面考虑风险的承受能力和收益水平。税收优惠技术具体手段包括以下七种。

1. 免税技术

免税技术是指在合法和合理的情况下，使纳税人成为免税人，或从事免税活动，或使征税对象成为免税对象而免纳税收的纳税筹划技术。这种技术手段的使用，是利用税收优惠政策进行的纳税筹划，即在法律允许的范围内，对特定的地区、行业、企业、项目或情况(特定的纳税人或纳税人的特定应税项目,或由于纳税人的特殊情况)所给予纳税人完全免征税收的照顾或奖励措施,如照顾性免税(下岗人员、自然灾害)、奖励性免税(产业、行业)等。因为国家很多免税政策都有期限规定,所以在企业设计纳税筹划方案,采用免税技术时,应注意两个要点:一是尽量争取更多的免税待遇;二是尽量使免税期最长化。

2. 减税技术

减税技术是指在合法和合理的情况下,使纳税人减少应纳税额而直接节税的纳税筹划技术。这种技术手段的使用,同样是利用税收优惠政策进行的纳税筹划,即在法律允许的范围内,对特定的地区、行业、企业、项目或情况(特定的纳税人或特定应税项目,或纳税人的特殊情况)所给予纳税人减征部分税收的照顾或奖励措施,如照顾性减税、奖励性减税。

3. 税率差异技术

税率差异技术是指在法律允许的范围内,利用性质相同或相似的税种适用的税率不同,即税率的差异而直接降低税负的纳税筹划技术。这种技术手段的使用,是利用税收优惠政策中规定的税率差异进行的纳税筹划。税率差异包括税率的区域差异、国别差异、行业差异、企业类型差异等。例如,我国的企业所得税税率有 25%、20%、15%,增值税税率有13%、9%、6%等不同档次的差异税率。

4. 分割技术

分割技术是指在法律允许的范围内,通过组织结构的变化,使企业经营所得在两个或多个纳税人之间进行分割,从而降低税负的纳税筹划技术。这种技术手段的使用,是利用税收优惠政策,分割降低经营所得,实现降低税负的纳税筹划,如增值税小规模纳税人的税收优惠政策、小型微利企业的税收优惠政策等。

5. 扣除技术

扣除技术是指在合法和合理的前提下,增加扣除额而直接节税,或者调整各个计税期的扣除额而相对节税的纳税筹划技术。这种技术手段的使用,是利用税收优惠政策,通过增加税前成本费用扣除额,降低应税所得额,实现降低税负的纳税筹划。扣除技术实际上是缩小了税基,即降低了计税依据,从而减少了企业应纳税额,如企业所得税中的费用扣除、企业研发费用税前加计扣除等。

6. 税收抵免技术

税收抵免技术是指在合法和合理的情况下,增加税收抵免额而达到绝对节税的纳税筹划技术。这种技术手段的使用,是利用税收优惠政策,从应纳税额中扣除税收抵免额,直接减少应税税额,从而实现降低税负的纳税筹划。税收抵免技术具体包括:①避免双重征税的税收抵免,如免税法、抵免法,我国采用分国不分项的限额抵免法;②税收优惠或奖励的税收抵免,如设备购置投资抵免等。

7. 退税技术

退税技术是指在法律允许的范围内,使税务机关通过退还纳税人已纳税款而直接节税的纳税筹划技术。在已缴纳税款的情况下,退税无疑是偿还了缴纳的税款,节减了税收,所退税额越大,节减的税收就越多。通常税务机关退还已缴的税款,包括多缴税款的退还、再投资退税(外商投资企业)、出口产品已纳税款的退还等。

2.2.2　延期纳税技术

延期纳税技术是指在合法和合理的情况下，使纳税人延期缴纳税收而相对节税的纳税筹划技术。通常情况下，纳税人延期缴纳本期税收，并不能减少纳税人缴纳税款的绝对总额，但等于得到一笔无息贷款，从而可以增加纳税人本期的现金流量，使纳税人在本期可以获得更多的资金用于企业经营，将来可以获得更多的税后经营所得，从而达到相对节税的目的。

1. 延期纳税技术的特点

(1) 相对节税。延期纳税技术运用的是相对节税原理，即一定时期的纳税绝对额并没有减少，而是利用延缓缴纳税款实现货币资金的时间价值，属于相对节税的纳税筹划技术。

(2) 技术手段复杂。延期纳税技术涉及财务制度各个方面的许多政策规定和一些其他技术，并涉及财务管理的各个环节，需要有一定的数学、统计和财务管理知识，各种延期纳税节税方案要通过较为复杂的财务计算才能进行比较，因此技术手段较为复杂。

(3) 适用范围大。延期纳税技术可以作为利用税法延期纳税规定、财会制度选择性方法及其他规定等进行节税的纳税筹划技术，可以适用于所有纳税人及税种，因此适用范围较大。

(4) 具有相对稳定性。企业延期纳税主要是利用财务原理实现相对节税的纳税筹划技术，并不是针对相对来说风险较大、容易变化的税收优惠政策，因此延期纳税技术具有相对的稳定性。

2. 延期纳税技术手段

(1) 增加延期纳税项目技术。增加延期纳税项目技术是指在合法和合理的情况下，增加延期纳税项目，使延期纳税项目最多化，从而达到节税最大化的纳税筹划技术。企业应尽量在更多的项目上实现延期纳税。在一定时期企业纳税总额相同的情况下，延期纳税的项目越多，本期缴纳的税款就会越少，即企业用于生产经营的现金流量就会越大，因而相对节减的税收也越多。

(2) 延缓纳税期限最长技术。延缓纳税期限最长技术是指在合法和合理的情况下，最大限度地延长企业延缓纳税期限，即最大限度地使用延缓纳税税收政策，从而达到节税最大化的纳税筹划技术。在一定时期企业纳税总额相同的情况下，纳税延期越长，由延期纳税增加的现金流量所产生的收益也将越多，因而相对节减的税收也越多。

2.2.3　税负转嫁技术

税负转嫁技术是指纳税人通过一定的方法或途径，将自己应缴纳的税款转移给他人负担的纳税筹划技术。该项纳税筹划技术是通过纳税人改变所经营的商品或劳务的价格，将税负进行转移的纳税筹划。这种纳税筹划技术的使用，取决于不同性质的税种、征税的经济环境及纳税人能否转嫁税负存在的可能性。同时，在设计筹划方案时，纳税人必须在税负转嫁与商品销量减少之间进行权衡，当税负转嫁实现的利润增加额小于因销量减少带来企业利润的减少额时，纳税人就应考虑不必采用税负转嫁这种技术手段进行纳税筹划。

高职高专互联网＋新形态教材·财会系列

1. 税负转嫁技术的特点

(1) 通常供应弹性大、需求弹性小的商品的税负易于转嫁,而供应弹性小、需求弹性大的商品税负不易转嫁。

(2) 课税范围广的税种税负容易转嫁,而课税范围窄的税种税负不易转嫁。

(3) 税负可以完全转嫁,也可以部分转嫁。

2. 税负转嫁技术手段

(1) 前转技术:又称顺转技术,是指纳税人将其所缴纳的税款顺着商品流转的方向,通过提高商品价格,转嫁给商品的购买者或最终消费者负担的一种技术手段。前转的过程可能是一次,也可能是多次。前转技术手段的运用是否顺利,关键在于是否受到商品供求弹性的制约。

(2) 后转技术:是指纳税人将其所缴纳的税款逆着商品流转的方向,压低购进商品价格,转嫁给商品的提供者的一种技术手段。税负后转技术实现的前提条件是供给方提供的商品需求弹性较大,而供给弹性较小。

(3) 混转技术:是指纳税人将自己缴纳的税款分散转嫁给多方负担的一种技术手段。严格地说,混转技术不是一种独立的税负转嫁,是前转技术与后转技术的组合。

(4) 税负资本化:是指纳税人压低资本品购买价格,将所购资本品可预见的应纳税款,从所购资本品的价格中扣除,从而将未来应纳税款全部或部分转嫁给资本品出卖者的一种技术手段。这是一种特殊的税负转嫁技术,其实施的前提在于课税对象仅限于资本品,即课税对象具有资本价值,市场中有不征税或较低税负的资本品存在,并且每年税负相同。

2.3 纳税筹划的实施步骤

纳税筹划的实施
步骤及风险防范

2.3.1 对企业的基本情况与纳税筹划需求进行分析

通常情况下,不同企业的基本情况及纳税筹划要求有所不同,因此在实施纳税筹划活动时,要了解分析纳税筹划企业的基本情况和纳税筹划需求,这里主要可以从以下六个方面进行分析。

1. 对企业组织形式进行分析

对于不同的企业组织形式,由于税法规定的征税方式和政策各有不同,因此只有充分了解企业的组织形式,才可以根据组织形式的不同,制定有针对性的纳税筹划方案。

2. 对企业财务状况进行分析

企业纳税筹划是要合法和合理地节减税收,只有全面、详细地了解企业的真实财务情况,对企业的财务报告和账簿记录等财务资料等进行全面的掌握并进行分析,才能制定合法和合理的企业纳税筹划方案。

3. 对企业投资意向进行分析

企业进行投资,投资方向或者投资产业的选择会有不同的税收待遇和优惠政策;同时,由于投资额与企业规模(包括注册资本、销售收入、利润等)往往有很大的关系,所以选择不同规模的投资额，也会使不同规模的企业具有不同的税收待遇和优惠政策。因此，要充分了解目标企业的投资意向，对投资方向、投资产业、投资额及投资规模进行有效分析。

4. 对管理层节税与风险接受程度进行分析

企业开展纳税筹划，管理层是否树立节税意识是关键。由于节税是与风险并存的，节税越多的方案往往也是风险越大的方案，虽然两者的权衡取决于多种因素，但是最主要的因素在于管理层能否接受纳税筹划所带来的风险，接受的程度是多大。了解管理层对节税及风险所持的态度，可以制定更符合企业要求的纳税筹划方案。

5. 对纳税筹划企业相关财税政策进行分析

企业在着手进行纳税筹划之前，应该对企业相关的财税政策和法规进行梳理和归类。全面了解与筹划企业相关的行业、企业税收政策，理解和掌握国家税收政策及精神，争取取得税务机关的帮助与合作，这对于成功实施纳税筹划尤为重要。如果有条件，最好建立企业税收信息资源库，以备使用。同时，企业必须了解政府的相关涉税行为，就政府对纳税筹划方案可能的行为反应做出合理的预期，以增强筹划成功的可能性。这方面的信息包括政府对纳税筹划中可能涉及的避税活动的态度，政府反避税的主要法规和措施，以及政府反避税的运作规程等。

6. 对纳税筹划企业进行纳税评估与剖析

在开展纳税筹划之前，对纳税筹划企业进行全面的纳税评估与剖析极为必要。纳税评估可以了解企业一系列涉税信息，包括纳税内部控制制度、涉税会计处理、涉税理财计划、主要涉税税种、近三个年度纳税情况分析、纳税失误与涉税症结分析、税收违规处罚记录、税企关系等，从而对设计合理有效的纳税筹划方案提供保障。

2.3.2　设定纳税筹划的目标

通常情况下，设定纳税筹划目标是纳税筹划实施步骤中最重要的一环，对纳税筹划的目标定位是否准确，会直接影响纳税筹划方案实施的成败。纳税筹划的目标包括节约纳税成本、实现涉税零风险、实现税后利润最大化、获得资金时间价值及维护企业自身合法权益五个方面。在对企业相关信息及需求进行分析的基础上，可以确定纳税筹划的具体目标，并以此为基准来设计纳税筹划方案。

2.3.3　纳税筹划方案的设计与拟订

纳税筹划方案的设计是纳税筹划的核心与要点，不同的筹划者在纳税筹划方案设计的形式上可能不尽相同，但是在程序和内容方面具有共同之处，即纳税筹划方案应该由以下三个部分构成。

1. 涉税问题的认定

涉税问题的认定主要是对纳税筹划过程中企业所发生的理财活动或涉税项目的性质、涉及税种及形成的税收法律关系等涉税问题进行认定。

2. 涉税问题的分析与判断

通过对纳税筹划企业涉税问题的分析与判断，解决涉税项目可能的发展方向、可能引发的后果、是否可以进行纳税筹划、有无纳税筹划的空间以及需要解决的关键问题等进行

高职高专互联网+新形态教材·财会系列

分析并得出结论。

3. 设计可行的多种备选方案

通过对筹划企业涉税问题的认定，在对涉税相关问题进行有效分析与判断的基础上，根据预先设定的纳税筹划目标，设计若干个可供选择的纳税筹划方案，同时对企业涉及的经营活动、财务运作及会计处理拟订相应的配套方案。

2.3.4　备选方案的评估与选优

对设计和拟订的多个纳税筹划备选方案进行比较、分析和评估，然后选择一个较优的实施方案。应该看到，纳税筹划的目标不同、关注角度不同，设计的具体方案就可能存在差异，因此决策者需要将纳税筹划的备选方案逐一进行比较、评估和分析，并按照筹划目标选择最优方案。

1. 合法性评估

任何纳税筹划方案都必须在合法的前提下进行。因此，对设计的纳税筹划方案涉及的相关税收法律法规进行合法性评估，可以确保纳税筹划方案设计中企业经营活动和有关涉税行为的合法性。

2. 可行性评估

纳税筹划方案的实施，需要多方面条件的保障，企业必须对纳税筹划方案的可行性做出评估。可行性评估具体包括参与纳税筹划人员的专业素质、税务机关的治税思想和工作方法、当地扶持企业发展的政策措施、企业与当地税务机关的关系、企业的经营规模及未来的趋势预测等。

3. 筹划目标评估

每种设计方案都会产生不同的纳税结果，这种纳税结果是否符合企业既定的筹划目标，是选择纳税筹划方案的基本依据。因此，必须对纳税筹划方案进行目标评估，从而优选最佳纳税筹划方案。

2.3.5　实施纳税筹划方案

纳税筹划方案的选定，经企业管理层批准之后，就进入纳税筹划实施阶段。在实施纳税筹划方案时，企业应当按照方案的设计规定，协调纳税筹划方案中涉及的不同部门，对涉及的纳税人身份、组织形式、注册地点、所从事的产业、采购对象、销售方式、经营活动及会计核算方法等做出相应的处理或改变，同时注意实施过程中要随时对筹划方案产生的绩效进行记录。

2.3.6　纳税筹划方案实施跟踪与绩效评价

纳税筹划方案实施之后，要不断对纳税筹划方案实施情况和结果进行跟踪，根据国家税收政策的变化、实施过程中出现的操作问题及实施过程中纳税筹划方案出现的漏洞等，及时进行方案的修正；并对纳税筹划方案进行绩效评价，通过考核其经济效益与最终结果判断是否能够顺利实现纳税筹划目标。

项 目 训 练

一、理论训练

1. 简述纳税筹划的主要方法。

2. 具体分析纳税筹划技术。

3. 纳税筹划的实施步骤是怎样的？

二、操作训练

【训练一】

训练内容：分组讨论应如何运用纳税筹划抵免技术手段，请寻找实际操作中的案例进行分析。

训练要求：进行项目分组，每组 5～6 人，各组分别讨论，并形成最终讨论结果，提交书面报告。

【训练二】

训练内容：你认为现实中是否存在企业该缴的税未缴、不该缴的税却缴了、可缴可不缴的税也缴了的情况？如果出现这样的情况，会给企业带来何种影响？

训练要求：你认为如何才能解决上述问题？将你的观点形成纸质报告提交给老师。

高职高专互联网+新形态教材·财会系列

项目 3
纳税筹划的风险与防范

【学习目标】

[能力目标]
能够充分认识纳税筹划的风险及风险类型，采用有效的方法防范纳税筹划风险。

[知识目标]
1. 掌握纳税筹划的风险类型。
2. 了解纳税筹划风险形成的原因。
3. 掌握纳税筹划的风险防范措施。

[素质目标]
1. 联系实际并深刻领会纳税筹划的风险成因，以具有深厚的政策及理论功底。
2. 多方位提升人际沟通能力，加强团队协作能力。

【思政指引】

关键词：风险防范　未雨绸缪

随着全球化进程的不断加快，企业面临的机遇越来越多，虽然通过税收筹划可以帮助企业节约资金，提高经济效益，但是大量实践显示，企业税收筹划的风险点较多，稍有不慎就会触碰法律红线。因此，企业需提高风险防范意识，未雨绸缪，全面制定合理化的风险防范措施。

【项目引例】

某手表厂生产并销售品牌高档手表。2022 年春节期间，该企业计划推出礼品装，包括一块该品牌女装手表及一个精美的包装礼盒。其中该型号手表原来的单价为 50 000 元(不含税)，包装礼盒为外购，外购成本为每个 2 000 元(不含税)，该礼盒对外售价为 52 000 元。现有两个方案可供选择。

方案一：手表厂按礼品装直接销售 20 件；

方案二：手表厂将手表 20 块和 20 个包装礼盒分别销售给经销商，由经销商销售给消费者。

请对上述方案进行纳税筹划，从而选择税负较低的方案。

3.1　纳税筹划风险

纳税筹划风险是指企业进行纳税筹划时，因各种不确定因素的存在导致纳税筹划目标落空、纳税筹划方案设计失败、发生偷税等违法行为等而形成各种损失的可能性。

风险，通常是指生产目的与劳动成果之间存在的不确定性。风险表现为：一是收益的不确定性；二是成本或代价的不确定性。无论是收益的不确定性或者成本、代价的不确定性，都说明风险产生的结果可能会带来获利、损失或是无损失也无获利。按照财务管理的观念，风险是由事件不确定性导致的实际结果与预期结果之间的偏离程度。

企业在进行经济活动时，总是希望风险最低、收益最大。企业在实现其经营活动目标时，会遇到各种不确定性事件。这些事件发生的概率及其影响程度是无法事先预知的，并会对企业的经营活动产生影响，从而影响企业目标实现的程度。

3.2　纳税筹划风险产生的原因

3.2.1　纳税筹划方案设计不当

纳税筹划方案的设计涉及企业设立、企业生产经营、利润核算、费用处理等各个环节。

一般情况下，设计科学合理的纳税筹划方案，是企业纳税筹划成功的前提。如果对企业涉税情况与需求、相关税收政策与环境分析不到位，就会导致纳税筹划方案设计不合理，不仅起不到应有的作用，甚至会适得其反。因此，科学、合理地设计筹划方案是纳税筹划成功实施的前提和基础，这不仅需要纳税筹划人员熟悉税收、企业经营管理、财务核算、财务管理及法律相关领域的理论，同时还需要具备较高的业务水平和综合能力，只有这样才能设计合理性较高的纳税筹划方案。

3.2.2　纳税筹划方案实施不当

选择设计纳税筹划方案之后，企业应当按照选定的纳税筹划方案对纳税人身份、组织形式、注册地点、生产经营活动等做出相应的处理或改变，并进行纳税筹划方案的实施。

但是，如果纳税筹划方案实施不当，就无法实现纳税筹划的目标。因此，要有效实施纳税筹划方案：一是参与纳税筹划的相关人员要对筹划方案进行充分的了解；二是相关部门之间的配合与协调要到位；三是相关实施条件和执行手段要落实到位；四是企业管理者对纳税筹划方案实施的支持是纳税筹划方案实施中最重要、最关键的因素。

3.2.3 纳税筹划方案实施条件发生变化

纳税筹划方案的设计与实施是以相关条件为前提的，具体包括相关税收政策的变化、国内及国际市场环境的影响、企业自身生产经营状况的变化等，这些也是产生纳税筹划风险的重要原因。

(1) 国家税收法规与政策的变化，在一定情况下会影响企业纳税筹划的有效实施。我国目前正处于税制改革的阶段，不仅营改增、个人所得税、房产税、印花税等相关改革都在实施过程中，同时我国在延长部分扶贫税收优惠政策执行期限、企业研发费用尤其是制造业研发费用加计扣除、支持小型微利企业和个体工商户发展所得税优惠等政策相继出台，这在一定程度上要求企业财务人员必须要关注重大的财税改革，了解和掌握国家最新的税收法规和政策变化，不断更新自身的知识储备，避免增加企业纳税筹划的风险。

(2) 国内及国际市场环境的影响。这是实施纳税筹划方案最直接的影响因素，也是造成纳税筹划风险的直接因素。新型冠状病毒感染的疫情影响广泛而深远，经济全球化遭遇逆流，使企业正常的生产经营受到了极大的影响，以致出现资金链断裂、原料供应不上、劳动力成本上涨等，这样企业纳税筹划的效果就会难以预料，纳税筹划风险必然增大。

(3) 企业经营的主要产品、业务经营模式、营销手段、结算方式等发生变化。这也会影响企业纳税筹划的有效实施。企业必须根据业务活动的改变，及时调整相应的会计处理、税务管理、企业营销等，否则可能产生纳税筹划风险。

3.3 纳税筹划风险的类型

由于企业纳税筹划活动受不同因素的影响，因此可能会出现筹划失败，从而导致纳税筹划风险的产生。一般企业纳税筹划风险包括经营性风险、经济成本增加风险、政策变化风险及纳税意识风险等。

3.3.1 经营性风险

企业在发展过程中，由于技术、市场和管理等各方面的变化，往往会导致其生产经营面临一定的风险。通常，企业一般经营性风险表现为两个方面，即财务风险和经营失败。对于企业纳税筹划方案而言，其前提是合理预测企业的经济活动变化，如果其预测出现偏差，势必会影响纳税筹划的效果，从而增加纳税筹划风险。

3.3.2 经济成本增加风险

如果企业因纳税筹划成本的增加，必须承担相应的法律责任而多支付或者多缴款项，使得纳税筹划的成本高于收益从而产生的经济损失，那么就会形成企业纳税筹划风险。一般来说，纳税筹划成本包括筹划过程中产生的协调费用支出、职工工资、职工福利费、工商登记费、筹划方案代理费及其他费用支出等。同时，如果纳税筹划失败，被税务机关认定为偷税、漏税，还必须承担相应的罚金和滞纳金，并接受税务机关的稽查，不仅有损自身的信誉，而且会导致经济成本的增加。

3.3.3 政策变化风险

税收政策的变化使国家税收法规及政策具有不确定时效，往往会导致企业纳税筹划行为存在一定的风险性。企业纳税筹划作为一种事前筹划行为，其筹划方案的设计是以现有的税收法规及政策为依据的，如果国家税收政策发生变化，必然导致企业纳税筹划方案缺乏合理性与合法性，进而导致纳税筹划风险的产生。

3.3.4 纳税意识风险

纳税意识风险主要是由征纳双方在纳税筹划效果和目标等方面存在认知偏差而导致的纳税筹划风险。由于纳税人生产经营行为存在一定的特殊性，因此在实际经营过程中往往会自己设计纳税筹划方案并予以实施，但其筹划方案的合法性与合理性又取决于税务机关对其的认可程度，取决于筹划方案设计是否适用国家税收法规及政策。如果纳税人与税务机关对税法精神的理解难以形成一致，那么税务机关可能会认为该方案与税法精神不相符，则影响方案的具体实施。同时，纳税筹划是对边缘效益的追求行为，其不合理行为将会被税务机关认定为偷税或逃税等行为，会影响纳税人的经济效益。此外，企业纳税筹划应具备合法性，但难免会存在个别企业在实际经营过程中，难以全面理解企业纳税筹划的内涵，将其与偷税、漏税等行为混为一谈，从而导致纳税筹划方案的税务机会成本过高，增加企业的纳税筹划风险。

3.4 纳税筹划风险的防范措施

3.4.1 提高纳税筹划风险的防范意识

由于市场环境存在复杂性、多变性及不确定性，导致纳税筹划风险无时不在，因此纳税人应正视这些风险的存在，并在企业生产经营过程中保持警惕性。同时纳税人可以有效利用信息技术，通过对有关信息进行及时的收集、整理和处理，制定合理的纳税筹划预警系统，对可能影响纳税筹划的风险因素进行综合分析；对出现的潜在风险，筹划人员能够及时对其产生的根源进行有针对性的分析，从而使纳税人能够预防纳税筹划风险，保证纳税筹划的正常实施，实现纳税筹划的目标，提高纳税筹划工作的质量与效率。

3.4.2 加强企业不同部门之间的沟通、协作与配合

纳税筹划是一项需要多部门配合共同完成的工作，各部门之间的合作关系到纳税筹划方案的实施及执行效果。企业不同部门应健全和完善相关的内部管理制度及部门职责，把纳税筹划纳入部门工作内容，并按工作流程形成有机衔接，将企业生产经营活动与纳税筹

高职高专互联网＋新形态教材·财会系列

划实施有效协调，同时把纳税筹划效果作为部门绩效考核的指标之一，从而将纳税筹划风险降到最低。

3.4.3　强化风险管理

1. 应对纳税筹划方案进行综合衡量

成功的方案应具备合法性与合理性，并能够有效实现预期的效果。当然，在纳税筹划方案具体实施过程中，往往会导致纳税人管理成本的增加，因此必须重视其对税负产生的影响，综合考虑税收政策变化、市场环境变化及企业战略规划等对其的影响，从而保证企业纳税筹划工作的顺利执行，实现纳税筹划目标。

2. 应对国家税收政策动态，及时、全面把握

国家对经济进行宏观调控的重要手段就是税收政策，这就要求纳税人应及时了解税收政策的变化情况，系统学习税收制度及法律法规，对税法细节变化进行全面掌握，重点把握国家税法立法精神，并对税收政策的变动进行合理预测，从而保证纳税筹划方案的准确性、预见性、合理性及合法性。

3. 对筹划利益与风险进行合理管理

纳税筹划方案的优劣直接影响企业纳税筹划目标的实现，因此必须全方位对筹划风险进行监控，对筹划成本与预期收益进行比对。如果纳税筹划方案的实施成本高于预期收益，即筹划风险成本较高，则应以企业生产经营的实际情况为依据，放弃或优化现有的纳税筹划方案，确保纳税筹划方案的可行性与可操作性。

3.4.4　注重与税务机关的沟通

税务机关与企业在法律地位上是平等的，但双方的权利和义务关系并不对等。税务机关作为国家税收收入的征管机关，对纳税人的涉税行为享有认定权限和依法裁量权。因此在制定纳税筹划方案时，要注重与税务机关的沟通，寻求税务机关的业务指导，避免因违反税法规定而受到处罚，从而维护自身良好的纳税形象。同时，在纳税筹划工作中，应争取有利于企业的具体征收管理方式，尽量取得税务管理人员对纳税筹划方案的认可。

项 目 训 练

一、理论训练

1. 叙述纳税筹划风险的主要类型。

2. 如何有效防范纳税筹划风险？

二、操作训练

【训练一】

训练内容：分组讨论纳税筹划是否会产生风险。如果有，是哪些方面的风险？如何防范纳税筹划风险？

训练要求：进行项目分组，每组 5～6 人，各组分别讨论并形成最终讨论结果，提交书面报告。

【训练二】

训练内容：你认为企业纳税筹划风险产生的原因有哪些？如果产生纳税筹划风险，会给企业带来怎样的危害？

训练要求：你认为如何才能解决上述问题？将你的观点形成纸质报告提交给老师。

高职高专互联网+新形态教材·财会系列

模块 2　企业设立阶段的纳税筹划

房地产投资方式　　公司发行债券的条件及　经营租赁和融资租　企业筹资管理　如何进行股权
　　　　　　　　　发行价格的确认　　　赁的区别　　　应遵循的原则　　　投资

项目 4

企业注册地点选择的纳税筹划

【学习目标】

[能力目标]

1. 能够根据企业选址的实际情况进行合理的纳税筹划。

2. 能够综合运用西部大开发税法规定，针对企业实际需要，制定企业选址的纳税筹划策略。

3. 能够利用经济特区税收优惠政策规定，在企业选址方面设计纳税筹划方案。

[知识目标]

1. 熟悉国家经济特区、西部大开发等相关税收优惠政策。

2. 掌握企业建厂选址的纳税筹划方法。

3. 掌握运用西部大开发税收政策进行企业选址的纳税筹划方案。

4. 掌握运用经济特区税收优惠政策进行企业选址的纳税筹划方案。

[素质目标]

1. 具备选择企业注册地点的纳税筹划意识。

2. 具备分析问题、解决问题和团结协作的能力。

【思政指引】

关键词：全局观　发展观

长期以来，地方政府通过制定税收优惠政策吸引企业入驻，目的是促进当地的经济发展，带动就业及税收增长。纳税人在进行注册地点纳税筹划时要做到业财融合，综合筹划，综观全局，符合国家和企业的发展战略，具有合理的商业目的，不能为了单纯的节税而节税。

【项目引例】

某外商投资企业拟在中国投资建设一家深海鱼油加工企业,投资总额为 5 亿元,经营期为 20 年。现有两个注册地点可供选择。

方案一:选择在浙江进行注册投资;

方案二:选择在海南经济特区进行注册投资。

请对方案进行选择,完成纳税筹划方案的设计。

4.1　相 关 法 规

国家重点扶持的高新技术企业注册地点选择的税收筹划

4.1.1　对经济特区和上海浦东新区登记注册的、国家需要重点扶持的高新技术企业的税收优惠政策

现行的企业所得税法规定,对经济特区(特指深圳、珠海、汕头、厦门、海南经济特区)和上海浦东新区内在 2008 年 1 月 1 日(含)之后完成登记注册的国家需要重点扶持的高新技术企业,在经济特区和上海浦东新区内取得的所得,自取得第一笔生产经营收入所属纳税年度起,第一年至第二年免征企业所得税,第三年至第五年按照25%的法定税率减半征收企业所得税。经济特区和上海浦东新区内新设高新技术企业同时在经济特区和上海浦东新区以外的地区从事生产经营的,应当单独计算其在经济特区和上海浦东新区内取得的所得,并合理分摊企业经营的期间费用;没有单独核算的,不得享受企业所得税的优惠政策。

国家需要重点扶持的高新技术企业,是指拥有核心自主知识产权,同时符合《中华人民共和国企业所得税法实施条例》第九十三条规定的条件,并按照科技部、财政部、国家税务总局印发的《高新技术企业认定管理办法》的规定,国家需要重点扶持的高新技术企业认定须同时满足以下条件。

(1) 企业申请认定时须注册满一年以上。

(2) 企业通过自主研发、受让、受赠、并购等方式,获得对其主要产品(服务)在技术上发挥核心支持作用的知识产权。

(3) 对企业主要产品(服务)发挥核心支持作用的技术属于《国家重点支持的高新技术领域》规定的范围。

(4) 企业从事研发和相关技术创新活动的科技人员占企业当年职工总数的比例不低于 10%。

(5) 企业近三个会计年度(实际经营期不满三年的按实际经营时间计算,下同)的研究开发费用总额占同期销售收入总额的比例符合以下要求:①最近一年销售收入小于 5 000 万元(含)的企业,比例不低于 5%;②最近一年销售收入在 5 000 万元至 2 亿元(含)的企业,比例不低于 4%;③最近一年销售收入在 2 亿元以上的企业,比例不低于 3%,其中,企业在中国境内发生的研究开发费用总额占全部研究开发费用总额的比例不低于 60%。

(6) 近一年高新技术产品(服务)收入占企业同期总收入的比例不低于 60%。

4.1.2　对西部地区鼓励类产业项目的税收优惠政策

根据《财政部　税务总局　国家发展改革委　关于延续西部大开发企业所得税政策的公告》(2020 年第 23 号)的规定，自 2021 年 1 月 1 日起至 2030 年 12 月 31 日，对设在西部地区的鼓励类产业企业减按 15%的税率征收企业所得税。其中鼓励类产业企业是指以《西部地区鼓励类产业目录》中规定的产业项目为主营业务，且其主营业务收入占企业收入总额 60%以上的企业。

《西部地区鼓励类产业目录》由国家发展改革委牵头制定。目录在本公告执行期限内修订，自修订版实施之日起按新版本执行。

西部地区包括内蒙古自治区、广西壮族自治区、重庆市、四川省、贵州省、云南省、西藏自治区、陕西省、甘肃省、青海省、宁夏回族自治区、新疆维吾尔自治区和新疆生产建设兵团。湖南省湘西土家族苗族自治州、湖北省恩施土家族苗族自治州、吉林省延边朝鲜族自治州和江西省赣州市，可以比照西部地区的企业所得税政策执行。

政策自 2021 年 1 月 1 日起执行。原《财政部　海关总署　国家税务总局　关于深入实施西部大开发战略有关税收政策问题的通知》(财税〔2011〕58 号)、《财政部　海关总署　国家税务总局　关于赣州市执行西部大开发税收政策问题的通知》(财税〔2013〕4 号)中的企业所得税政策规定自 2021 年 1 月 1 日起废止。

4.1.3　城市维护建设税按区域设置差别比例税率

城市维护建设税是对从事工商经营，并实际缴纳增值税、消费税的单位和个人征收的一种税。城市维护建设税是国家为加强城市的维护建设，扩大和稳定城市维护建设资金来源，对缴纳增值税、消费税的单位和个人就其以实际缴纳的增值税和消费税税额为计税依据而征收的一种税。城市维护建设税属于特定目的税，具有两个明显特征：①税款专款专用；②属于附加税。

1. 城市维护建设税的纳税义务人

城市维护建设税的纳税义务人是指负有缴纳增值税、消费税义务的单位和个人，包括国有企业、集体企业、私营企业、股份制企业、其他企业和行政单位、事业单位、军事单位、社会团体、其他单位，以及个体工商户及其他个人。

自 2010 年 12 月 1 日起，对外商投资企业、外国企业及外籍个人(以下简称外资企业)征收城市维护建设税。对外资企业 2010 年 12 月 1 日(含)之后发生纳税义务的增值税、消费税，征收城市维护建设税；对外资企业 2010 年 12 月 1 日之前发生纳税义务的增值税、消费税，不征收城市维护建设税。

2. 城市维护建设税的税率

城市维护建设税实行差别比例税率。按照纳税人所在地区的不同，设置了三档比例税率，即：纳税人所在地在市区的，税率为 7%；纳税人在县城、镇的，税率为 5%；纳税人不在市区、县城或镇的，税率为 1%；开采海洋石油资源的中外合作油(气)田所在地在海上，税率为 1%。

在确定适用税率时要注意以下几种情况。

(1) 由受托方代扣代缴、代收代缴增值税和消费税的单位及个人,其代扣代缴、代收代缴的城市维护建设税按受托方所在地适用税率执行。

(2) 流动经营等无固定纳税地点的单位和个人,在经营地缴纳增值税和消费税的,其城市维护建设税的缴纳按经营地适用税率执行。

(3) 县政府设在城市市区,其在市区设立的企业,按照市区规定税率计算纳税。

(4) 纳税人所在地为工矿区的,应根据工矿区所属行政区划适用的税率计算纳税。

3. 城市维护建设税的计税依据

城市维护建设税的计税依据是纳税人实际缴纳的增值税、消费税税额之和。纳税人违反增值税和消费税有关规定而加收的滞纳金和罚款,不作为城市维护建设税的计税依据。纳税人违反增值税和消费税有关规定,被查补增值税、消费税和被处以罚款时,也要对其未缴的城市维护建设税进行补税和罚款。增值税和消费税得到减征或免征优惠,城市维护建设税也要同时减免征收。对出口产品退还增值税、消费税的,不退还已缴纳的城市维护建设税。自 2005 年 1 月 1 日起,经国家税务总局审核批准的当期免抵的增值税税额应纳入城市维护建设税和教育费附加的计税范围。

4. 城市维护建设税应纳税额的计算公式

城市维护建设税应纳税额的计算公式如下。

$$应纳税额=(纳税人实际缴纳的增值税税额+消费税税额)×适用税率$$

5. 征收管理

纳税人缴纳增值税和消费税的地点,就是该纳税人缴纳城市维护建设税的地点。城市维护建设税与增值税和消费税的纳税期限一致。

4.1.4　城镇土地使用税按区域设置的差别幅度定额税率

城镇土地使用税是以国有土地为征税对象,对拥有土地使用权的单位和个人征收的一种税。城镇土地使用税的征税范围包括城市、县城、建制镇和工矿区内属于国家所有与集体所有的土地,不包括农村集体所有的土地。

1. 计税依据

城镇土地使用税的计税依据是纳税人实际占用的土地面积,土地面积以平方米为计量标准。其具体按以下办法确定:①凡由省级人民政府确定的单位组织测定土地面积的,以测定的土地面积为准;②尚未组织测定,但纳税人持有政府部门核发的土地使用证书的,以证书确定的土地面积为准;③尚未核发土地使用证书的,应由纳税人据实申报土地面积,待核发土地使用证书后再作调整。

2. 税率

城镇土地使用税采用有幅度的定额税率,城镇土地使用税每平方米年税额标准如下。

(1) 大城市(非农业正式户口人数在 50 万以上):1.5～30 元。

(2) 中等城市(非农业正式户口人数在 20 万～50 万):1.2～24 元。

(3) 小城市(非农业正式户口人数在 20 万以下):0.9～18 元。

(4) 县城、建制镇、工矿区：0.6～12元。

3. 应纳税额的计算公式

应纳税额的计算公式如下。

全年应纳税额=实际占用应税土地面积(平方米)×适用税额

4.1.5 海南自由贸易区的企业所得税优惠政策

根据《财政部 国家税务总局 关于海南自由贸易港企业所得税优惠政策的通知》(财税〔2020〕31号)文件规定，自2020年1月1日起至2024年12月31日止，为支持海南自由贸易港建设，实行以下企业所得税优惠政策。

(1) 对注册在海南自由贸易港并实质性运营的鼓励类产业企业，减按15%的税率征收企业所得税。鼓励类产业企业是指以海南自由贸易港鼓励类产业目录中规定的产业项目为主营业务，且其主营业务收入占企业收入总额60%以上的企业。实质性经营是指企业的实际管理机构设在海南自由贸易港，并对企业生产经营、人员、财务、财产等实施实质性全面管理和控制。对不符合实质性运营的企业，不得享受优惠。对总机构设在海南自由贸易港的符合条件的企业，仅对其设在海南自由贸易港的总机构和分支机构的所得，适用15%的企业所得税税率；对总机构设在海南自由贸易港以外的企业，仅就其设在海南自由贸易港内的符合条件的分支机构的所得，适用15%的企业所得税税率。

海南自由贸易港鼓励类产业目录按照《海南自由贸易港鼓励类产业目录(2020年本)》执行，目录共包括两部分，一是国家现有产业目录中的鼓励类产业，二是海南自由贸易港新增鼓励类产业。目录适用于在海南自由贸易港生产经营的企业，其中外商投资企业按照《鼓励外商投资产业目录(2019年版)》执行。目录自2020年1月1日起施行，有效期截至2024年12月31日，并根据海南自由贸易港建设需要，适时对目录进行修订。

(2) 对在海南自由贸易港设立的旅游业、现代服务业、高新技术产业企业新增的境外直接投资取得的所得，免征企业所得税。新增境外直接投资所得应当符合以下条件：从境外新设分支机构取得的营业利润；或从持股比例超过20%(含)的境外子公司分回的，与新增境外直接投资相对应的股息所得。被投资国(地区)的企业所得税法定税率不低于5%。旅游业、现代服务业、高新技术企业按照海南自由贸易港鼓励类产业目录规定执行。

4.2 不同企业注册地点选择的纳税筹划任务

4.2.1 利用企业选址进行的纳税筹划

企业选址的
纳税筹划

【任务案例】

亚斯果业有限责任公司欲投资建厂，需占用土地15万平方米。在选址时有两个地方可以选择：一是市区，当地城镇土地使用税定额税率为10元/平方米；二是县城，当地城镇土地使用税定额税率为3元/平方米。假设无论选择哪种方案，都不会影响其经济效益，且全年应纳增值税合计为1 000万元。请为该公司进行纳税筹划。

【筹划思路】

由于税法在城市维护建设税和城镇土地使用税两个税种上对不同的地区规定了不同的税率，因此企业可以根据实际情况，在不影响企业整体经济效益的前提下，选择城市维护建设税和城镇土地使用税适用税率低的区域注册企业，这样不仅可以少缴城市维护建设税，还能降低城镇土地使用税的税负。

【法规依据】

《中华人民共和国城市维护建设税暂行条例》第四条规定：纳税人所在地在市区的，城市维护建设税税率为 7%；在县城、镇的，税率为 5%；不在市区、县城或镇的，税率为 1%。《中华人民共和国城镇土地使用税暂行条例》(以下简称《城镇土地使用税暂行条例》)第二条规定：在城市、县城、建制镇、工矿区范围内使用土地的单位和个人，为城镇土地使用税的纳税义务人。《城镇土地使用税暂行条例》第四条规定：城镇土地使用税每平方米年税额如下：①大城市 1.5～30 元；②中等城市 1.2～24 元；③小城市 0.9～18 元；④县城、建制镇、工矿区 0.6～12 元。

【解析方案】

方案一：将企业注册在市区。

全年应纳城市维护建设税=1 000×7%=70(万元)

全年应纳城镇土地使用税=15×10=150(万元)

应纳税合计=70+150=220(万元)

方案二：将企业注册在县城。

全年应纳城市维护建设税=1 000×5%=50(万元)

全年应纳城镇土地使用税=15×3=45(万元)

应纳税合计=50+45=95(万元)

方案二与方案一相比，少缴纳城市维护建设税=70-50=20(万元)，少缴纳城镇土地使用税=150-45=105(万元)，累计少纳税=220-95=125(万元)，因此应当选择方案二。

【筹划点评】

将企业设在县城，在有些情况下，有可能影响企业的生产经营业绩。企业不能单纯地只考虑城市维护建设税和城镇土地使用税税负因素来对企业进行选址。

4.2.2　利用西部大开发优惠政策选择注册地点的纳税筹划

【任务案例】

2021 年年初，兴业公司欲投资设立一家经营高掺量粉煤灰建材制品的生产企业，且其主营业务收入占企业收入总额的 63%。现有两种方案可供选择：一是在山东省设立；二是在甘肃省设立。假设将该企业设立在山东省，预计每年盈利 6 000 万元；假设将该企业设立在甘肃省，预计每年盈利 5 500 万元。请为兴业公司进行纳税筹划。

【筹划思路】

投资者在选择企业注册地点时，可以考虑设立在西部地区，并投资于国家鼓励类产业名录下的产业项目，以充分享受西部大开发产业企业所得税的低税率优惠政策。

【法规依据】

根据《财政部 税务总局 国家发展改革委 关于延续西部大开发企业所得税政策的公告》(2020年第23号)的规定，自2021年1月1日起至2030年12月31日，对设在西部地区的鼓励类产业企业减按15%的税率征收企业所得税。其中鼓励类产业企业是指以《西部地区鼓励类产业目录》中规定的产业项目为主营业务，且其主营业务收入占企业收入总额60%以上的企业。

【解析方案】

方案一：在山东省设立。

企业应纳企业所得税税额=6 000×25%=1 500(万元)

年税后利润=6 000-1 500=4 500(万元)

方案二：在甘肃省设立。

企业应纳企业所得税税额=5 500×15%=825(万元)

年税后利润=5 500-825 = 4 675(万元)

方案二与方案一相比，兴业公司少缴纳企业所得税=1 500-825=675(万元)，多获得税后利润=4 675-4 500=175(万元)，因此应当选择方案二。

【筹划点评】

在西部地区注册属于国家鼓励类产业的企业，虽然可享受西部大开发的税收优惠政策，但有时候未必会取得较好的经营业绩，若决策不当，往往得不偿失。

4.2.3 利用经济特区优惠政策选择注册地点的纳税筹划

【任务案例】

2019年，施蓝有限责任公司欲设立一家高新技术企业，有两个注册地点可供选择：一是福州市；二是厦门市。假设该高新技术企业设在福州或厦门，对其生产经营不会造成任何影响。企业成立后，预计年应纳税所得额均为2 000万元。请为施蓝有限责任公司进行纳税筹划。

【筹划思路】

企业在选择注册地点时，应充分考虑在经济特区注册国家需要重点扶持的高新技术企业，可以享受的企业所得税优惠政策。

【法规依据】

现行的企业所得税法规定，对经济特区(特指深圳、珠海、汕头、厦门和海南经济特区)和上海浦东新区内在2008年1月1日(含)之后完成登记注册的国家需要重点扶持的高新技术企业，在经济特区和上海浦东新区内取得的所得，自取得第一笔生产经营收入所属纳税年度起，第一年至第二年免征企业所得税，第三年至第五年按照25%的法定税率，减半征收企业所得税。

【解析方案】

方案一：注册地点设在福州市。

公司1~5年应纳企业所得税合计=2 000×25%×5=2 500(万元)

公司 1～5 年税后利润=2 000×5-2 500=7 500(万元)

方案二：注册地点设在厦门市。

公司 1～5 年应纳企业所得税合计=2 000×25%×50%×3 =750(万元)

公司 1～5 年税后利润合计=2 000×5-750=9 250(万元)

方案二与方案一相比，该公司 1～5 年少缴纳企业所得税=2 500-750=1 750(万元)，多获得税后利润=9 250-7 500=1 750(万元)，因此应当选择方案二。

【筹划点评】

在不同注册地点设立企业，由于其享受的税收政策的不同，可能会影响企业设立的税收成本，通常应选择税收成本较低的注册地点，从而充分地享受地区性的税收优惠政策。

项 目 训 练

一、理论训练

1. 根据现行的企业所得税政策，国家需要重点扶持的高新技术企业有哪些税收优惠政策？

2. 如何利用选址对城市维护建设税进行纳税筹划？

3. 如何利用选址对城镇土地使用税进行纳税筹划？

二、操作训练

【训练一】

训练资料：海东股份有限公司在设立选址时有两个地方可以选择，一是设在县城，二是设在市区。假设无论选择哪种方案，都不会影响其经济效益和企业正常的生产经营活动，且当期已缴纳流转税合计为 2 200 万元。

训练要求：请对其进行纳税筹划。

【训练二】

训练资料：利安有限公司今年全年实际占地共计 10 000 平方米。其中，厂房占地 8 000 平方米，办公楼占地 800 平方米，医务室占地 200 平方米，厂区内道路及绿化占地 700 平方米，幼儿园占地 300 平方米。当地城镇土地使用税税额 4 元/平方米。该企业有两套方案可供选择。方案一是各种用地未作明确区分，未分别核算各自面积；方案二是各种用地进行了明确区分，分别核算各自面积。

训练要求：从节税的角度进行分析，利安有限公司应当如何选择？

项目 5

企业组织形式的纳税筹划

【学习目标】

[能力目标]

1. 能够根据企业设立时不同组织形式的选择进行合理的纳税筹划。

2. 能够综合运用企业所得税法、公司法等相关知识，针对企业实际需要，制定企业组织形式选择的纳税筹划策略。

[知识目标]

1. 掌握企业组织形式选择的纳税筹划方法。

2. 熟悉子公司与分公司的区别。

3. 熟悉企业的组织形式及设立条件。

[素质目标]

1. 具备对企业如何选择组织形式的纳税筹划意识。

2. 具备分析问题、解决问题和团结协作的能力。

【思政指引】

关键词：守正创新

创新是一个民族进步的灵魂，是国家兴旺发达的不竭动力。财税人员在进行纳税筹划时也需要具有创新精神。通过创新企业组织形式、创新商业模式，为纳税人规避纳税风险、管理纳税成本、获取合理税收利益创造条件。

【项目引例】

某集团公司是一家大型制造业企业，由北京母公司、济南子公司、郑州子公司组成。2020 年北京母公司实现利润 1 000 万元，济南子公司实现利润 200 万元，郑州子公司亏损 80 万元，企业所得税税率均为 25%。请进行纳税筹划方案的设计。

5.1　相　关　法　规

按照财产组织形式和法律责任权限，通常把企业的组织形式分为三类：独资企业、合伙企业和公司制企业。公司制企业又可进一步划分为总、分公司及母、子公司。企业在投资时选择组建独资企业、合伙企业还是公司制企业，选择成立分公司还是子公司，均存在着纳税筹划的空间。

5.1.1　企业组织形式的法律规定

1. 个人独资企业

个人独资企业是指依照《中华人民共和国个人独资企业法》(以下简称《个人独资企业法》)在中国境内设立，由一个自然人投资，财产为投资人个人所有，投资人以其个人财产对企业债务承担无限责任的经营实体。设立个人独资企业应当具备以下条件：投资人为一个自然人；有合法的企业名称；有投资人申报的出资；有固定的生产经营场所和必要的生产经营条件；有必要的从业人员。

2. 合伙企业

合伙企业是指自然人、法人和其他组织依法在中国境内设立的普通合伙企业和有限合伙企业。普通合伙企业由普通合伙人组成，合伙人对合伙企业债务承担无限连带责任；有限合伙企业由普通合伙人和有限合伙人组成，普通合伙人对合伙企业债务承担无限连带责任，有限合伙人以其认缴的出资额为限对合伙企业债务承担责任。设立合伙企业应当具备以下条件：有两个以上合伙人(合伙人为自然人的，应当具有完全民事行为能力)；有书面合伙协议；有合伙人认缴或实际交付的出资；有合伙企业的名称和生产经营场所；法律、行政法规规定的其他条件。

我国自 2000 年 1 月 1 日起，对个人独资企业和合伙企业投资者的生产经营所得，比照个体工商户的生产、经营所得征收个人所得税。个人独资企业和合伙企业每一纳税年度的收入总额减除成本、费用及损失后的余额，作为投资者个人的生产经营所得，比照《中华人民共和国个人所得税法》的"个体工商户的生产经营所得"应税项目，适用 5%～35% 的五级超额累进税率，计算征收个人所得税。个人独资企业的投资者以全部生产经营所得为应纳税所得额；合伙企业的投资者按照合伙企业的全部生产经营所得和合伙协议约定的分配比例确定应纳税所得额，合伙协议没有约定分配比例的，以全部生产经营所得和合伙人数量平均计算每个投资者的应纳税所得额。

3. 公司制企业

《中华人民共和国公司法》(以下简称《公司法》)规定，在我国境内设立的公司为有限

高职高专互联网＋新形态教材·财会系列

责任公司和股份有限公司。所谓有限责任公司,是指股东以其出资额为限对公司承担责任,公司则以其全部资产对公司的债务承担责任。所谓股份有限公司,是指其全部资本分为等额股份,股东以其所持股份为限对公司承担责任,公司以其全部资产对公司的债务承担责任。

作为企业法人,无论是股份有限公司还是有限责任公司,我国税法都作了统一的规定,公司在计算应纳税所得额的基础上,缴纳企业所得税;同时,对于有限责任公司和股份有限公司,如果向自然人投资者分配股利或红利,还要代扣这些投资人的个人所得税(投资个人分回的股利、红利,税法规定适用20%的比例税率)。也就是说,公司的投资者获得的股利或红利负担了企业所得税和个人所得税两种税,存在着重复课税;而个人独资企业和合伙企业的投资者的所得只负担了个人所得税。

5.1.2 子公司与分公司的法律区别

《公司法》规定,公司可以设立分公司,分公司不具有企业法人资格,其民事责任由总公司承担。公司也可以设立子公司,子公司具有独立法人资格,依法独立承担民事责任。

(1) 子公司是独立的法人,拥有自己独立的名称、章程和组织机构,对外以自己的名义进行活动,在经营过程中发生的债权债务由自己独立承担。分公司则不具备企业法人资格,没有独立的名称,其名称应冠以隶属公司的名称,由隶属公司依法设立,只是公司的一个分支机构。

(2) 母公司对子公司的控制必须符合一定的法律条件。母公司对子公司的控制一般不是采取直接控制,更多采用间接控制方式,即通过任免子公司董事会成员和投资决策来影响子公司的生产经营决策。而分公司则不同,其人事、业务、财产受隶属公司直接控制,在隶属公司的经营范围内从事经营活动。

(3) 承担债务的责任方式不同。母公司作为子公司的最大股东,仅以其对子公司的出资额为限对子公司在经营活动中的债务承担责任;子公司作为独立的法人,以子公司自身的全部财产为限对其经营负债承担责任。分公司由于没有自己独立的财产,与隶属公司在经济上统一核算,因此其经营活动中的负债由隶属公司负责清偿,即由隶属公司以其全部资产为限对分公司在经营中的债务承担责任。

5.1.3 企业不同组织形式的税法规定

根据《财政部 国家税务总局 关于印发<关于个人独资企业和合伙企业投资者征收个人所得税的规定>的通知》(财税〔2000〕91号)规定,个人独资企业和合伙企业不征收企业所得税,仅对投资者个人征收个人所得税。2019年后生产经营所得个人所得税税率表如表5-1所示。

表 5-1 生产经营所得个人所得税税率表

级　数	全年应纳税所得额	税率/%	速算扣除数/元
1	不超过 30 000 元的	5	0
2	超过 30 000 元至 90 000 元的部分	10	1 500
3	超过 90 000 元至 300 000 元的部分	20	10 500
4	超过 300 000 元至 500 000 元的部分	30	40 500
5	超过 500 000 元的部分	35	65 500

除此以外的企业生产经营活动需要缴纳 25%的企业所得税，投资者个人从公司获得的股息还需缴纳 20%的个人所得税。

5.2　不同企业组织形式选择的纳税筹划任务

5.2.1　企业设立时组织形式选择的纳税筹划

企业设立时组织
形式选择的纳税
筹划

【任务案例】

李洪计划于 2024 年创办一家公司，预计该公司每年可实现税前利润 60 万元。请为该事项进行纳税筹划。

【筹划思路】

个人创办规模不大的公司时，可以不选择一人有限责任公司形式，应考虑选择个人独资企业形式，这样可节税。

【法规依据】

根据《财政部　国家税务总局　关于印发<关于个人独资企业和合伙企业投资者征收个人所得税的规定>的通知》(财税〔2000〕91 号)规定，个人独资企业、合伙企业只缴纳个人所得税而不缴纳企业所得税。根据《中华人民共和国企业所得税法》及《个人所得税法》的规定，有限责任公司、股份有限公司既缴纳企业所得税又缴纳个人所得税。

2018 年 8 月 31 日，第十三届全国人大常委会第五次会议通过了新修改的《中华人民共和国个人所得税法》，2019 年 1 月 1 日起新个人所得税法施行。新修改的《中华人民共和国个人所得税法》规定：个体工商户从事生产、经营活动取得的所得，个人独资企业投资人、合伙企业的个人合伙人来源于境内注册的个人独资企业、合伙企业生产、经营的所得按照经营所得，适用 5%～35%的超额累进税率计算缴纳个人所得税。

【解析方案】

方案一：设立为有限责任公司，且将公司税后利润全部分配给股东。

应纳企业所得税=60×25%=15(万元)

税后利润=60-15=45(万元)

李洪分红应纳个人所得税=45×20%=9(万元)

年纳税合计额=15+9=24(万元)

方案二：设立为个人独资企业。

李洪应纳个人所得税=60×35%-6.55=14.45(万元)

李洪不需缴纳企业所得税。

方案二与方案一相比，李洪少缴纳所得税=24-14.45=9.55(万元)，因此应当选择方案二。

【筹划点评】

应当注意的是，成立个人独资企业不利于企业融资及扩大规模，且个人独资企业承担无限责任，经营风险较大。投资者应当权衡利弊，选择合适的组织形式。

企业扩张时组织
形式选择的纳税
筹划

5.2.2 企业扩张时组织形式选择的纳税筹划

【任务案例】

环宇集团公司欲设立两家公司 A 和 B，预计 2024 年环宇集团公司全年实现利润 3 500 万元，A 公司实现利润 1 000 万元，B 公司亏损 800 万元，适用的企业所得税税率为 25%。请为环宇集团公司进行纳税筹划方案设计。

【筹划思路】

子公司具有法人资格，而分公司是不具有法人资格的从属机构，可以享受与总公司汇总纳税的待遇，可以在总分公司之间实现盈亏互抵，有可能减少当期的应纳税所得额。

【法规依据】

《中华人民共和国企业所得税法》第五十条规定：居民企业在中国境内设立不具有法人资格的营业机构的，应当汇总计算并缴纳企业所得税。

【解析方案】

方案一：选择母子公司形式。

环宇集团公司本部应纳企业所得税=3 500×25%=875(万元)

A 公司应纳企业所得税=1 000×25%=250(万元)

B 公司亏损不缴纳企业所得税，但将来五年内可以用税前利润抵减 B 公司自身盈利。

方案二：选择总分公司形式。

选择总分公司的形式可以盈亏互抵。

环宇集团公司应纳企业所得税=(3 500+1 000-800)×25%=925(万元)

方案二与方案一相比，2024 年预计少缴纳企业所得税=875+250-925=200(万元)，因此应该选择方案二。

【筹划点评】

选择方案二，当年少缴纳的税金虽然以后在一般情况下还是要上缴，但延缓了纳税时间，充分利用了资金的时间价值。然而，分公司与子公司相比有较小的独立经营和决策的权利，在一些重要合同的签订、决策的制定上有赖于总公司，将会给其资本流动及运营带来很多不利的影响。同时，分公司的经营风险要由总公司承担，这对总公司也会产生不利影响。

项 目 训 练

一、理论训练

1. 子公司和分公司有何区别？

2. 合伙企业设立的条件有哪些？

3. 子公司和分公司选择的纳税筹划思路是怎样的？

二、操作训练

【训练一】

训练资料：某企业预计项目投资每年可盈利 2 000 000 元，企业在设立时有两个方案可供选择。方案一是有三个合伙人，每人出资 250 000 元，订立合伙协议，设立合伙企业；方案二是设立有限责任公司，注册资本为 750 000 元。

训练要求：从节税的角度，该企业应当选择哪个方案？请对其进行纳税筹划。

【训练二】

训练资料：昌胜公司适用的所得税税率为 25%，该公司拟设一家高新技术分支机构，假设分支机构的年度计税利润预计为 1 250 万元。该公司可以选择两种方式设立分支机构。方案一是设立子公司，如果采用子公司的形式，适用的所得税税率为 15%；方案二是设立分公司，如果采用分公司的形式，则要将其利润汇总到总公司一并缴纳所得税。

训练要求：从节税的角度进行分析，昌胜公司应当如何选择？

项目 6
企业融资行为的纳税筹划

【学习目标】

[能力目标]

1. 能够根据企业不同融资方式的选择进行合理纳税筹划。

2. 能够综合运用税法的相关知识，针对企业实际需要，制定企业融资行为的纳税筹划策略。

[知识目标]

1. 熟悉国家相关税收政策。

2. 掌握融资结构纳税筹划的基本理论。

3. 掌握企业融资行为的纳税筹划方法。

[素质目标]

1. 具备对企业融资行为进行纳税筹划的风险防范意识。

2. 具备分析问题、解决问题和团结协作的能力。

【思政指引】

关键词：诚信合规　重合同　守信用　节约意识

企业筹资的方式有银行借款、发行股票、发行债券、融资租赁、商业信用等多种，不同方式筹措资金的成本不同，风险各异。企业筹集债务资金一定要诚信合规、数量适当、来源合理、筹措及时、方式经济，还要有足够的偿还能力，重合同，守信用，不能为了达到融资目的而弄虚作假。

【项目引例】

A 公司为日用品生产企业，B 公司为其原料供应商。2019 年 6 月，A 公司因原材料涨价而导致资金紧张，有两种方案可供选择。

方案一：向 B 公司借款 200 万元，双方约定利率为 8%，银行同期同类借款利率为 6%，期限为 1 年；

方案二：双方签订销售协议，约定以延期付款方式购买 B 公司的原材料 200 万元，1 年后支付货款 216 万元。

请对上述两个方案进行纳税筹划。

6.1　相　关　法　规

融资也称筹资，是企业根据投资、生产经营等活动的需要，通过各种渠道和方式筹措资金的行为。融资决策是任何企业都要面临的问题，也是企业生存和发展的关键问题之一。从纳税角度看，不同的融资方式，将形成不同的税前、税后资金成本。因此，利用不同融资方式、不同融资条件对税收的影响，确定企业的融资形式，实现企业税后利润或股东收益最大化是纳税筹划的目的和任务。

6.1.1　企业融资的不同途径

按照企业资金来源的权益性质，企业的融资方式可以分为负债性融资、权益性融资和其他融资(如租赁)三类。

(1) 负债性融资。负债性融资是企业通过负债的方式进行的融资。具体包括向银行借款、向非金融机构或企业借款、发行债券、企业内部筹资。这种类型的融资，其共同特点是资金的所有权不属于企业，企业为取得资金的使用权，需要支付一定的利息。

(2) 权益性融资。一是企业通过发行股票，增加资本金的方式进行的融资，其特点是资金注入企业后，形成企业的所有者权益，资金所有者变为企业的股东，拥有分享企业经营业绩的权利；二是通过企业内部自我积累，其特点是资金来源于企业的经营业绩，在会计上体现为企业的盈余公积等所有者权益。

(3) 其他融资。其他融资是企业通过融资租赁的方式进行的融资，其特点是融资方式灵活，融资期限长，还款方式灵活、压力小。中小企业通过融资租赁所享有资金的期限可达 3 年，远远高于一般银行贷款期限。在还款方面，中小企业可根据自身条件选择分期还款，极大地减轻了短期资金压力，能够有效防止中小企业本身就比较脆弱的资金链发生断裂。

6.1.2　企业不同融资方式的税法规定

税法上对企业的负债性融资、权益性融资和其他融资这三类融资方式的相关规定是不同的。

1. 负债性融资

企业通过负债性融资发生的借款利息可以在税前扣除，从而能够减轻企业的纳税负担。

根据《中华人民共和国企业所得税法》规定：①非金融企业向金融企业借款的利息支出、金融企业的各项存款利息支出和同业拆借利息支出、企业经批准发行债券的利息支出可据实扣除。②非金融企业向非金融企业借款的利息支出，不高于按照金融企业同类、同期贷款利率计算的数额以内的部分，可据实扣除，超过部分不得扣除。③企业向股东或者其他与企业有并联关系的自然人借款的利息支出，应根据《企业所得税法》《财政部 国家税务总局 关于企业关联方利息支出税前扣除标准有关税收政策问题的通知》规定的条件，计算企业所得税扣除额。④企业除股东或其他与企业有关联关系的自然人以外的内部职工或其他人员借款的利息支出，其借款情况同时符合以下条件的，其利息支出在不超过按照金融企业同期同类贷款利率计算的数额的部分，准予扣除企业与个人之间的借贷是真实、合法、有效的，并且不具有非法集资目的或其他违反法律、法规的行为；企业与个人之间签订了借款合同。

2. 权益性融资

(1) 企业通过权益性融资所支付的股息或红利是不能在税前扣除的。

根据《中华人民共和国企业所得税法》规定：在计算应纳税所得额时，向投资者支付的股息、红利等权益性投资支出不得扣除。

(2) 留存收益是公司以税后利润支付股东的股利后，余下的税后利润可供公司支配使用的资金。公司从税后利润中提取的法定公积金和任意公积金转增注册资本，可以免征企业所得税。

《中华人民共和国企业所得税法》第二十六条规定："企业的下列收入为免税收入：……(二)符合条件的居民企业之间的股息、红利等权益性投资收益。"

《中华人民共和国企业所得税法实施条例》第八十三条规定："企业所得税法第二十六条第(二)项所称符合条件的居民企业之间的股息、红利等权益性投资收益，是指居民企业直接投资于其他居民企业取得的投资收益。"

《中华人民共和国企业所得税法》第二十六条第(二)项和第(三)项所称股息、红利等权益性投资收益，不包括连续持有居民企业公开发行并上市流通的股票不足 12 个月取得的投资收益。

因此，如果股东为法人或公司，被投资企业的盈余公积金转增资本时，法人股东按照投资比例增加的部分注册资本是可以免征企业所得税的。

3. 其他融资

企业通过融资租赁的方式进行的融资，发生的租赁费不得直接扣除。

根据《中华人民共和国企业所得税暂行条例实施细则》第十七条第(一)款规定："融资租赁发生的租赁费不得直接扣除。承租方支付的手续费，以及安装交付使用后支付的利息等可在支付时直接扣除。"该细则第三十一条第(一)款第五项规定，以融资租赁方式租入的固定资产应当计提折旧。

经营性租赁又称服务租赁、管理租赁或操作性租赁，它是在融资租赁的基础上发展起来的一种特殊形式，是一种以提供租赁设备的短期使用权为特点的租赁形式。通常用于一些需要专门技术进行维修，并且技术更新较快的设备，具有专业化、租期较短的特点。

6.1.3　不同融资方式对企业税负的影响比较

1. 负债性融资

负债性融资是目前大部分企业最常用的融资方式。其融资的成本主要是贷款利息或借款利息，一般可以在税前扣除，其中发行债券的融资方式，由于债券的持有者众多，有利于企业利润的平均分担，避免利润过于集中所带来的较重的纳税负担，因此可以起到减轻所得税负的作用。

2. 权益性融资

权益性融资是企业通过发行股票进行的融资，由于对象广、市场大，比较容易寻找到降低融资成本和提高整体收益的方法，但是企业所支付的股息或红利不能在税前扣除。企业通过自我积累增加资金，要经过很长一段时间才能完成，积累速度较慢，不能够满足企业规模迅速扩大对资金的需要，而且企业投入生产和经营活动之后，产生的全部税负由企业承担。这种筹资方式企业的净收益相对较大，但其承担的税负也有所提高。

3. 其他融资

对于融资企业来说，融资租赁是企业具有特定目的的一种特殊融资方式。一是融资租赁费用中由承租方支付的手续费及安装交付使用后支付的利息，可以在支付时直接从应纳税所得额中扣除(但租赁费不得扣除)，因此其融资成本较权益资金成本要低；二是融资租入设备的改良支出作为长期待摊费用，在不短于五年内摊销，企业自有固定资产的改良支出，则应作为资本性支出，增加相应固定资产的原值，在该项资产的剩余折旧期限(一般会长于五年)内摊销。因此在考虑货币时间价值的情况下，融资租入设备更能体现节税效应。

企业融资决策的核心问题是最优资本结构的确定。企业资本结构的合理与否，不仅关乎企业风险、成本的大小，而且在相当大的程度上影响着企业的税收负担以及企业权益资本收益实现的水平。因此，企业应综合考虑各种融资方式的优缺点，在进行资本结构的纳税筹划时，必须充分考虑企业自身的特点及风险承受能力，并根据企业实际情况进行纳税筹划。

6.2　企业不同融资行为选择的纳税筹划任务

6.2.1　融资结构选择的纳税筹划

融资结构选择的
纳税筹划

【任务案例】

大华公司准备筹资 500 万元新上一条生产线，用于新产品的生产，预计年息税前利润为 150 万元。现有四个方案可供选择：方案一，债务资本与权益资本的比例为 0∶100；方案二，债务资本与权益资本的比例为 20∶80；方案三，债务资本与权益资本的比例为 50∶50；方案四，债务资本与权益资本的比例为 60∶40。假设四个方案的负债利率都是 6%(金融企业同期贷款利率为 6.65%)，适用的企业所得税税率为 25%。请为大华公司进行纳税筹划方

高职高专互联网+新形态教材·财会系列

案设计。

【筹划思路】

企业融资分为负债性融资和所有者权益性融资。负债性融资的财务杠杆效应主要体现在抵减企业所得税和提高权益资本收益率两个方面。在息税前收益率不低于负债成本率的前提下，负债比率越高、额度越大，其节税效果越明显。企业可考虑适当增加负债额度，提高负债比重，从而可以带来节税和提高权益资本收益率的双重效果。

【法规依据】

我国《企业所得税法实施条例》第三十八条规定：非金融企业向非金融企业借款的利息支出，不超过按照金融企业同期同类贷款利率计算的数额的部分准予扣除。我国《企业所得税法》第十条规定：向投资者支付的股息、红利等权益性投资收益款项不得在计算应纳税所得额时扣除。

【解析方案】

四种方案的比较如表 6-1 所示。

表 6-1　四种方案的比较

项　目	方案一	方案二	方案三	方案四
资本结构(债务资本:权益资本)	0:100	20:80	50:50	60:40
息税前利润(万元)	150	150	150	150
负债利率	6%	6%	6%	6%
负债利息	0	100×6%=6	250×6%=15	300×6%=18
税前利润(万元)	150−0=150	150−6=144	150−15=135	150−18=132
应纳企业所得税	150×25%=37.5	144×25%=36	135×25%=33.75	132×25%=33
税后利润(万元)	150−37.5=112.5	144−36=108	135−33.75=101.25	132−33=99
税前权益资本收益率	150/500×100%=30%	144/400×100%=36%	135/250×100%=54%	132/200×100%=66%
税后权益资本收益率	112.5/500×100%=22.5%	108/400×100%=27%	101.25/250×100%=40.5%	99/200×100%=49.5%

四个方案相比，从缴纳企业所得税额看，方案四(33 万元)<方案三(33.75 万元)<方案二(36 万元)<方案一(37.5 万元)，从节税方面看方案四是最优的；从税前权益资本收益率来看，方案四(66%)>方案三(54%)>方案二(36%)>方案一(30%)，比较而言方案四是最优的；从税后权益资本收益率来看，方案四(49.5%)>方案三(40.5%)>方案二(27%)>方案一(22.5%)，比较而言方案四是最优的，因此，无论从节税方面还是权益资本收益率来说，都应当选择方案四。但从税后利润上比较分析，方案四(99 万元)<方案三(101.25 万元)<方案二(108 万元)<方案一(112.5 万元)，这时方案四又是最差的指标。

【筹划点评】

负债融资隐含着财务风险，并非多多益善。企业应当合理确定负债的规模，将其控制在一定的范围之内，使负债融资带来的利益大于由于负债融资的比重增大所带来的财务风险和融资风险成本。

6.2.2　借款方式的纳税筹划

借款方式选择的
纳税筹划

【任务案例】

胜利汽车制造有限公司为一家非金融企业，其接受的权益性投资总额为 8 000 万元。2019 年年初，有一个项目急需借款 20 000 万元进行开发。现有几种借款方式可供选择：一是向银行借款，利率为 7%；二是向非关联企业拆借，利率为 9%；三是向职工筹资，利率为 10%；四是向关联企业借款，利率为 7%。在不考虑借款利息的情况下，该公司该年度应纳税所得额预计为 2 500 万元。请为该公司进行纳税筹划方案设计。

【筹划思路】

企业应当比较各种借款方式的税负及税后利润，最终选择合适的方案。

【法规依据】

按照企业所得税法规定，企业在生产经营活动中发生的利息支出，按照下列规定扣除。

(1) 非金融企业向金融企业借款的利息支出、金融企业的各项存款利息支出和同业拆借利息支出、企业经批准发行债券的利息支出，准予据实扣除。

(2) 非金融企业向金融企业借款的利息支出，不超过按照金融企业同期同类贷款利率计算的数额的部分，准予扣除，超过部分不得扣除。

(3) 在计算应纳税所得额时，企业实际支付给关联方的利息支出，不超过以下规定比例和税法及其实施条例有关规定计算的部分，准予扣除，超过的部分不得在发生当期和以后年度扣除。企业实际支付给关联方的利息支出，其接受关联方债务性投资与权益性投资的比例为：金融企业为 5∶1；其他企业为 2∶1。

(4) 企业向内部职工或其他人员借款的利息支出，其借款情况同时符合以下条件的，其利息支出在不超过按照金融企业同期同类贷款利率计算的数额的部分，准予扣除。

第一，企业与个人之间的借贷是真实、合法、有效的，并且不具有非法集资目的或其他违反法律、法规的行为。

第二，企业与个人之间签订了借款合同。

【解析方案】

方案一：向银行借款。

允许税前扣除的利息=20 000×7%=1 400(万元)

当年应纳企业所得税=(2 500−1 400)×25%=275(万元)

当年税后净利润=(2 500−1 400)−275=825(万元)

方案二：向非关联企业拆借。

实际应付利息=20 000×9%=1 800(万元)

允许税前扣除的利息=20 000×7%=1 400(万元)

当年应纳企业所得税=(2 500−1 400)×25%=275(万元)

当年税后净利润=(2 500−1 800)−275=425(万元)

方案三：向职工集资。

实际应付利息=20 000×10%=2 000(万元)

允许税前扣除的利息=20 000×7%=1 400(万元)

当年应纳企业所得税=(2 500-1 400)×25%=275(万元)

当年税后净利润=(2 500-2 000)-275=225(万元)

方案四：向关联企业借款。

实际应付利息=20 000×7%=1 400(万元)

由于该公司接受的债权性投资与权益性投资的比例已经达到5：2(20 000：8 000,即2.5倍),超过了2：1(2 倍),根据税法规定,超过部分的利息不能扣除,因此：

允许税前扣除的利息=8 000×2×7%=1 120(万元)

当年应纳企业所得税=(2 500-1 120)×25%=345(万元)

当年税后净利润=(2 500-1 400)-345=755(万元)

由此可见,方案一与方案二相比,多获取税后净利润=825-425=400(万元),方案一与方案三相比,多获取税后净利润=825-225=600(万元),方案一与方案四相比,多获取税后净利润=825-755=70(万元),因此应当选择方案一。

【筹划点评】

向银行借款是最佳的借款方式,但申请银行贷款的难度比较大,限制比较多;向非关联方借款及内部集资的借款利息支出较大;向关联方借款又受到税法的一定限制。因此,企业应当权衡利弊,有时候需要采取多种借款方式的组合来满足融资的需求。

6.2.3　设备租赁融资的纳税筹划

租赁融资的
纳税筹划

【任务案例】

大兴装备有限公司 2020 年因扩大生产规模的需要,急需某种生产设备。现有两种方案可供选择。

方案一:向银行借款来购买该设备,借款额为 1 130 万元,其中记入固定资产原值为 1 000万元,可抵扣进项税为 130 万元,折旧年限为 10 年,采用直线法计提折旧,假设无残值,银行借款年利率为 6%,并且购置此设备后可以马上投入生产。

方案二:通过经营租赁方式租赁设备,每年支付租金 210 万元。

假设该设备购买后即可投产,预计增加年利润 1 200 万元,与此相关的其他支出为 400万元。请对其进行纳税筹划。

【筹划思路】

对承租人来说,经营租赁可获取双重好处:一是可以避免因长期拥有设备而承担负担和风险;二是可以在经营活动中以支付租金的方式冲减企业的利润,减少税基,从而减少应纳税额。企业可以比较通过借款购置设备与通过经营租赁方式租入设备的税负大小,最终选择节税的方案。

【法规依据】

根据《中华人民共和国企业所得税暂行条例实施细则》第十条规定,第六条第二款(一)

项所称利息支出,是指建造、购进的固定资产竣工决算投产后发生的各项贷款利息支出。纳税人除建造、购置固定资产,开发、购置无形资产,以及筹办期间发生的利息支出以外的利息支出,允许扣除。包括纳税人之间相互拆借的利息支出。

根据《中华人民共和国企业所得税暂行条例实施细则》第十七条规定,纳税人根据生产、经营需要租入固定资产所支付租赁费的扣除,分别按下列规定处理:①以经营租赁方式租入固定资产而发生的租赁费,可以据实扣除。②融资租赁发生的租赁费不得直接扣除。承租方支付的手续费,以及安装交付使用后支付的利息等可在支付时直接扣除。该细则第三十一条(一)第五项规定,以融资租赁方式租入的固定资产应当提取折旧。

【解析方案】

方案一: 企业通过向银行借款购买机器设备。

银行借款用于购买固定资产,借款利息(非购建期)和折旧可以税前扣除。以第一年为例:

应纳企业所得税=(1 200-400-1 130×6%-1 000÷10)×25%=158.05(万元)

方案二: 企业采取经营租赁方式获得该机器的使用权。

租金可以全额扣除,以第一年为例:

应纳企业所得税=(1 200-400-210)×25%=147.5(万元)

由此可见,方案二比方案一可使大兴公司少缴企业所得税=158.05-147.5=10.55(万元),因此应当选择方案二。

【筹划点评】

本案例只考虑了企业所得税的节约,实际上还应当考虑租金多少的因素,如果租金偏高就不划算了。

6.2.4　职工集资的纳税筹划

【任务案例】

瑞光设备有限公司共有职工 1 000 人,人均月工资为 4 000 元。该公司准备于 2019 年向每位职工筹集资金 6 000 元,年利率为 8%,银行同期同类贷款利率为 6%。该公司 2019 年预计税前会计利润为 2 000 000 元。请为该公司进行纳税筹划方案设计。

【筹划思路】

企业在向职工集资时,可以通过支付给职工的工资与支付给职工的利息相互转换的方式,在增加工资且不增加工资薪金所得个人所得税和总支出的前提下,经过调整,达到利息在企业所得税税前全额扣除的目的。

【法规依据】

《国家税务总局关于企业向自然人借款的利息支出企业所得税税前扣除问题的通知》(国税函〔2009〕777 号)规定如下。

(1) 企业向股东或其他与企业有关联关系的自然人借款的利息支出,应根据《中华人民共和国企业所得税法》(以下简称税法)第四十六条及《财政部 国家税务总局 关于企业关联方利息支出税前扣除标准有关税收政策问题的通知》(财税〔2008〕121 号)规定的条件,计算企业所得税扣除额。

职工集资的
纳税筹划

(2) 企业向除第(1)条规定以外的内部职工或其他人员借款的利息支出，其借款情况同时符合以下条件的，其利息支出在不超过按照金融企业同期同类贷款利率计算的数额的部分，根据税法第八条和税法实施条例第二十七条的规定，准予扣除。

第一，企业与个人之间的借贷是真实、合法、有效的，并且不具有非法集资目的或其他违反法律、法规的行为。

第二，企业与个人之间签订了借款合同。

【解析方案】

方案一：按原集资方案。

筹资年利率 8%超过银行同期同类贷款利率 6%，应调增应纳税所得额。

应纳税所得额=2 000 000+6 000×1 000×(8%-6%)=2 120 000(元)

2019 年应纳企业所得税=2 120 000×25%=530 000(元)

员工平均工资每月 4 000 元，未超过工资薪金个人所得税免征额 5 000 元，不需要缴纳个人所得税。

平均每位职工每年需缴纳利息个人所得税=6 000×8%×20%=96(元)

方案二：将筹资利率降低到 6%，将职工的平均月工资提高到=[4 000+6 000×(8%-6%)/12]=4 010(元)。

2019 年应纳企业所得税=2 000 000×25%=500 000(元)

员工工资平均每月 4 010 元，未超过工资薪金个人所得税免征额 5 000 元，不需要缴纳个人所得税。

平均每位职工每年需缴纳利息所得个人所得税=6 000×6%×20%=72(元)

由此可见，方案二与方案一相比，瑞光公司少缴纳企业所得税=530 000-500 000=30 000(元)，平均每位职工每年少缴纳个人所得税=96-72=24(元)，因此应当选择方案二。

【筹划点评】

企业如果有来自非金融机构的贷款，在企业与其债权方协商贷款利率时，一定要充分沟通，以金融企业同期同类贷款利率作为参照，争取既能取得贷款，又可以将利息在税前扣除。

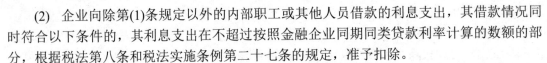

项 目 训 练

一、理论训练

1. 企业在融资过程中应当考虑哪些因素？

2. 企业常见的融资方式有哪些？

3. 企业之间或经济组织之间的资金拆借可以为企业节税吗？

二、操作训练

【训练一】

训练资料：某公司计划兴建写字楼对外出租，预计每年租金为 500 万元，写字楼使用寿命为 20 年。该公司有两套融资方案可供选择。方案一是用以前年度累积的留存收益 4 000

万元兴建写字楼；方案二是从银行借款 4 000 万元兴建写字楼对外出租。假定银行贷款年利率为 8%，贷款期限为 10 年，每年年末支付利息。

训练要求：从节税的角度，该公司应当选择哪套方案？

【训练二】

训练资料：某企业计划投资 100 万元用于一项新商品的生产，有两套方案可供选择。方案一是动用留存收益 100 万元；方案二是向银行借款 20 万元，年利率为 10%，权益资本为 80 万元。假设企业所得税税率为 25%，两套方案下企业的息税前利润均为 30 万元。

训练要求：从节税的角度，该企业应当如何选择？

项目 7

企业投资行为的纳税筹划

【学习目标】

[能力目标]

1. 能够根据企业不同的投资方式进行合理纳税筹划。

2. 能够综合运用税法的相关知识，针对企业实际需要，制定企业投资行为的纳税筹划策略。

[知识目标]

1. 熟悉国家相关税收政策。

2. 掌握利用投资产业方面的优惠政策进行纳税筹划的基本理念。

3. 掌握企业投资行为的纳税筹划方法。

[素质目标]

1. 具备对企业投资相关事宜进行纳税筹划的能力。

2. 具备分析问题、解决问题和团结协作的能力。

【思政指引】

关键词：风险意识　财富价值观　社会责任

无论哪种投资方式，高收益往往都伴随着高风险。企业因过度投资或者不理性的投资战略而导致投资失败致使自身陷入困境的例子屡见不鲜。因此，在进行投资实践之前，一定要树立风险意识，充分认识目标市场，全面评估风险发生的概率，建立正确的财富价值观，投资符合国家政策的项目。

【项目引例】

某内资企业本年度欲与某外国企业联合投资设立中外合资企业，投资总额为 8 000 万元，注册资本为 5 000 万元，其中，中方出资 2 000 万元，占 40%，外方出资 3 000 万元，占 60%。现内资企业有两种方案可供选择。

方案一：以设备作价 2 000 万元作为注册资本投入，以厂房作价 2 000 万元作为其他投入；

方案二：以厂房作价 2 000 万元作为注册资本投入，以设备作价 2 000 万元作为其他投入。

请对上述两个方案进行纳税筹划。

7.1　相　关　法　规

投资是企业为了未来的收益，而投放货币资金、实物、技术，进而形成资产的经济活动。企业投资的目的主要是维持企业的生存和发展，以提升企业的资产价值，增强企业的综合实力。

7.1.1　投资规模的纳税筹划

投资规模是指投资主体在一定时期内投入的资源总量。在投资目标既定的条件下，企业可以通过对投资规模的控制和投资结构的调整，实现投资效益的最大化。对于企业的生产经营而言，投资规模过大或过小都不利于企业的发展。影响企业投资规模的因素很多，就市场环境而言，最关键的因素是产品的市场需求状况。除了市场因素外，行业的技术特点、专业化分工水平、外部协作配套条件、原材料的保障程度等也是确定投资规模必须考虑的因素。当然，税收也是影响投资规模的重要因素之一，具体表现在以下两个方面。

首先，投资规模的大小决定纳税人纳税身份的界定。增值税是我国的主体税种，它具有普遍征收的特点，适用于生产、批发、零售和进出口商品以及加工、修理修配等领域的各个环节，大部分企业都会遇到缴纳增值税问题，而我国现行的增值税对一般纳税人和小规模纳税人实行差别税率。如果投资者在投资决策中确定的投资规模，使项目建成投产后企业适合小规模纳税人标准，则按小规模纳税人身份纳税，否则以一般纳税人身份纳税。因此，投资者便可以在分析、比较小规模纳税人和一般纳税人的税负水平后，对投资规模进行调整，使其符合低税负纳税人身份。

其次，投资规模影响企业纳税的绝对水平。一般情况下，规模大，企业的获利能力大，纳税的绝对额也大；规模小，企业的获利能力小，纳税的绝对额也小。根据税法规定，企业应纳税额的计算依据法定税率和企业账面记录的应税收益额，并不考虑这种账面意义的收益所实际取得的现金流入状况，只要体现出账面意义上的应税收益，企业就必须依法、及时、足额地动用现实的现金予以解缴。可见，企业应纳税额的现金支付的刚性约束也制约着企业纳税的绝对水平。因此，投资者在确定投资规模时，必须充分考虑纳税现金支付的刚性约束，即合理确定纳税目标约束下的投资规模，避免因规模过大导致税前账面收益过大，由此发生的纳税现金需求超过企业现金供给，给企业带来不利影响。

高职高专互联网＋新形态教材·财会系列

7.1.2 投资行业的纳税筹划

税收是体现国家产业导向的重要经济杠杆,税收优惠政策体现了国家鼓励、刺激的方向。我国的税制构成中,各个税种都有不同的税收优惠政策。利用行业性税收优惠政策必须考虑两个层次的问题:一是在投资地点相同的情况下,选择能享受更大优惠的行业进行投资;二是在投资地点不同的情况下,选择政策扶持的行业进行投资。处于不同经济发展阶段的国家,其税收优惠的行业重点有所差别,在投资行业进行纳税筹划时,要充分了解这些优惠政策及其变化,以谋取企业利益的最大化。

企业或个人进行投资,首先需要选择的就是投资的产业。仅就税收因素而言,国家对不同产业的政策不是一视同仁,而是有差别的。某些产业是国家限制发展的,而某些产业则是国家重点扶持的。在税收政策中,最重要的就是企业所得税政策。因为所得税是直接税,一般不能转嫁,若国家给予优惠政策减免所得税,则其利益就直接归于企业,所以其对企业经济利益的影响最直接。目前,国家通过减免所得税的方式扶持的产业主要包括以下方面。

1. 农业

根据现行企业所得税政策,企业从事下列项目的所得,免征企业所得税。

(1) 蔬菜、谷物、薯类、油料、豆类、棉花、麻类、糖料、水果、坚果的种植。

(2) 农作物新品种的选育。

(3) 中药材的种植。

(4) 林木的培养和种植。

(5) 牲畜、家禽的饲养。

(6) 林产品的采集。

(7) 灌溉、农产品初加工、兽医、农技推广、农机作业和维修等农、林、牧、渔服务业项目。

(8) 远洋捕捞。

企业从事下列项目的所得,减半征收企业所得税。

(1) 花卉、茶或其他饮料作物和香料作物的种植。

(2) 海水养殖、内陆养殖。

2. 公共基础建设产业

根据现行企业所得税法的规定,企业从事国家重点扶持的公共基础设施项目的投资经营的所得可以免征、减征企业所得税。国家重点扶持的公共基础设施项目,是指《公共基础设施项目企业所得税优惠目录》中规定的港口码头、机场、铁路、公路、城市公共交通、电力、水利等项目。企业从事上述规定的国家重点扶持的公共基础设施项目的投资经营所得,自项目取得第一笔生产经营收入所属的纳税年度起,第一年至第三年免征企业所得税,第四年至第六年减半征收企业所得税。

企业在准备设立时就应充分利用好现有的税收优惠政策,精心地进行投资产业结构的纳税筹划和测算,使企业在当前及一段时期内的整体税负水平达到最低。企业投资产业结构纳税筹划的基本思路为:依据所设立企业的具体情况,结合国家对不同产业的税收倾斜政策，选择并确定要投资的产业；在某一产业内部，利用税收优惠政策，选择不同的行业、商品类别，使企业的经营尽可能地避开一些税种的征税范围；在某些税种的征税范围之内，选择有优惠政策的税目作为企业的投资方向，并对各种所涉及的税种实际税负情况进行测算，使企业的实际整体税负达到最低；在企业主要的投资方向确定以后，依据税法对兼营和混合销售的规定，在经营范围之内，确定合理的兼营项目和混合销售行为，避免额外的税收负担。

7.1.3　投资方式的纳税筹划

按照投资者对被投资企业的生产经营控制和管理方式的不同，投资可以分为直接投资和间接投资。直接投资是指投资主体将金融资产转化为实物资产进行生产经营活动，并从经营活动中取得利益的投资方式。间接投资是指投资主体用货币资产购买各种有价证券，以期从持有和转让中获取投资收益和转让增值的投资方式。直接投资形成各种形式的企业类型，企业的经营成果既要征收流转税，企业的纯收益还要征收企业所得税；间接投资的交易需要征收印花税，其收益征收企业所得税。直接投资中的投资主体可以将货币资金、物资、土地、劳力、技术及其他生产要素直接作为管理费用在税前扣除，以缩小所得税税基，减轻企业所得税税负。

企业以实物资产和无形资产对外投资时，必须进行资产评估，被投资企业可按经评估确认的价值，确定有关资产的计税成本。例如，被评估资产合理增值，投资方应确认非货币资产转让所得，并计入应纳税所得额。再如，转让所得数额较大，纳税确有困难的，经税务机关批准，可在 5 年内分期摊入各期的应纳税所得额中。被投资方则可以通过多列折旧费用和摊销费用，缩小所得税税基，减少当期应税利润，最终达到减轻税负的目的。如评估资产减值，则投资方可确认为非货币资产转让损失，减少应纳税所得额。

7.1.4　投资项目的纳税筹划

投资项目的纳税筹划是指企业面对若干项目时如何选择项目，以及面对一个项目时如何确定投资方案的决策。不同的投资决策会带来相差悬殊的税负水平。

企业确定了投资规模、投资行业后，还要考虑具体的投资项目，因为不同的投资项目有不同的税收规定。比如，现行增值税就采用基本税率加一档低税率的模式，即纳税人销售或进口货物，提供加工、修理修配劳务，税率为 13%。纳税人销售或进口下列货物，则按 9% 的低税率征收增值税：粮食、食用植物油；自来水、暖气、冷气、热气、煤气、石油液化气、天然气、沼气、居民用煤炭制品；图书、报纸、杂志；饲料、化肥、农药、农机、农膜；国务院规定的其他货物。类似的相关规定在其他税种中也很多，企业在确定投资项目时，若能了解这些规定，并结合自身实际情况，无疑能获得更多的税收利益。

7.1.5　股权投资的纳税筹划

投资资产是指企业对外进行权益性投资和债权性投资形成的资产。根据《企业所得税法》的规定，企业对外投资期间，投资资产的成本在计算应纳税所得额时不得扣除。但企业在转让或者处置投资资产时，该项资产的净值，即投资资产的成本扣除已按规定扣除的

高职高专互联网＋新形态教材·财会系列

折旧、折耗、摊销和准备金等后的余额，准予扣除。

投资资产按照以下方式确定成本：①通过支付现金方式取得的投资资产，以实际支付的购买价款确定成本；②通过支付现金以外的方式取得的投资资产，以该资产的公允价值和支付的相关税费确定成本。

根据《企业所得税法》的规定，符合条件的居民企业之间的股息、红利等权益性投资收益是免税收入。符合条件的居民企业之间的股息、红利等权益性投资，是指居民企业直接投资于其他居民企业取得的投资收益。但不包括连续持有居民企业公开发行并上市流通的股票不足 12 个月取得的投资收益。

如果企业准备转让股权，而该股权中尚有大量没有分配的利润，此时，就可以通过先分配股息再转让股权的方式来降低转让股权的价格，从而降低股权转让所得，减轻所得税负担。

7.2　企业不同投资行为选择的纳税筹划任务

7.2.1　投资产业选择的纳税筹划

投资产业选择
的纳税筹划

【任务案例】

2019 年，红星农场将全部土地用来种植中药材。2020 年，该农场在选择种植中药材之外，计划增加种植项目，经过考察，最终决定在种植水果和种植茶叶之中选择一个。假设种植水果或种植茶叶均能实现利润 500 万元，且无纳税调整项目。请为该农场进行纳税筹划方案设计。

【筹划思路】

我国《企业所得税法》及其实施条例中的各种优惠反映了国家的政策导向，是国家鼓励和倡导的，企业可以充分利用各种优惠进行纳税筹划，不仅有利于企业，而且有利于国家。

【法规依据】

根据现行企业所得税政策，企业从事水果种植的所得，免征企业所得税。企业从事茶叶种植所得，减半征收企业所得税。

【解析方案】

方案一：选择种植茶叶。

种植茶叶的所得可以减半征收企业所得税。

当年应纳企业所得税=500×25%/2=62.5(万元)

方案二：选择种植水果。

免征企业所得税。

由此可见，红星农场应选择方案二。

【筹划点评】

当然，具体种植什么项目，要看企业自身的具体情况，不能单纯地根据企业所得税税负因素做出选择。

7.2.2　投资方式选择的纳税筹划

投资方式选择
的纳税筹划

【任务案例】

江南科技有限公司为高新技术企业，适用 15%的企业所得税税率，现有闲置资金 2 000万元，有两个投资方案可供选择：一是同其他企业联营，投资创建另一个高新技术企业科创有限公司，江南科技有限公司拥有其 30%的股权，且将长期持有该股权；预计科创有限公司每年实现净利润 400 万元，且全部分配。二是江南科技有限公司用 2 000 万元购买国库券，年利率为 7.5%。请为江南科技有限公司进行纳税筹划。

【筹划思路】

投资方式分为直接投资和间接投资，如投资创建企业属于直接投资，购买股票和债券属于间接投资。对照上述规定，一方面，企业应该注意国家对高新技术企业的认定条件，包括高新技术企业认定标准和程序。企业纳税筹划的重点应该转移到产业发展战略和企业性质的筹划上，努力成为高新技术企业。另一方面，当企业有闲置资产需要对外投资时，可以选择购买股票、债券等方式。在综合考虑风险与收益的前提下，相对于其他投资，企业投资于国债这种免税项目不失为一个较好的投资选择。

【法规依据】

我国《企业所得税法》及其实施条例规定，国家需要重点扶持的高新技术企业适用的企业所得税税率为 15%。国债利息收入和符合条件的居民企业之间的股息、红利等权益性投资收益为免税收入。其中符合条件的居民企业之间的股息、红利等权益性投资收益，不包括连续持有居民企业公开发行并上市流通的股票不足 12 个月取得的投资收益。

【解析方案】

方案一：投资创建一个高新技术企业。

科创有限公司设立后可减按 15%的税率缴纳企业所得税。江南科技有限公司获得的权益性投资收益免缴企业所得税。

江南科技有限公司分回的利润=400×30%=120(万元)

江南科技有限公司获得的实际投资收益=120(万元)

方案二：购买国库券。

江南科技有限公司投资国库券获得的利息免缴企业所得税。

江南科技有限公司获得的实际投资收益=2 000×7.5%=150(万元)

方案二与方案一相比，江南科技有限公司多获得投资收益=150-120=30(万元)，因此，应当选择方案二。

【筹划点评】

选择不同的投资方式，不能仅考虑税负，还应考虑投资收益、发展前景和空间、自身条件等多种因素。

投资项目选择
的纳税筹划

7.2.3 投资项目选择的纳税筹划

【任务案例】

某企业现有甲、乙两个投资项目可供选择，假定项目报废时残值等于其清理费用，甲方案的年折旧额为400万元，乙方案的年折旧额为320万元，银行贷款利率为8%，适用的企业所得税税率为25%，该企业投资和取得投资收益(未扣除折旧)情况如表7-1所示(其中，负号表示投资，正号表示收益，假设所有投资均发生在年初，所有收益均发生在年末)。请为该企业进行纳税筹划。

表7-1 投资及取得投资收益情况表

单位：万元

年份	第1年	第2年	第3年	第4年	第5年	第6年	第7年	第8年
甲项目	−800	−800	+1 200	+1 000	+800	+400		
乙项目	−600	−500	−500	+500	+600	+800	+1 000	+1 200

【筹划思路】

通过比较各种方案下税后利润或投资收益净现值的大小，最终选择税后利润或投资收益净现值大的方案。

【法规依据】

我国《企业所得税法》规定：企业的应纳税所得额乘以适用税率，减除依照税法关于税收减免和抵免的税额后的余额，为应纳税额。

【解析方案】

(1) 不考虑货币的时间价值。

方案一：选择甲项目。

甲项目的投资总额=800+800=1 600(万元)

甲项目的税前利润=(1 200−400)+(1 000−400)+(800−400)+(400−400)=1 800(万元)

甲项目的应纳所得税=1 800×25%=450(万元)

甲项目的税后利润=1 800−450=1 350(万元)

甲项目的年平均税后利润=1 350÷4=337.5(万元)

甲项目的年平均税后利润率=337.5÷1 600×100%=21.09%

方案二：选择乙项目。

乙项目的投资总额=600+500+500=1 600(万元)

乙项目的税前利润=(500−320)+(600−320)+(800−320)+(1 000−320)+(1 200−320)=2 500(万元)

乙项目的应纳所得税=2 500×25%=625(万元)

乙项目的税后利润=2 500−625=1 875(万元)

乙项目的年平均税后利润=1 875÷5=375(万元)

乙项目的年平均税后利润率=375÷1 600×100%=23.44%

(2) 考虑货币的时间价值。

方案一：选择甲项目。

甲项目的投资现值=800+800×(P/F,8%,1)=800+800×0.925 9=1 540.72(万元)

甲项目的投资收益现值=1 200(P/F,8%,3)+1 000×(P/F,8%,4)+800×(P/F,8%,5)+400×(P/F,8%,6)=1 200×0.793 8+1 000×0.735 0+800×0.680 6+400×0.630 2=2 484.12(万元)

甲项目企业所得税现值=(1 200-400)×25%×(P/F,8%,3)+(1 000-400)×25%×(P/F,8%,4)+(800-400)×25%×(P/F,8%,5)=200×0.793 8+150×0.735 0+100×0.680 6=337.07(万元)

甲项目的投资收益净现值=2 484.12-1 540.72-337.07=606.33(万元)

方案二：选择乙项目。

乙项目的投资现值=600+500×(P/F,8%,1)+500(P/F,8%,2)=600+500×0.925 9+500×0.857 3=1 491.6(万元)

乙项目的投资收益现值=500×(P/F,8%,4)+600×(P/F,8%,5)+800×(P/F,8%,6)+1 000×(P/F,8%,7)+1 200×(P/F,8%,8)=500×0.735 0+600×0.680 6+800×0.630 2+1 000×0.583 5+1 200×0.540 3=2 511.88(万元)

乙项目企业所得税现值=(500-320)×25%×(P/F,8%,4)+(600-320)×25%×(P/F,8%,5)+(800-320)×25%×(P/F,8%,6)+(1 000-320)×25%×(P/F,8%,7)+(1 200-320)×25%×(P/F,8%,8)=45×0.735 0+70×0.680 6+120×0.630 2+170×0.583 5+220×0.540 3=374.402(万元)

乙项目的投资收益净现值=2 511.88-1 491.6-374.402=645.878(万元)

乙项目与甲项目相比，税后利润多1 875-1 350=525(万元)，投资收益净现值多645.878-606.33=39.548(万元)，因此，应当选择乙项目。

【筹划点评】

若企业以税负最小化为目标，则有可能会得出与税后利润最大化目标相反的结论。

7.2.4　居民企业与非居民企业之间投融资方式选择的纳税筹划

居民企业与非居民企业之间投资融资方式选择的纳税筹划

【任务案例】

甲公司为我国居民企业，适用的企业所得税税率为25%；乙公司为在我国境内设立机构、场所的非居民企业，适用的企业所得税税率为10%，双方不存在关联关系。2020年，乙公司欲对甲公司进行投资，现有两种投资方式可供选择：一是债权投资，年利率为5%(假设不超过同期银行贷款利率)；二是股权投资，并且乙公司购买甲公司3%的股份并不会对甲公司的生产经营产生重大影响，不能取得对甲公司的控制权，乙公司将长期持有该股份。不论采用哪种投资方式，其投资额均为15 000万元，甲公司预计2020年的息税前利润为30 000万元。请为乙公司进行纳税筹划。

【筹划思路】

居民企业或非居民企业在不同的情况下适用的企业所得税税率是不相同的，企业可以通过选择不同的投融资方式来适用低税率，从而降低企业所得税税负。

【法规依据】

我国《企业所得税法实施条例》第三十八条规定，企业在生产经营活动中发生的下列利息支出，准予扣除：①非金融企业向金融企业借款的利息支出、金融企业的各项存款利息支出和同业拆借利息支出、企业经批准发行债券的利息支出；②非金融企业向非金融企

高职高专互联网+新形态教材·财会系列

业借款的利息支出，不超过按照金融企业同期同类贷款利率计算的数额的部分。

我国《企业所得税法》第二十六条规定，在中国境内设立机构、场所的非居民企业从居民企业取得与该机构、场所有实际联系的股息、红利等权益性投资收益为免税收入。《企业所得税法实施条例》第八十三条规定，《企业所得税法》第二十六条中所称的股息、红利等权益性投资收益，不包括连续持有居民企业公开发行并上市流通的股票不足 12 个月取得的投资收益。

【解析方案】

方案一：选择债权性投资。

乙公司 2020 年利息收入=15 000×5%=750(万元)

乙公司应纳企业所得税=750×10%=75(万元)

甲公司应纳企业所得税=(30 000-750)×25%=7 312.5(万元)

甲乙企业合计应纳企业所得税=75+7 312.5=7 387.5(万元)

方案二：选择股权性投资。

乙公司分回股息=30 000×(1-25%)×3%=675(万元)

乙公司分回股息应纳企业所得税=0 万元

甲公司应纳企业所得税=30 000×25%=7 500(万元)

甲乙企业合计应纳企业所得税=7 500 万元

方案二与方案一相比，乙公司少缴纳企业所得税 75 万元，方案一与方案二相比，甲公司少缴纳企业所得税=7 500-7 312.5=187.5(万元)，但从整体上看，方案一与方案二相比，少缴纳企业所得税=7 500-7 387.5=112.5(万元)。因此，从乙公司的角度，应当选择方案二；从甲公司的角度，应当选择方案一；从整体的角度，应当选择方案一。

【筹划点评】

虽然方案二中乙公司享受免征企业所得税的优惠，但是从总体来看，方案二的税负要高于方案一，在这种情况下，甲公司为了说服乙公司采用方案一，可以从其他途径在其节税额范围内对乙公司进行补偿。

7.2.5 房地产投资方式选择的纳税筹划

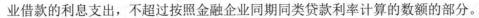

房地产投资方式
选择的纳税筹划

【任务案例】

2020 年 5 月 1 日，甲公司将其自有的房屋用于投资联营，该房产原账面价值是 1 200 万元。现有两套对外投资方案可供选择：方案一，收取固定收入，不承担风险，当年(2020 年 5—12 月)取得的固定收入共计 100 万元；方案二，投资者参与投资利润分红，共担风险。当地房产税原值扣除比例为 30%。请为甲公司进行纳税筹划。

【筹划思路】

两种投资方式下的房产税的计税依据和适用税率都是不同的，通过比较两种投资方式下房产税税负的大小，最终可以选择税负低的方案。

【法规依据】

《国家税务总局关于安徽省若干房产税与无问题的批复》(国税函发〔1993〕368 号)规

定，对于投资联营的房产，在计征房产税时应区别对待。对于以房产投资联营，投资者参与投资利润分红，共担风险的，按房产余值作为计税基础计征房产税；对于以房产投资，收取固定收入，不承担联营风险的，实际上是取得房产租金，应由出租方按租金收入计征房产税。

【解析方案】

方案一：收取固定收入，不承担风险。

2020 年 1—4 月计征的房产税=1 200×(1-30%)×4/12×1.2%=3.36(万元)

2020 年 5—12 月计征的房产税=100×12%=12(万元)

2020 年全年计征的房产税=3.36+12=15.36(万元)

方案二：投资者参与投资利润分红，共担风险。

2020 年计征的房产税=1 200×(1-30%)×1.2%=10.08(万元)

方案二与方案一相比，甲公司少缴纳房产税=15.36-10.08=5.28(万元)，因此应当选择方案二。

【筹划点评】

不同的房地产投资方式，其投资风险和收益是不同的，投资者不应仅考虑税负因素，而应权衡利弊，综合考虑。

7.2.6　专用设备投资的纳税筹划

专用设备投资的
纳税筹划

【任务案例】

甲企业为我国一家居民企业，企业所得税税率为25%。2020 年 1 月，根据生产需要改造其污水处理设施。预计改造项目建设周期为 2 年，需要购买污水处理专用设备 6 套，每套 800 万元，投资总额 4 800 万元，根据甲企业历年盈利情况预测，自 2020 年起每年应纳税所得额均为 300 万元，应纳企业所得税均为 75 万元。请为甲企业进行纳税筹划。

【筹划思路】

企业应根据未来各年的预测应纳企业所得税额，在专用设备的投资额较大的情况下，预测是否能在当年以及以后 5 年的期限内将相当于设备价款10%的企业所得税全部抵免完。如果不能，企业可选择在不同的年度分次购置设备，合理分配各年设备投资额，以充分利用税收优惠政策，获得更多的税收抵免额，减轻企业税负。

【法规依据】

企业购置并实际使用《环境保护专用设备企业所得税优惠目录》《节能节水专用设备企业所得税优惠目录》和《安全生产专用设备企业所得税优惠目录》规定的环境保护、节能节水、安全生产线等专用设备的，该专用设备的投资额的10%可以从企业当年的应纳税额中抵扣；当年不足抵免的，可以在以后 5 个纳税年度结转抵免。

【解析方案】

方案一：将所有专用设备均在项目改造第 1 年购置完毕。

税法允许抵免的专用设备投资额=4 800×10%=480(万元)

专用设备购置当年可抵免的企业所得税额=75 万元

企业在购置专用设备后第 2～6 年每年可抵免企业所得税额=75 万元

企业 6 年合计可抵免企业所得税额=75+75×5=450(万元)

不能再继续抵免的专用设备投资额=480-450=30(万元)

甲企业第 1~6 年均不缴纳企业所得税，第 7 年应缴纳企业所得税 75 万元。

方案二：将专用设备在第 1 年和第 2 年分两次购置，第 1 年购置 4 套，投资额为 3 200 万元，第 2 年购置 2 套，投资额为 1 600 万元。

税法允许抵免的专用设备投资额合计=3 200×10%+1 600×10%=480(万元)

第 1 年购置专用设备投资额的 10%[3 200×10%=320(万元)]可在第 1~6 年全额抵免，其中：

第 1~4 年每年可抵免的企业所得税额=75 万元

第 5 年可抵免的企业所得税额=3 200×10%-75×4=20(万元)

第 2 年购置专用设备投资额的 10%[1 600×10%=160(万元)]可在第 2~7 年全额抵免，其中：

第 5 年可抵免的企业所得税额=75-20=55(万元)

第 6 年可抵免的企业所得税额=75 万元

第 7 年可抵免的企业所得税额=1 600×10%-(55+75)=30(万元)

甲企业第 1~6 年均不缴纳企业所得税，第 7 年应缴纳企业所得税 45 万元。

方案二比方案一少缴纳企业所得税 75-45=30(万元)，因此应选择方案二。

【筹划点评】

企业在进行专用设备投资前，应预测未来各年盈利情况，以便预测应纳企业所得税，并以测算的应纳企业所得税为依据，在专用设备投资额较大的情况下，采用分次购置的方式，避免了法定期限内不能将设备价款的 10% 从企业所得税中全部抵免完的情况出现。

项 目 训 练

一、理论训练

1. 什么叫直接投资？什么叫间接投资？

2. 投资行业的税收优惠政策有哪些？

3. 在投资环节应重视哪些方面的纳税筹划？

二、操作训练

训练资料：甲企业设备老化导致产品不符合环保要求，影响其市场销售。企业提出两个解决方案。方案一，购买新设备，企业购置符合规定的环境保护专用设备。按照税法规定，该专用设备投资额的 10% 可以从企业当年的应纳税额中抵免；当年不足抵免的，可以在以后 5 个纳税年度结转抵免。方案二，创办子公司，从事环境保护项目。按照规定，企业从事符合条件的环境保护、节能节水项目的所得，自项目取得第一笔生产经营收入所属纳税年度起，第一年至第三年免征企业所得税，第四年至第六年减半征收企业所得税。

假设两个方案需要投入的资金都是 1 000 万元，且在未来 5 年内收入、费用基本一致。

训练要求：从节税的角度，该企业应当如何选择？

模块 3　企业购产销阶段的纳税筹划

项目 8

纳税人身份选择的增值税筹划

【学习目标】

[能力目标]

1. 能够利用增值税纳税人身份的不同税法规定，进行纳税筹划，设计筹划方案。
2. 能够通过分立农业生产部门，变不同生产环节为独立纳税人，进行纳税筹划设计。

[知识目标]

1. 掌握利用增值率判别法和可抵扣购进金额占销售额比重判别法进行纳税筹划。
2. 了解并掌握农业生产企业的税收政策规定及计税方法。

[素质目标]

1. 熟记增值税的相关税法规定，使自己具备扎实的理论功底。
2. 熟知增值税筹划具体方法，提升团结协作能力，能配合团队设计完整筹划方案。
3. 了解不同行业的特点和复杂性，培养灵活的工作方法和踏实的工作风格。

【思政指引】

关键词：民生福祉　社会责任

税务部门坚守"为国聚财，为民收税"的初心，既为组织好税费收入，保障和改善民生提供坚实的财力，又为落实好税费优惠政策，持续释放惠民红利服务。针对不同身份的纳税人，持续出台减税降费政策，为不断增进民生福祉贡献强有力的税务力量。

【项目引例】

某生产型企业年应纳增值税销售额为 800 万元，会计核算健全，属于增值税一般纳税人，适用 13%的税率。该企业购进货物适用的税率也是 13%，但是该企业准予从销项税额中抵扣的进项税额较少，只占销项税额的 20%。请为该企业设计纳税筹划方案。

8.1　相关法规

增值税的计算　　增值税的纳税人

增值税的税率　　增值税的优惠
与征收率　　　　政策

按照《中华人民共和国增值税暂行条例》的规定，增值税是对在中华人民共和国境内销售货物、进口货物，提供加工、修理修配劳务，以及销售应税服务、无形资产以及不动产过程中产生的增值额为计税依据征收的一种流转税。

早在 1917 年，美国学者亚当斯就已经提出了具有现代增值税雏形的想法。1954 年，法国在生产阶段对原来的按营业额全额课征改为按全额计算后允许扣除购进项目已缴纳的税款，开创了增值税实施的先河。目前，世界上已有 100 多个国家实行了增值税。增值税在半个世纪的时间里得到了众多国家的广泛认可和推行，被称为 20 世纪财税领域的最重要的改革和成就。

增值税的特点主要体现在以下几个方面。

(1) 保持税收中性。对于同一商品而言，无论流转环节有多少，只要增值额相同，税负就相同，不会影响商品的生产结构、组织结构和产品结构。

(2) 普遍征收。从增值税的征税范围看，对从事商品生产经营和劳务提供的所有单位和个人，在商品增值的各个生产流通环节向纳税人普遍征税。

(3) 税收负担由商品最终消费者承担。虽然增值税是向企业征收，但企业在销售商品时又通过价格将税负转嫁给下一个生产流通环节，最后由最终消费者承担。

(4) 实行税款抵扣制度。在计算企业应纳税额时，一般凭购货发票扣除商品在以前生产环节已负担的税款。

(5) 实行比例税率。根据应税行为一共分为 13%、9%、6%三档税率及 5%、3%两档征收率。

(6) 实行价外税制度。在计税时，作为计税依据的销售额中不包含增值税税额，这是当代增值税与传统的以全部流转额为计税依据的增值税的一个重要区别。

8.1.1　增值税的纳税人

增值税的纳税人是指在我国境内销售货物、应税服务、无形资产或不动产，提供加工、修理修配劳务以及进口货物的单位和个人。

为了简化增值税的计算和征收，减少税收征管的漏洞，我国《增值税暂行条例》将纳税人分为一般纳税人和小规模纳税人，两类纳税人在计税方法、征收管理等方面都有所不同，须做区别对待。

高职高专互联网+新形态教材·财会系列

8.1.2 增值税两类纳税人的划分

我国增值税按会计核算水平和经营规模，将纳税人分为小规模纳税人和一般纳税人。

1. 小规模纳税人的认定标准

(1) 增值税小规模纳税人标准为年应征增值税销售额 500 万元及以下。年应征增值税销售额，是指纳税人在连续不超过 12 个月或四个季度的经营期内累计应征增值税销售额，包括纳税申报销售额、稽查查补销售额、纳税评估调整销售额。

(2) 小规模纳税人会计核算健全，能够提供准确税务资料的，可以向税务机关申请登记为一般纳税人，不再作为小规模纳税人。

2. 一般纳税人的认定标准

一般纳税人是指年应税销售额超过财政部、国家税务总局规定的小规模纳税人标准的企业和企业性单位。

一般纳税人实行登记制，除另有规定外，应当向税务机关办理登记手续。除国家税务总局另有规定外，一经登记为一般纳税人后，不得转为小规模纳税人。

8.1.3 两类纳税人增值税的区别

增值税一般纳税人与小规模纳税人的区别主要表现在三个方面。

1. 使用的发票不同

一般纳税人销售货物、提供服务可以开具增值税专用发票；而小规模纳税人一般不使用增值税专用发票，但基于增值税征收管理中一般纳税人与小规模纳税人之间客观存在经济往来的实情，小规模纳税人可以请税务机关代开增值税专用发票。

为持续推进放管服改革，全面推行小规模纳税人自行开具增值税专用发票，小规模纳税人(其他个人除外)发生增值税应税行为，需要开具增值税专用发票的，可以自愿使用增值税专用发票管理系统自行开具，但销售其取得的不动产，需要开具增值税专用发票的，应当按照规定向税务机关申请代开。

2. 适用税率不同

一般纳税人适用 13%、9% 和 6% 的税率，而小规模纳税人适用 3% 或 5% 的征收率。

3. 计税方法不同

一般纳税人采用抵扣法计算应纳税额，即应纳税额=销项税额-进项税额，而小规模纳税人采用简易办法计算应纳税额，即

$$应纳税额=销售额×3\%$$

由于两类纳税人在诸多方面存在很大不同，企业为了减轻纳税负担，需要综合考虑各种因素，进而决定如何在一般纳税人和小规模纳税人之间进行选择。

8.1.4 增值税纳税人身份选择应考虑的限制性因素

由于增值税一般纳税人和小规模纳税人的适用税率、计税方法和征管要求都是不同的，

因此，可以根据企业的实际情况，通过在一般纳税人和小规模纳税人之间进行选择，即通过纳税人身份的选择进行纳税筹划，以降低企业的税负。具体可采用增值率判别法、可抵扣购进金额占销售额比重判别法，比较两类纳税人的税负平衡点，从而选择纳税人身份进行纳税筹划。

同时，在进行增值税纳税人身份选择的纳税筹划时，还应考虑以下限制性因素。

(1) 如果产品主要销售给一般纳税人，购买方必须取得增值税专用发票抵扣进项税，则企业必须选择一般纳税人身份，否则会影响产品销售。

(2) 除国家税务总局另有规定外，纳税人一经认定为一般纳税人，不得转化为小规模纳税人。

(3) 纳税人若会计核算不健全或不能提供准确税务资料的；纳税人销售额超过小规模纳税人的标准，但未申请办理一般纳税人认定手续的；个人、非企业性单位、不经常发生应税行为的企业，不能办理一般纳税人认定手续的，只能选择做小规模纳税人。

(4) 自 2018 年 5 月 1 日起，增值税小规模纳税人标准为年应征增值税销售额在 500 万元及以下，超过上述年应税销售额标准的为增值税一般纳税人。对月销售额 10 万元以下(含)的增值税小规模纳税人，免征增值税。

(5) 年应税销售额超过小规模纳税人标准的其他个人按小规模纳税人纳税；非企业性单位、不经常发生应税行为的企业可选择按小规模纳税人纳税。

因此，利用纳税人身份进行纳税筹划有很多限制条件，不能仅仅依据税负平衡点来进行。

8.2　纳税人身份选择的增值税纳税筹划任务

8.2.1　一般纳税人与小规模纳税人选择的增值税纳税筹划

【任务案例】

甲工业企业年不含税应征增值税销售额为 500 万元，销售货物适用 13%的增值税税率，现为小规模纳税人。由于其会计核算制度比较健全，能够提供准确的税务资料，经申请可成为一般纳税人，其不含税可抵扣购进货物金额为 200 万元，购进货物适用 13%的增值税税率。请对该企业的增值税纳税人身份选择进行纳税筹划。

【筹划思路】

一般纳税人可抵扣进项税额，而小规模纳税人不能抵扣进项税额，只能将进项税额列入成本；一般纳税人销售货物时可以向对方开具 13%或 9%的增值税专用发票，小规模纳税人只能自行开具或申请税务机关代开 3%的增值税专用发票，因此销售价格相对较低。实际操作中可以通过比较两种纳税人税负的大小来做出纳税人身份的选择。

【法规依据】

《财政部　税务总局　关于统一增值税小规模纳税人标准的通知》财税〔2018〕33 号规定，增值税小规模纳税人标准为年应征增值税销售额 500 万元及以下；《财政部　税务总局海关总署关于深化增值税改革有关政策的公告》(财政部　税务总局　海关总署公告 2019 年第

増值税一般纳税人与小规模纳税人选择的纳税筹划

39 号)规定,增值税一般纳税人发生增值税应税销售行为或者进口货物,原适用 16%税率的,税率调整为 13%;原适用 10%税率的,税率调整为 9%。一般纳税人应纳增值税税额=销项税额-进项税额,小规模纳税人应纳增值税税额=销售额×征收率(3%)。

【筹划方法】

1. 增值率判别法

假定纳税人不含税销售额为 S,适用的销售货物增值税税率为 T_1,不含税可抵扣购进金额为 P,适用的购进货物增值税税率为 T_2,具体操作如下。

(1) 计算增值率。

$$增值率=\frac{不含税销售额-不含税可抵扣购进金额}{不含税销售额}=\frac{S-P}{S}$$

(2) 计算应纳税额。

一般纳税人应纳税额=不含税销售额×销货增值税税率-不含税可抵扣购进金额×
购货增值税税率

$$=S×T_1-P×T_2$$

小规模纳税人应纳税额=不含税销售额×3%=S×3%

(3) 计算纳税均衡点。

令两种纳税人税负相等,则:$S×T_1-P×T_2=S×3\%$,得增值率:

$$\frac{S-P}{S}=1-\frac{T_1-3\%}{T_2}$$

令 $T_1=13\%$,$T_2=13\%$,得增值率:

$$\frac{S-P}{S}=1-\frac{13\%-3\%}{13\%}=23.08\%$$

由此得出结论:当增值率等于 23.08% 时,两者税负相同;当增值率小于 23.08% 时,小规模纳税人的税负一般重于一般纳税人的税负,这时选择一般纳税人这种形式有利;当增值率大于 23.08% 时,一般纳税人的税负重于小规模纳税人的税负,这时选择小规模纳税人这种形式有利。

再将增值税税率 13%、9%及增值税征收率 3%分别代入上式,计算出两类纳税人纳税均衡点下的增值率如表 8-1 所示。

表 8-1　两类纳税人纳税均衡点下的增值率

单位:%

一般纳税人销货税率	一般纳税人购货税率	小规模纳税人征收率	纳税均衡点增值率	一般纳税人销货税率	一般纳税人购货税率	小规模纳税人征收率	纳税均衡点增值率
13	13	3	23.08	9	9	3	33.3
13	9	3	-11.11	9	13	3	53.85

2. 可抵扣购进金额占销售额比重判别法

上述方法中增值率的测算较为复杂,在纳税筹划中难以操作,因而可以将增值率的计算公式进行转化。假定纳税人不含税销售额为 S,适用的销货增值税税率为 T_1,不含税可抵扣购进金额为 P,适用的购货增值税税率为 T_2,具体操作如下。

(1) 计算不含税购销金额比。

$$不含税购销金额比=\frac{不含税可抵扣购进金额}{不含税销售额}=\frac{P}{S}$$

(2) 计算应纳税额。

一般纳税人应纳税额=不含税销售额×销售货物增值税税率−不含税可抵扣购进金额×购进货物增值税税率

$$=S\times T_1-P\times T_2$$

小规模纳税人应纳税额=不含税销售额×3% =S×3%

(3) 计算均衡点。

令两种纳税人税负相等，则：$S\times T_1-P\times T_2=S\times 3\%$，得不含税购销金额比：

$$\frac{P}{S}=\frac{T_1-3\%}{T_2}$$

令 $T_1=13\%$，$T_2=13\%$，得不含税购销金额比：

$$\frac{P}{S}=\frac{13\%-3\%}{13\%}=76\%$$

由此得出结论：当不含税购销金额比等于 76% 时，两者税负相同；当不含税购销金额比大于 76% 时，小规模纳税人的税负一般重于一般纳税人的税负，这时选择一般纳税人这种形式有利；当不含税购销金额比小于 76% 时，一般纳税人的税负重于小规模纳税人的税负，这时选择小规模纳税人这种形式有利。

再将增值税税率 13%、9% 及增值税征收率 3% 分别代入上式，计算出两类纳税人纳税均衡点下的不含税购销金额比如表 8-2 所示。

表 8-2　两类纳税人纳税均衡点下的不含税购销金额比

单位：%

一般纳税人销货税率	一般纳税人购货税率	小规模纳税人征收率	纳税均衡点不含税购销金额比	一般纳税人销货税率	一般纳税人购货税率	小规模纳税人征收率	纳税均衡点不含税购销金额比
13	13	3	76	9	9	3	66
13	9	3	111	9	13	3	46

【解析方案】

(1) 若采用增值率判别法。

增值率$(S-P)/S$=(500−200)÷500=60%>23.08%，根据表 8-1 的结论，此时选择作为小规模纳税人可节税。

(2) 若采用可抵扣购进金额占销售额比重判别法。

不含税购销金额比 P/S=200÷500=40%<76%，根据表 8-2 的结论，此时选择作为小规模纳税人可节税。

【筹划点评】

除了单纯考虑增值税税负因素外，在进行增值税纳税人身份的纳税筹划时还需注意以下因素：除增值税以外的其他税负，纳税人身份转换成本，企业产品的性质及客户的要求对企业选择纳税人身份的制约，转换后导致的产品收入和成本的增加或减少等。

高职高专互联网＋新形态教材·财会系列

通过合并转换
增值税纳税人
身份的纳税筹划

8.2.2 通过合并转换增值税纳税人身份的纳税筹划

【任务案例】

甲公司为商业企业，属于增值税小规模纳税人，预计年应税销售额为 300 万元，该企业预计年购进货物金额为 240 万元。乙公司也为商业企业，预计年应税销售额为 400 万元，该公司预计年购进货物金额为 360 万元(以上金额均不含税)。此时，假设甲公司有机会合并乙公司，是否合并乙公司对自身经营基本没有影响。请为甲公司进行纳税筹划。

【筹划思路】

由于一般纳税人可抵扣进项税额，而小规模纳税人不可以抵扣进项税额，因而小规模纳税人的税负往往重于一般纳税人。若小规模纳税人自身不具备转换为一般纳税人的条件(主要是年应税销售额未达标)，则可以考虑以合并其他小规模纳税人的方式来转换为一般纳税人，从而享有一般纳税人可以抵扣进项税额的税收待遇。

【法规依据】

我国《增值税暂行条例》规定，一般纳税人应纳增值税税额=销项税额-进项税额，其中销项税额=销售额×税率(9%或13%)，进项税额=可抵扣的购进项目金额×税率(9%或13%)；小规模纳税人应纳增值税税额=销售额×征收率(3%)，小规模纳税人不可以抵扣进项税额。

【解析方案】

方案一：甲公司不合并乙公司。

甲公司应纳增值税=300×3%=9(万元)

乙公司应纳增值税=400×3%=12(万元)

甲公司与乙公司应纳税额合计=9+12=21(万元)

方案二：甲公司合并乙公司，并申请为一般纳税人。

合并后的公司集团应纳增值税=(300+400)×13%-(240+360)×13%=13(万元)

方案二与方案一相比，本年少缴纳增值税=21-13=8(万元)，因此应当选择方案二。

【筹划点评】

小规模纳税人通过合并一旦转换为一般纳税人，就不能再恢复为小规模纳税人。如果企业的销售客户大都是小规模纳税人，则企业本身是不适合作为一般纳税人的。因此，通过合并变小规模纳税人为一般纳税人，不能单纯考虑税负因素。

8.2.3 通过分立转换增值税纳税人身份的纳税筹划

通过分立转换增
值税纳税人身份
的纳税筹划

【任务案例】

甲公司属于增值税一般纳税人，年不含税销售收入为 600 万元，适用的增值税率为 13%，购进材料可抵扣金额为 50 万元，销售过程中既有开具增值税专用发票的业务，也有开具增值税普通发票的业务，其中，开具增值税普通发票的业务不含税收入为 100 万元。请为甲公司进行纳税筹划。

【筹划思路】

企业具有较高的销项税额和较低的进项税额，会使得增值税税负较重。在这种情况下，若作为小规模纳税人，则征收率为 3%，虽不能抵扣进项税额，但整体增值税税负较低。因此，对于规模不大的此类企业可以选择作为小规模纳税人。而对于规模较大的此类企业，由于其具备一般纳税人资格，可以考虑分立出一个小规模纳税人，与其他小规模纳税人发生的业务由分立出的小规模纳税人进行交易，这样便可以在一定程度上减轻增值税税负。

【法规依据】

我国《增值税暂行条例》规定，增值税一般纳税人可以领购、开具增值税专用发票，且可以抵扣进项税额；小规模纳税人不能领购、开具增值税专用发票，只能自身开具增值税普通发票，或申请主管税务机关代开税率为 3% 的增值税专用发票，但不能抵扣进项税额。

【解析方案】

方案一：继续维持增值税一般纳税人身份。

应纳增值税=600×13%-50×13%=71.5(万元)

方案二：将开具增值税普通发票的业务分立出去，重新注册一个 A 公司，并将销售收入控制在 500 万元或 500 万元以下。

原公司应纳增值税=500×13%-50×500÷600×13% =59.6(万元)

A 公司应纳增值税=100×3%=3(万元)

共需缴纳增值税=59.6+3=62.6(万元)

方案二比方案一少缴纳增值税=71.5-62.6=8.9(万元)，因此应当选择方案二。

【筹划点评】

如果企业的销售客户大都是一般纳税人，则企业是不适合作为小规模纳税人的。因此，通过分立进行增值税纳税人身份的转换的纳税筹划要具体情况具体分析。

8.2.4　分立农业生产部门的纳税筹划

分立农业生产
部门的纳税筹划

【任务案例】

某乳品厂内部设有牧场和乳品加工部门两个分部，牧场生产鲜奶(其中鲜奶的市场价格为 50 000 万元)，此鲜奶经乳品加工部门加工成花色奶产品后出售，全年销售收入达 80 000 万元。饲养奶牛所消耗的饲料，包括草料及精饲料，其中草料大部分为向农民收购，共收购草料 6 000 万元，另外，从生产、经营饲料单位购进精饲料 8 000 万元。此外，牧场购入辅助生产用品 300 万元。请对其进行纳税筹划。

【筹划思路】

若一个企业有两个生产环节，这两个生产环节分别对应两个生产部门，第一个生产部门生产的是免税农产品，而第二个生产部门生产的最终产品是非免税农产品。由于最终产品是非免税产品，所以连第一个环节也不能享受免税待遇。可以考虑将这两个部门分立成两个独立法人，这样不仅第一个生产环节可享受免税待遇，第二个生产环节还可按买价 10% 的扣除率计算进项税额。

【法规依据】

农业生产者销售自产的初级农产品免征增值税。纳税人购进用于生产销售 13% 税率的农产品，除取得增值税专用发票或者海关进口增值税专用缴款书外，按照农产品收购发票或者销售发票上注明的农产品买价和10%的扣除率计算进项税额。

【解析方案】

方案一：仍然采用全程生产模式。

花色奶产品适用13%的基本税率，全额按13%税率计算销项税额，由于进项税额小，导致该乳品厂承担较高的税负。

该企业应缴增值税=80 000×13%-6 000×10%-8 000×13%-300×13%=8 721(万元)

方案二：将牧场和乳品加工部门分开独立核算，分立为两个独立法人，分别办理工商登记和税务登记，但在生产协作上仍按以前程序处理，即牧场生产的鲜奶仍供应给乳品加工厂加工销售，但牧场和乳品加工厂之间按正常的企业间购销关系结算。由于农业生产者销售的自产农产品免征增值税，饲养场销售鲜奶并不需要缴纳增值税。

乳品厂应缴增值税=80 000×13%-50 000×10%=5 400(万元)

由此可见，方案二比方案一少缴增值税=8 721-5 400=3 321(万元)，因此应当选择方案二。

【筹划点评】

将牧场和乳品加工部门分开独立核算，分立为两个独立法人，分别办理工商登记和税务登记，必然要多支出一部分开办费用及其他费用。但这笔费用与省下来的增值税相比要少很多，所以将牧场和乳品加工部门分立为两个独立法人，是非常划算的。

项 目 训 练

一、理论训练

1. 增值税两类纳税人是如何划分的？两类纳税人在征收管理方面有什么不同？

2. 如何利用增值率判别法进行纳税人身份筹划？

3. 在进行纳税人身份纳税筹划时，要考虑哪些因素？

二、操作训练

【训练一】

训练资料：某服装销售公司2020年全年实现不含税销售额100万元，其购进服装的不含税金额为90万元，现为小规模纳税人，由于其会计核算比较健全，可申请成为一般纳税人(其购进和销售的服装均适用13%的税率)。

训练要求：请对该公司的增值税纳税人身份进行筹划。

【训练二】

训练资料：某生产性工业企业年应纳增值税销售额(不含税)为100万元，会计核算制度比较健全，符合增值税一般纳税人的条件，属于一般纳税人，销售货物适用13%的税率，但是该企业准予从销项税额中抵扣的进项税额较少，仅占销项税额的10%。该企业现有两套方案可供选择。方案一，继续以一般纳税人的身份存在；方案二，分立为两个企业，以小规模纳税人的身份存在。

训练要求：从节税的角度，该企业应选择哪个方案？

项目 9

企业采购过程中的增值税纳税筹划

【学习目标】

[能力目标]

1. 能够利用不同购货对象选择，设计纳税筹划方案。
2. 能够利用采购过程中不同供货商价格比进行纳税筹划，设计筹划方案。

[知识目标]

1. 掌握购货对象选择的纳税筹划方法。
2. 掌握购货价格选择的纳税筹划方法。

[素质目标]

1. 熟记有关增值税进项税额抵扣的税法规定，使自己具备扎实的理论功底。
2. 提升采购过程中有关增值税纳税筹划的能力，能够独立完成筹划方案的设计。
3. 了解不同行业的特点和复杂性，培养灵活的工作方法和踏实的工作风格。

【思政指引】

关键词：重合同　守信用

大到国际贸易，小到点滴生活，合同渗透在经济生活的各个环节，与我们的生产生活息息相关。一诺千金，重在履行，言而有信，违约有责，纳税人应提高合同意识与契约精神，重合同，守信用，自觉、全面、规范地履行合同，维护公共秩序，优化税收环境。

【项目引例】

　　某制造型企业属于增值税一般纳税人，其使用的原材料有两种进货渠道：一种是从一般纳税人处进货，含税价格为 236 元/件，可以取得 13%的增值税专用发票；另一种是从小规模纳税人处进货，含税价格为 200 元/件，不能取得增值税专用发票。该企业应该如何选择供货商？

9.1　相　关　法　规

　　企业在采购商品或服务的过程中，税负是应当考虑的主要因素。对于一般纳税人来说，在选择购货对象时，除了需要考虑产品质量、价格及供货方信誉等问题外，还需要考虑增值税进项税额的抵扣问题，《增值税暂行条例》对增值税进项税额的抵扣做了明确规定。

　　进项税额，是指纳税人购进货物、加工修理修配劳务、服务、无形资产或者不动产，支付或者负担的增值税额。

9.1.1　准予从销项税额中抵扣的进项税额

　　《增值税暂行条例》规定，准予从销项税额中抵扣的进项税额包括下列情形。

　　(1)　从销售方取得的增值税专用发票(含税控机动车销售统一发票，下同)上注明的增值税额。

　　(2)　从海关取得的海关进口增值税专用缴款书上注明的增值税额。

　　(3)　购进农产品，取得一般纳税人开具的增值税专用发票或者海关进口增值税专用缴款书的，以增值税专用发票或海关进口增值税专用缴款书上注明的增值税额为进项税额；从按照简易方法依照 3%征收率计算缴纳增值税的小规模纳税人取得增值税专用发票的，以增值税专用发票上注明的金额和 9%的扣除率计算进项税额；取得农产品销售发票或收购发票的，以农产品收购发票或销售发票上注明的农产品买价和 9%的扣除率计算进项税额；纳税人购进用于生产或者委托加工 13%税率货物的农产品，按照 10%的扣除率计算进项税额。计算公式为

进项税额＝买价×扣除率

　　买价是指纳税人购进农产品在农产品收购发票或者销售发票上注明的价款和按照规定缴纳的烟叶税。

　　这里所指的购进农产品，不包括按照《农产品增值税进项税额核定扣除试点实施办法》抵扣进项税额的农产品。

　　(4)　从境外单位或者个人购进服务、无形资产或者不动产，从税务机关或者扣缴义务人取得的解缴税款的完税凭证上注明的增值税额。

9.1.2　不得从销项税额中抵扣的进项税额

　　《增值税暂行条例》规定，不得从销项税额中抵扣的进项税额包括下列情形。

　　(1)　用于简易计税方法计税项目、免征增值税项目、集体福利或者个人消费的购进货

物、加工修理修配劳务、服务、无形资产和不动产。其中涉及的固定资产、无形资产、不动产，仅指专用于上述项目的固定资产、无形资产(不包括其他权益性无形资产)、不动产。

(2)　非正常损失的购进货物，以及相关的加工修理修配劳务和交通运输服务。

(3)　非正常损失的在产品、产成品所耗用的购进货物(不包括固定资产)、加工修理修配劳务和交通运输服务。

(4)　非正常损失的不动产，以及该不动产所耗用的购进货物、设计服务和建筑服务。

(5)　非正常损失的不动产在建工程所耗用的购进货物、设计服务和建筑服务。纳税人新建、改建、扩建、修缮、装饰不动产，均属于不动产在建工程。

(6)　购进的贷款服务、餐饮服务、居民日常服务和娱乐服务。

另外，纳税人取得的增值税扣税凭证不符合法律、行政法规或者国家税务总局有关规定的，其进项税额不得从销项税额中抵扣。

9.2　企业采购过程中的增值税纳税筹划任务

9.2.1　选择供货单位的纳税筹划

选择供货单位的
增值税纳税筹划

【任务案例】

甲公司为增值税一般纳税人，适用增值税税率为 13%。购买原材料时，有以下几种方案可供选择：一是从一般纳税人 A 公司购买，可以取得其自行开具的税率为 13%的专用发票，每吨含税价格为 12 000 元；二是从小规模纳税人 B 公司购买，可以取得其自行开具的征收率为 3%的专用发票，每吨含税价格为 10 000 元；三是从小规模纳税人 C 公司购买，只能取得普通发票，每吨含税价格为 9 000 元。甲公司用此原材料生产的产品每吨不含税销售额为 20 000 元，其他相关费用 3 000 元。假设甲公司以利润最大化为目标，请对甲公司购货对象选择进行纳税筹划。

【筹划思路】

若购货企业为增值税一般纳税人，一方面，从其他一般纳税人处购进货物可以抵扣货物不含税价格 13%或 9%的增值税进项税，而从小规模纳税人处购进货物则无法抵扣增值税进项税，或者即便能得到小规模纳税人通过主管税务机关代开的 3%的增值税专用发票，也只能抵扣货物不含税价格 3%的增值税进项税；另一方面，在一般情况下，从其他一般纳税人处比从小规模纳税人处购进货物的价格要高。因此，一般纳税人在选择购货对象时，需要综合考虑上述两方面内容，选择净利润最大的方案。

【法规依据】

增值税纳税人有一般纳税人和小规模纳税人两种类型。一般纳税人按 13%或 9%的税率计税，实行凭增值税专用发票抵扣的购进扣税法，同时可对外开具增值税专用发票；而小规模纳税采用按征收率 3%简易征收的办法，不能抵扣进项税额。

【解析方案】

方案一：从一般纳税人 A 公司购买。

净利润={20 000−12 000÷(1+13%)−3 000−[20 000×13%−12 000÷(1+13%)×13%]×(7%+3%)}×(1−25%)

   = 4 693.94(元)

方案二：从小规模纳税人 B 公司购买。

净利润={20 000−10 000÷(1+3%)−3 000−[20 000×13%−10 000÷(1+3%)×3%]×(7%+3%)}×(1−25%)

   = 5 295.3(元)

方案三：从小规模纳税人 C 公司购买。

净利润=[20 000−9 000−3 000−20 000×13%×(7%+3%)]×(1−25%)=5 805(元)

由此可见，方案三的净利润最大，因此方案三为最优方案，其次是方案二，最后是方案一。

【筹划点评】

以上是在"购货企业以利润最大化为目标"的前提下进行讨论的。事实上，企业选择购货对象时，除了需要考虑净利润大小以外，还应当考虑诸如现金净流量、信用关系、售后服务、购货运费等其他因素，以便做出全面、合理的决策。

9.2.2 购进价格选择的纳税筹划

【任务案例】

前进机械厂(增值税一般纳税人)以外购钢材作为加工产品的原材料。现有两个供应商甲与乙。甲为增值税一般纳税人，可以开具税率为 13%的增值税专用发票，该批钢材报价 80 万元(含税价款)；乙为小规模纳税人，可以出具由其所在主管税务局代开的征收率为 3%的增值税专用发票，钢材报价 75 万元，请为前进机械厂材料采购做出税收筹划建议。

【筹划思路】

增值税纳税人分为一般纳税人和小规模纳税人，各自适用的增值税税率是不同的，对税款的抵扣额也不同。因此，如何选择供应商购进商品和劳务，将直接影响到增值税税负和企业收益。假设在价格和质量相同的情况下，从一般纳税人购进可以索取 13%或 9%的增值税税率的专用发票，抵扣的进项税额最大，则应纳税额最小，这是最佳的选择；从小规模纳税人购进，通过其从主管税务局代开的增值税专用发票，可索取 3%的增值税税率的专用发票进行税款抵扣；从个体工商户购进，则不能抵扣。但是这种假设不现实，因为价格相同，小规模纳税人和个体工商户将无法生存，要在市场中生存，就必然要降低销售价格，才能与一般纳税人进行市场竞争。这样，无论是从一般纳税人处购进，还是从小规模纳税人处购进，均要计算比较各自的税负和收益，从而确定各自的购进与销售价格，使本企业的利益最大化。

【法规依据】

增值税纳税人有一般纳税人和小规模纳税人两种类型。一般纳税人按 13%或 9%的税率计税，实行凭增值税专用发票抵扣的购进扣税法，同时可对外开具增值税专用发票；而小规模纳税人采用按征收率 3%简易征收的办法，不能抵扣进项税额。

【筹划方法】

假定一般纳税人的含税销售额为 S，购货的含税购进额为 P，适用的增值税税率为 T_1，从小规模纳税人购进货物的含税额与从一般纳税人购进货物的含税额的比率为 R，小规模纳税人适用的征收率为 T_2。因生产加工费用与原材料的来源关系不大，所以收益为销售收入与购进成本、应纳增值税额之差。

从一般纳税人处索取专用发票后的收益为

$$S-P-[S\div(1+T_1)\times T_1-P\div(1+T_1)\times T_1]=(S-P)\div(1+T_1)$$

从小规模纳税人处索取专用发票后的收益为

$$S-P\times R-[S\div(1+T_1)\times T_1-P\times R\div(1+T_2)\times T_2]=S\div(1+T_1)-P\times R\div(1+T_2)$$

当两者的收益相等时

$$(S-P)\div(1+T_1)=S\div(1+T_1)-P\times R\div(1+T_2)$$

$$R=(1+T_2)\div(1+T_1)\times100\%$$

依据上述公式，假设小规模纳税人在销售货物时，不愿或不能委托税务局代开增值税专用发票，则一般纳税人在购进货物时，小规模纳税人销售货物的含税价格与一般纳税人销售货物的含税价格比为

$$R=1\div(1+T_1)\times100\%$$

由此得出不同情况下的小规模纳税人与一般纳税人的含税价格比如表 9-1 所示。

表 9-1　价格优惠临界点(未考虑城市维护建设税和教育费附加)

单位：%

一般纳税人适用的增值税税率	小规模纳税人适用的增值税征收率	索取专用发票后的含税价格比率	未索取专用发票的含税价格比率
13	3	91	88
9	3	94	91
6	3	97	94

当一般纳税人选择购进货物时，若小规模纳税人与一般纳税人实际含税价格比小于 R，应当选择小规模纳税人的货物；若实际含税价格比大于 R，应当选择一般纳税人的货物；若实际的含税价格比等于 R，就税收上而言两者均可，这时应当从其他角度考虑选择。从销售定价而言，小规模纳税人在确定货物的价格时，应当依据一般纳税人货物的含税价格，使其货物含税价格略低于或等于一般纳税人货物含税价格的 R 倍。

【解析方案】

由价格优惠临界点原理可知，一般纳税人增值税税率为 13%，小规模纳税人征收率为 3% 时,价格优惠临界点为 91%,或者说,价格优惠临界点的销售价格为 728 000(800 000×91%) 元。从案例中乙的报价看，750 000 元大于价格优惠临界点 728 000 元，因此应从甲(一般纳税人)处采购。

【筹划点评】

企业在购买材料时，不仅要考虑价格因素，还应当考虑诸如现金净流量、信用关系、售后服务、购货运费等其他因素，以便做出全面、合理的决策。

高职高专互联网+新形态教材·财会系列

项 目 训 练

一、理论训练

1. 简述允许从销项税额中抵扣的进项税额的内容。
2. 简述不得从销项税额中抵扣的进项税额的内容。
3. 企业在选择购货对象时，应考虑哪些因素？

二、操作训练

训练资料：甲公司为增值税一般纳税人，购买原材料时，若从一般纳税人乙公司购进，则每吨的含税价为 5 000 元，乙公司货物适用增值税税率为 13%；若从丙公司(小规模纳税人)购进，则可取得由税务主管机关代开的征收率为 3% 的专用发票，含税价为每吨 4 000 元。

训练要求：请对甲公司购货对象选择进行纳税筹划(其中，城市维护建设税税率为 7%，教育费附加征收率为 3%)。

项目 10

销售方式选择的增值税纳税筹划

【学习目标】

[能力目标]

1. 能够利用销售的不同折扣方式进行纳税筹划。
2. 能够利用签订分期收款合同的税法规定进行纳税筹划，设计筹划方案。
3. 能够利用分别核算销售额的税法规定进行纳税筹划。

[知识目标]

1. 掌握不同折扣方式下的纳税筹划方法。
2. 掌握利用签订分期收款合同进行纳税筹划的方法。
3. 掌握利用分别核算销售额的税法规定进行纳税筹划的方法。

[素质目标]

1. 熟记不同销售方式下销售额的确定方法，使自己具备扎实的理论功底。
2. 提升增值税纳税筹划的能力，能够独立完成筹划方案的设计。
3. 了解不同行业的特点和复杂性，培养灵活的工作方法和踏实的工作风格。

【思政指引】

关键词：公平公正　诚信纳税　国家兴亡，匹夫有责

随着短视频和电商行业的兴起，直播带货成为销售新业态，可以帮助消费者提升消费体验，为产品打开销路。但是，电商行业中价格欺诈、隐匿收入的问题层出不穷。面对销售新业态，税收征管会出现滞后和盲区。国家兴亡，匹夫有责，诚信经营、依法纳税是纳税人的责任与担当，因此我们要做好履行和监督工作。

【项目引例】

联华服装商场商品毛利率为40%，即销售100元的商品，其成本为60元。商场是增值税一般纳税人，购进货物均能取得增值税专用发票(各附加税种按照10%计算)。2020年春节期间，为了促销，销售经理拟定了三种方案：方案一，将商品以7折销售；方案二，凡是购物满100元者，均可获赠价值30元的商品(成本为18元)；方案三，凡是购物满100元者，返还现金30元。

该商场应该选择哪个方案？

10.1 相 关 法 规

企业为了促销，往往会采取多种多样的销售方式，如商业折扣、现金折扣、实物折扣、还本销售、以旧换新销售等，而在销售过程中，必然涉及增值税销项税额的计算问题，《增值税暂行条例》对销项税额的计算以及不同销售方式下的计税依据做了明确规定。

10.1.1 销项税额的确定

销项税额，是指纳税人销售货物或提供应税劳务，以及销售服务、无形资产和不动产，按照销售额和增值税税率计算并向购买方收取的增值税税额。销项税额计算公式如下。

$$销项税额=销售额×税率$$

10.1.2 销售额的确定

1. 一般销售方式销售额的确定

一般销售方式下，销售额为纳税人销售货物、提供应税劳务以及提供应税服务向购买方(承受应税劳务也视为购买方)收取的全部价款和价外费用，但是不包括收取的销项税额。

价外费用包括手续费、储备费、违约金、滞纳金、延期付款利息、赔偿金、包装物租金、运输装卸费及其他各种性质的价外费用。

2. 特殊销售方式销售额的确定

(1) 折扣销售，即会计上的商业折扣，主要是因为客户信誉较好或购买数量较大等原因引起的，包括销售当时给予的折扣。

对于折扣销售，如果销售额和折扣额在同一张发票上分别注明的，可按冲减折扣额后的销售额征收增值税；将折扣额另开发票的，无论财务会计上如何处理，均不得从销售额中扣除折扣额。

(2) 销售折扣，即会计上的现金折扣，是债权人为鼓励债务人在规定的期限内付款而向债务人提供的债务扣除。

企业销售商品涉及现金折扣的，不能从销售额中扣除，现金折扣在实际发生时计入财务费用。

(3) 销售折让是指企业因售出商品质量不合格等原因而在售价上给予的减让。

企业发生的销售折让，在发生时可以冲减当期销售收入，同时冲减销项税额，即销售折让可以从销售额中扣除。

(4) 以旧换新是指纳税人在销售货物时折价回收相关的旧货，并以折价款部分冲减货物价款的一种销售方式。

税法规定，纳税人采取以旧换新销售方式销售货物，应按新货物同期销售价格确定销售额，不得扣减旧货物的收购价格。

(5) 还本销售方式是指纳税人销售货物后，在一定期限内将全部或部分销货款一次或分次退还给购货方的一种销售方式，退还的货款即为还本支出，其主要目的在于进行促销和融通资金。

税法规定，不得从销售额中扣除还本支出。

(6) 以物易物是一种特殊的购销活动，指购销双方不以货币结算，而以同等价款的货物相互结算，实现货物购销的一种方式。

税法规定，以物易物"双方都应作购销处理"，以各自发出的货物核算销售额并计算销项税额，以各自收到的货物按规定核算购货额并计算进项税额。

由于企业可以在不违法的前提下对销售方式进行自主选择，就为纳税人利用不同的销售方式进行纳税筹划提供了可能。

3. 各项服务销售额的确认

1) 交通运输服务销售额的确认

(1) 交通运输业纳税人有偿提供交通运输服务，以取得的全部价款和价外费用为增值税的计税依据，即原则上以发生应税交易取得的全部收入为计税依据。价外费用，是指价外收取的各种性质的价外收费，但不包括代为收取的政府性基金或者行政事业性收费。

(2) 将承揽的运输业务分给其他单位或者个人的，以其取得的全部价款和价外费用扣除其支付给其他单位或者个人的运输费用后的余额为销售额。

(3) 纳税人提供国际货物运输代理服务，以其取得的全部价款和价外费用，扣除支付给国际运输企业的国际运输费用后的余额为销售额。国际货物运输代理服务，是指接受货物收货人或其代理人、发货人或其代理人、运输工具所有人、运输工具承租人或运输工具经营人的委托，以委托人的名义或者以自己的名义，在不直接提供货物运输服务的情况下，直接为委托人办理货物的国际运输、从事国际运输的运输工具进出港口、联系安排引航、靠泊、装卸等货物和船舶代理相关业务手续的业务活动。

(4) 航空运输企业的销售额，不包括代收的机场建设费和代售其他航空运输企业客票而代收转付的价款。

2) 邮政服务销售额的确认

(1) 各省、自治区、直辖市和计划单列市邮政企业(以下称总机构)应当汇总计算总机构及其所属邮政企业(以下称分支机构)提供邮政服务的增值税应纳税额，抵减分支机构提供邮政服务已缴纳(包括预缴和查补，下同)的增值税额后，向主管税务机关申报纳税。总机构汇总的销售额，为总机构及其分支机构提供邮政服务的销售额。总机构汇总的进项税额，是指总机构及其分支机构提供邮政服务而购进货物、接受加工修理修配劳务和应税服务，支付或者负担的增值税额。

(2) 分支机构提供邮政服务，按照销售额和预征率计算应预缴税额，按月向主管税务

机关申报纳税，不得抵扣进项税额。计算公式为

$$应预缴税额=(销售额+预订款)×预征率$$

销售额为分支机构对外(包括向邮政服务接受方和本总、分支机构外的其他邮政企业)提供邮政服务取得的收入；预订款为分支机构向邮政服务接受方收取的预订款。销售额不包括免税项目的销售额；预订款不包括免税项目的预订款。

3) 电信服务销售额的确认

(1) 纳税人提供电信业服务时，附带赠送用户识别卡、电信终端等货物或者电信业服务的，应将其取得的全部价款和价外费用进行分别核算，按各自适用的税率计算缴纳增值税。

(2) 中国移动通信集团公司、中国联合网络通信集团有限公司、中国电信集团公司及其成员单位通过手机短信公益特服号为公益性机构接受捐款服务，以其取得的全部价款和价外费用，扣除支付给公益性机构捐款后的余额为销售额。

(3) 境内单位和个人向中华人民共和国境外单位提供电信业服务，免征增值税。

(4) 积分兑换形式赠送的电信业服务，不征收增值税。

4) 建筑服务销售额的确认

(1) 建筑服务销售额为纳税人提供建筑服务收取的全部价款和价外费用。

(2) 提供建筑服务适用简易计税方法的，以取得的全部价款和价外费用扣除支付的分包款后的余额为销售额。

5) 金融服务销售额的确认

(1) 贷款服务，以提供贷款服务取得的全部利息及利息性质的收入为销售额。

(2) 直接收费金融服务，以提供直接收费金融服务收取的手续费、佣金、酬金、管理费、服务费、经手费、开户费、过户费、结算费、转托管费等各类费用为销售额。

(3) 金融商品转让，按照卖出价扣除买入价后的余额为销售额。公式为

$$销售额=卖出价-买入价$$

转让金融商品出现的正负差，按盈亏相抵后的余额为销售额。若相抵后出现负差，可结转下一纳税期与下期转让金融商品销售额相抵，但年末时仍出现负差的，不得转入下一个会计年度。金融商品的买入价，可以选择按照加权平均法或者移动加权平均法进行核算，选择后36个月内不得变更。金融商品转让，不得开具增值税专用发票。

(4) 金融机构转贴现利息收入免税，不计入销售额。

6) 现代服务销售额的确认

(1) 经纪代理服务，以取得的全部价款和价外费用，扣除向委托方收取并代为支付的政府性基金或者行政事业性收费后的余额为销售额。公式为

$$销售额=取得的全部价款和价外费用-向委托方收取并$$
$$代为支付的政府性基金或者行政事业性收费$$

向委托方收取的政府性基金或者行政事业性收费，不得开具增值税专用发票。

(2) 客运场站服务，以其取得的全部价款和价外费用，扣除支付给承运方运费后的余额为销售额。

7) 生活服务销售额的确认

旅游服务，可以选择以取得的全部价款和价外费用，扣除向旅游服务购买方收取并支付给其他单位或者个人的住宿费、餐饮费、交通费、签证费、门票费和其他接团旅游企业

的旅游费用后的余额为销售额。选择该办法计算销售额的试点纳税人，向旅游服务购买方收取并支付的上述费用，不得开具增值税专用发票，可以开具普通发票。

4. 无形资产销售额的确认

纳税人转让无形资产以纳税人转让无形资产从受让方取得的货币、货物和其他经济利益为销售额。

5. 不动产销售额的确认

房地产开发企业中的一般纳税人销售其开发的房地产项目(选择简易计税方法的房地产老项目除外)以取得的全部价款和价外费用，扣除受让土地时向政府部门支付的土地价款后的余额为销售额。公式为

$$销售额=取得的全部价款和价外费用-受让土地时向政府部门支付的土地价款$$

10.1.3　增值税的征税范围

1. 增值税征税范围的一般规定

增值税的征收范围

(1) 销售货物或进口货物。货物是指有形动产，包括电力、热力、气体在内。销售货物是指有偿转让货物的所有权。

(2) 提供加工、修理修配劳务。加工是指受托加工货物，即委托方提供原料及主要材料，受托方按照委托方的要求制造货物并收取加工费的业务；修理修配劳务是指受托对损伤和丧失功能的货物进行修复，使其恢复原状和功能的业务。单位或个体工商户聘用的员工为本单位或雇主提供的加工、修理修配劳务，不包括在内。

(3) 销售服务。销售服务是指提供交通运输服务、邮政服务、电信服务、建筑服务、金融服务、现代服务、生活服务。交通运输服务是指利用运输工具将货物或者旅客送达目的地，使其空间位置得到转移的业务活动，包括陆路运输服务、水路运输服务、航空运输服务和管道运输服务。邮政服务是指中国邮政集团公司及其所属邮政企业提供邮件寄递、邮政汇兑、机要通信和邮政代理等邮政基本服务的业务活动，包括邮政普遍服务、邮政特殊服务和其他邮政服务(不包括邮政储蓄业务)。电信服务是指利用有线、无线的电磁系统或者光电系统等各种通信网络资源，提供语音通话服务，传送、发射、接收或者应用图像、短信等电子数据和信息的业务活动，包括基础电信服务和增值电信服务。建筑服务是指各类建筑物、构筑物及其附属设施的建造、修缮、装饰，线路、管道、设备、设施等的安装以及其他工程作业的业务活动，包括工程服务、安装服务、修缮服务、装饰服务和其他建筑服务。金融服务是指经营金融保险的业务活动，包括贷款服务、直接收费金融服务、保险服务和金融商品转让。现代服务是指围绕制造业、文化产业、现代物流产业等提供技术性、知识性服务的业务活动，包括研发和技术服务、信息技术服务、文化创意服务、物流辅助服务、租赁服务、鉴证咨询服务、广播影视服务、商务辅助服务和其他现代服务。生活服务是指为满足城乡居民日常生活需求提供的各类服务活动，包括文化体育服务、教育医疗服务、旅游娱乐服务、餐饮住宿服务、居民日常服务和其他生活服务。

(4) 销售无形资产。销售无形资产，是指转让无形资产所有权或者使用权的业务活动。无形资产，是指不具实物形态，但能带来经济利益的资产，包括技术、商标、著作权、商誉、自然资源使用权和其他权益性无形资产。自然资源使用权，包括土地使用权、海域使

用权、探矿权、采矿权、取水权和其他自然资源使用权。其他权益性无形资产，包括基础设施资产经营权、公共事业特许权、配额、经营权(包括特许经营权、连锁经营权、其他经营权)、经销权、分销权、代理权、会员权、席位权、网络游戏虚拟道具、域名、名称权、肖像权、冠名权、转会费等。

(5) 销售不动产。销售不动产，是指转让不动产所有权的业务活动。不动产，是指不能移动或者移动后会引起性质、形状改变的财产，包括建筑物、构筑物等。建筑物，包括住宅、商业营业用房、办公楼等可供居住、工作或者进行其他活动的建造物。构筑物，包括道路、桥梁、隧道、水坝等建造物。

转让建筑物有限产权或者永久使用权的，转让在建的建筑物或者构筑物所有权的，以及在转让建筑物或者构筑物时一并转让其所占土地的使用权的，按照销售不动产缴纳增值税。

2. 增值税征税范围的特殊规定

1) 视同销售行为的税法规定

单位或者个体工商户的下列行为，虽然没有取得销售收入，也视同销售货物，依法应当缴纳增值税。

(1) 将货物交付其他单位或者个人代销。

(2) 销售代销货物。

(3) 设有两个以上机构，并实行统一核算的纳税人，将货物从一个机构移送其他机构用于销售，但相关机构设在同一县(市)的除外。

(4) 将自产或者委托加工的货物用于集体福利或者个人消费。

(5) 将自产、委托加工或者购进的货物作为投资，提供给其他单位或者个体工商户。

(6) 将自产、委托加工或者购进的货物分配给股东或者投资者。

(7) 将自产、委托加工或者购进的货物无偿赠送其他单位或者个人。

(8) 单位或者个体工商户向其他单位或者个人无偿提供服务，但用于公益事业或者以社会公众为对象的除外。

2) 视同提供应税服务

单位和个体工商户的下列情形，视同提供应税服务。

(1) 向其他单位或者个人无偿提供交通运输业和部分现代服务业服务，但以公益活动为目的或者以社会公众为对象的除外。

(2) 财政部和国家税务总局规定的其他情形。

3. 兼营销售行为的税法规定

所谓兼营销售，是指纳税人生产或销售不同税率的货物，或者既销售货物又提供应税劳务、应税服务。

根据《中华人民共和国增值税暂行条例》第三条的规定，纳税人兼营不同税率的项目，应当分别核算不同税率项目的销售额；未分别核算销售额的，从高适用税率。

4. 混合销售行为的税法规定

一项销售行为如果既涉及服务又涉及货物，即为混合销售行为。《中华人民共和国增值税暂行条例实施细则》第五条规定，从事货物的生产、批发或零售的企业，企业性单位及个体经营者(包括以从事货物的生产、批发或零售为主,并兼营非应税劳务的企业、企业性单位及个体经营者)的混合销售行为,视为销售货物征收增值税;其他单位和个人的混合销售行为,按照销售服务缴纳增值税。

10.1.4　增值税税率的特殊税法规定

增值税的税率除了税法的一般规定以外,还有一些特殊的规定。

(1) 自 2017 年 7 月 1 日起,纳税人销售或进口下列货物,取消 13%的增值税税率,税率为 11%:农产品(含粮食)、自来水、暖气、石油液化气、天然气、食用植物油、冷气、热水、煤气、居民用煤炭制品、食用盐、农机、饲料、农药、农膜、化肥、沼气、二甲醚、图书、报纸、杂志、音像制品、电子出版物。

(2) 自 2018 年 5 月 1 日起,纳税人发生增值税应税行为或者进口货物,原适用 17%和 11%税率的,税率分别调整为 16%、10%。纳税人购进农产品,原适用 11%扣除率的,扣除率调整为 10%。纳税人购进用于生产销售或委托加工 16%税率货物的农产品,按照 12%的扣除率计算进项税额。原适用 17%税率且出口退税率为 17%的出口货物,出口退税率调整至 16%。原适用 11%税率且出口退税率为 11%的出口货物、跨境应税行为,出口退税率调整至 10%。

(3) 自 2019 年 4 月 1 日起,增值税一般纳税人发生增值税应税销售行为或者进口货物,原适用 16%税率的,税率调整为 13%;原适用 10%税率的,税率调整为 9%;纳税人购进农产品,原适用 10%扣除率的,扣除率调整为 9%。纳税人购进用于生产或委托加工 13%税率货物的农产品,按照 10%的扣除率计算进项税额。原适用 16%税率且出口退税率为 16%的出口货物劳务,出口退税率调整为 13%;原适用 10%税率且出口退税率为 10%的出口货物、跨境应税行为,出口退税率调整为 9%。适用 13%税率的境外旅客购物离境退税物品,退税率为 11%;适用 9%税率的境外旅客购物离境退税物品,退税率为 8%。

10.1.5　增值税纳税义务发生时间

(1) 销售货物或者应税劳务,为收讫销售款项或者取得索取销售款项凭据的当天;先开具发票的,为开具发票的当天。

增值税的纳税义务
发生时间和纳税期限

(2) 进口货物,为报关进口的当天。

增值税扣缴义务发生时间为纳税人增值税纳税义务发生的当天。

(3) 销售货物或者应税劳务,为收讫销售款项或者取得索取销售款项凭据的当天,按销售结算方式的不同,具体如下。

① 采取直接收款方式销售货物,不论货物是否发出,均为收到销售款或者取得索取销售款凭据的当天。国家税务总局公告 2011 年第 40 号《国家税务总局关于增值税纳税义务发生时间有关问题的公告》,自 2011 年 8 月 1 日起,采取直接收款方式销售货物,已将货物移送对方并暂估销售收入入账,但既未取得销售款或取得索取销售款凭据也未开具销售发票的,其增值税纳税义务发生时间为取得销售款或取得索取销售款凭据的当天。

② 采取托收承付和委托银行收款方式销售货物,为发出货物并办妥托收手续的当天。

③ 采取赊销和分期收款方式销售货物,为书面合同约定的收款日期的当天,无书面合同的或者书面合同没有约定收款日期的,为货物发出的当天。

④ 采取预收货款方式销售货物，为货物发出的当天，但生产销售生产工期超过 12 个月的大型机械设备、船舶、飞机等货物，为收到预收款或者书面合同约定的收款日期的当天。

⑤ 委托其他纳税人代销货物，为收到代销单位的代销清单或者收到全部或者部分货款的当天。未收到代销清单及货款的，为发出代销货物满 180 天的当天。

⑥ 销售应税劳务，为提供劳务同时收讫销售款或者取得索取销售款的凭据的当天。

⑦ 纳税人发生视同销售货物行为，为货物移送的当天。

10.1.6　增值税电子专用发票开具的税法规定

1. 增值税电子专用发票试点规定

自 2020 年 12 月 21 日起，在天津、河北、上海、江苏、浙江、安徽、广东、重庆、四川、宁波和深圳 11 个地区的新办纳税人中实行专票电子化，受票方范围为全国。其中，宁波、石家庄和杭州 3 个地区已试点纳税人开具增值税电子专用发票的受票方范围扩至全国。

自 2021 年 1 月 21 日起，在北京、山西、内蒙古、辽宁、吉林、黑龙江、福建、江西、山东、河南、湖北、湖南、广西、海南、贵州、云南、西藏、陇西、甘肃、青海、宁夏、新疆、大连、厦门和青岛 25 个地区的新办纳税人中实行专票电子化，受票方范围为全国。

2. 增值税专用发票的税务执行规定

自各地专票电子化实行之日起，本地区需要开具增值税纸质普通发票、增值税电子普通发票、纸制专票、电子专票、纸制机动车销售统一发票和纸制二手车销售统一发票的新办纳税人，统一领取税务 UKey 开具发票。

税务机关按照电子专票和纸制专票的合计数，为纳税人核定增值税专用发票领用数量。电子专票和纸制专票的增值税专用发票最高开票限额应当相同。

纳税人开具增值税专用发票时，既可以开具电子专票，也可以开具纸制专票。受票方索取纸制专票的，开票方应当开具纸制专票。

纳税人开具电子专票后，发生销货退回、开票有误、应税服务中止、销售折让等情形，需要开具红字电子专票的，按照以下规定执行。

(1) 购买方已将电子专票用于申报抵扣的，由购买方在增值税发票管理系统中填开并上传《开具红字增值税专用发票信息表》，填开《信息表》时不填写相对应的蓝字电子专票信息。购买方未将电子专票用于申报抵扣的，由销售方在增值税发票管理系统中填开并上传《开具红字增值税专用发票信息表》，填开《信息表》时应填写相对应的蓝字电子专票信息。

(2) 税务机关通过网络接收纳税人上传的《开具红字增值税专用发票信息表》，系统自动校验通过后，生成带有"红字发票信息表编号"的《开具红字增值税专用发票信息表》，并将信息同步至纳税人端系统中。

(3) 销售方凭税务机关系统校验通过的《开具红字增值税专用发票信息表》开具红字电子专票，在发票管理系统中以销项负数开具。红字电子专票应与《开具红字增值税专用发票信息表》一一对应。

(4) 购买方已将电子专票用于申报抵扣的，应当暂时按照《开具红字增值税专用发票信息表》所列增值税税额从当期进项税额中转出，待取得销售方开具的红字电子专票后，与《开具红字增值税专用发票信息表》一并作为记账凭证。

10.1.7　免征增值税项目

下列项目免征增值税。

(1)　农业生产者销售的自产农产品。

(2)　避孕药品和用具。

(3)　古旧图书。

(4)　直接用于科学研究、科学试验和教学的进口仪器、设备。

(5)　外国政府、国际组织无偿援助的进口物资和设备。

(6)　由残疾人的组织直接进口供残疾人专用的物品。

(7)　销售的自己使用过的物品。

除此规定外，增值税的免税、减税项目由国务院规定。任何地区、部门均不得规定免税、减税项目。

10.2　销售方式选择的增值税纳税筹划任务

10.2.1　折扣销售的纳税筹划

折扣销售的增值税
纳税筹划

【任务案例】

甲企业为促销其产品，给予客户以下优惠：凡一次性购买产品达到 5 万元或 5 万元以上的(不含增值税)，给予价格上 20%的折扣。请对其进行纳税筹划。

【筹划思路】

企业应将销售额和折扣额在同一张发票上分别注明，按折扣后的销售额计征增值税，这样便能降低计税依据，从而减轻企业税负。

【法规依据】

折扣销售，会计上又称商业折扣，是指销货方在销售货物或应税劳务时，因购货方购货数量较大等原因，而给予购货方的价格优惠，它是在实现销售时同时发生的。对于折扣销售，如果销售额和折扣额在同一张发票上分别注明的，可按冲减折扣额后的销售额征收增值税；将折扣额另开发票的，不论财务会计上如何处理，折扣额不得冲减销售额。

【解析方案】

方案一：甲企业未将销售额和折扣额在同一张发票上分别注明，而是将折扣额另开发票。

增值税销项税额=5×13%=0.65(万元)

方案二：甲企业将销售额和折扣额在同一张发票上分别注明。

增值税销项税额=5×(1-20%)×13%=0.52(万元)

由此可见，方案二比方案一少缴增值税=0.65-0.52=0.13(万元)。

【筹划点评】

将销售额和折扣额在同一张发票上分别注明，举手之劳，便能降低增值税税负。

高职高专互联网+新形态教材·财会系列

实物折扣的增值税
纳税筹划

10.2.2　将实物折扣变成价格折扣的纳税筹划

【任务案例】

甲企业为促销，推行赠送活动，凡购买价值100万元(不含税)产品的采购方，便能获赠价值10万元的购物券。请对其进行纳税筹划。

【筹划思路】

企业在选择折扣方式时，应当尽量不选择实物折扣，在必须采用实物折扣的销售方式时，企业可以在发票上作适当的调整，变"实物折扣"为"价格折扣(折扣销售)"，以达到节税的目的。

【法规依据】

折扣销售的税收优惠仅适用于价格折扣，而不适用于实物折扣。如果销售者将自产、委托加工或购买的货物用于实物折扣，则该实物款额不仅不能从销售额中减除，而且该实物应按增值税条例"视同销售货物"中的"无偿赠送他人"计算缴纳增值税。

【解析方案】

方案一：采取实物折扣的方式。

销售100万元产品应纳增值税销项税额=100×13%=13(万元)

赠送10万元购物券视同销售，则：

应交增值税销项税额=10×13%=1.3(万元)

合计增值税销项税额=13+1.3=14.3(万元)

方案二：变"实物折扣"为"价格折扣(折扣销售)"，即将实物折扣在开发票时变成价格折扣，即原价110万元产品进行打折，打折后的价格为100万元，且将原价110万元和折扣额10万元在同一张发票上分别注明。

应交增值税销项税额=100×13%=13(万元)

由此可见，方案二比方案一少缴增值税=14.3-13=1.3(万元)，因此应当选择方案二。

【筹划点评】

变换一下折扣方式，便能降低增值税税负，何乐而不为?

返还现金的增值税
纳税筹划

10.2.3　将返还现金变成价格折扣的纳税筹划

【任务案例】

甲超市实行"购货满100元返还现金20元"的促销方式。本期销售额共计100万元(含增值税)，共返还现金20万元。假设原价为100元的商品，成本为70元。另外，甲超市每销售原价为100元的商品，发生可在企业所得税前扣除的工资和其他费用6元。请对其进行纳税筹划。

【筹划思路】

由于返还现金这部分金额不得在税前扣除，所以加重了企业所得税税负，同样，若变"返还现金"为"价格折扣(折扣销售)"，便会达到节税效果。这对顾客没有影响，同样是相当于用 80 元人民币购买了 100 元的商品。甚至对于部分只携带 80 元的顾客来说，即便不足 100 元也能享受到此优惠，从而使销售方达到促销目的。

【法规依据】

返还现金是指企业在销售货物的同时，返还部分现金给购货方。返还现金相当于赠送现金给购货方。赠送的现金支出不仅不得在企业所得税前扣除，而且还要为客户代扣代缴个人所得税。

【解析方案】

方案一：采取返还现金的方式。

销售 100 万元商品应交增值税 $=\dfrac{100}{1+13\%}\times13\%-\dfrac{70}{1+13\%}\times13\%=3.45$(万元)

应交城市维护建设税及教育费附加 $=3.45\times(7\%+3\%)=0.345$(万元)

应纳税所得额 $=\dfrac{100}{1+13\%}-\dfrac{70}{1+13\%}-6-0.345=20.20$(万元)

应纳所得税 $=20.20\times25\%=5.05$(万元)

净利润 $=\dfrac{100}{1+13\%}-\dfrac{70}{1+13\%}-20-6-0.345-5.05-=-4.85$(万元)

方案二：变"返还现金"为"价格折扣(折扣销售)"，即原价为 100 元的商品，打折后价格为 80 元，且将销售额 100 元和折扣额 20 元在同一张发票上分别注明。

销售原价为 100 万元(打折以后的价格为 80 万元)，则：

商品应交增值税 $=\dfrac{80}{1+13\%}\times13\%-\dfrac{70}{1+13\%}\times13\%=1.15$(万元)

应交城市维护建设税及教育费附加 $=1.15\times(7\%+3\%)=0.115$(万元)

应纳税所得额 $=\dfrac{80}{1+13\%}-\dfrac{70}{1+13\%}-6-0.115=2.73$(万元)

应纳所得税 $=2.73\times25\%=0.68$(万元)

税后净利润 $=\dfrac{80}{1+13\%}-\dfrac{70}{1+13\%}-6-0.68-0.115=2.05$(万元)

由此可见，方案二比方案一少缴增值税 $=3.45-1.15=2.30$(万元)，少缴企业所得税 $=5.05-0.68=4.37$(万元)，多获取净利润 $=2.05-(-4.85)=6.9$(万元)，因此方案二各个方面都优于方案一。

【筹划点评】

返还现金返还的是净利润，对企业财务十分不利，企业应尽量避免。

10.2.4　销售折扣的纳税筹划

【任务案例】

甲企业与购货方签订销售合同金额为 500 万元(不含税)，合同中约定的付款期为 30 天。若对方在 10 天内付款，则给予对方不含税金额 20% 的销售折扣；若对方在 30 天内付款，则不给予折扣。请对其进行纳税筹划。

高职高专互联网+新形态教材·财会系列

销售折扣的增值税
纳税筹划

【筹划思路】

由于销售折扣不得从销售额中减除，所以这种折扣方式无疑加重了企业的税收负担。但是企业可修改合同规定，变"销售折扣"为"折扣销售"，便可达到节税效果。

【法规依据】

销售折扣，会计上又称现金折扣，是指销货方在销售货物或应税劳务后，为了鼓励购货方及早偿还货款，而协议许诺给予购货方的一种折扣优待。销售折扣通常采用"2/10，1/20，n/30"等符号表示。其含义为：购货方若 10 天内付款，则货款折扣 2%；若 20 天内付款，则货款折扣 1%；若 30 天内付款，则需全额付款。由于销售折扣发生在销货之后，是一种融资性质的理财费用，所以销售折扣不得从销售额中减除，而需按全额计征增值税。

【解析方案】

方案一：采取销售折扣方式。

折扣额不能从销售额中扣除，企业应按照 500 万元全额计算增值税销项税额。

增值税销项税额=500×13%=65(万元)

方案二：变"销售折扣"为"折扣销售"，即企业主动压低该批货物的价格，将合同金额降低为 400 万元，相当于给予对方 20%折扣之后的金额。同时在合同中约定，购货方超过 20 天付款加收 113 万元的滞纳金。

在这种情况下，企业的收入并没有受到实质性影响。

如果对方在 10 天之内付款，则增值税销项税额=500×(1-20%)×13%=52(万元)。比方案一少缴增值税=65-52=13(万元)。

如果对方没有在 20 天之内付款，企业可向对方收取 113 万元滞纳金，并以"全部价款和价外费用"计算增值税销项税额。此时，增值税销项税额=[400+113÷(1+13%)]×13%=65(万元)，与方案一的税负是一样的。

【筹划点评】

由于存在滞纳金，一般情况下，购货方会选择 20 天之内付款，因为若 20 天之后付款，对购货方来说是不合算的，而对甲企业来说是很合算的，因为增加了收入 113 万元(含增值税)。因此，方案二总是优于方案一。

10.2.5 签订分期收款合同的纳税筹划

签订分期收款合同
的增值税纳税筹划

【任务案例】

甲商业企业 2020 年 5 月 10 日有一笔不含税售价为 1 000 万元的销售业务，现有两种结算方案。

方案一：签订普通销售合同，即 1 000 万元款项在销售货物当日全部收回。

方案二：签订分期收款合同，2020 年 5 月 15 日收回 400 万元，2021 年 5 月 15 日收回 300 万元，2022 年 5 月 15 日收回 300 万元。

与此业务相关的可抵扣购进金额为 400 万元，假设不考虑其他相关费用。请问该企业如何进行选择？

【筹划思路】

对于企业销售业务量大，全款无法一次性收回的情况，若签订了普通合同，而非分期收款合同，则在第一年全部确认收入，全额纳税。若签订了分期收款合同，则在合同中约定收款的具体日期分期纳税，由此可延缓纳税时间，获取资金的时间价值。

【法规依据】

我国《企业所得税法》规定，以分期收款方式销售货物时，按照合同的收款日期确认收入的实现，我国《增值税暂行条例》规定，采取赊销和分期收款方式销售货物，确认收入实现的时间为书面合同约定的收款日期的当天。无书面合同的或书面合同没有约定收款日期的，为货物发放的当天。

【解析方案】

方案一：签订普通销售合同，即 1 000 万元在第一年全部确认为收入。

应纳增值税=(1 000-400)×13%=78(万元)

应纳城市维护建设税和教育费附加=78×(7%+3%)=7.8(万元)

应纳企业所得税=(1 000-400-7.8)×25%=148.05(万元)

合计应纳税额=78+7.8+148.05=233.85(万元)

方案二：签订分期收款合同，即只有 400 万元在第一年确认收入。

应纳增值税=(400-400)×13%=0(万元)

应纳城市维护建设税和教育费附加=0 万元

应纳所得税=(400-400×400÷1 000-0)×25%=60(万元)

合计应纳税额=0+0+60=60(万元)

方案二与方案一相比，第一年甲商业企业少缴税=233.85-60=173.85(万元)，因此应当选择方案二。

【筹划点评】

方案二虽然在第二年、第三年还是要将第一年少缴的税款 173.85 万元缴上，但延缓了缴税时间，获得了资金的时间价值。需要注意的是，签订分期收款合同时必须在合同上具体体现收款日期，否则税务机关不予认可，仍按照直接收款合同进行征收管理。

10.2.6　兼营不同税率货物的纳税筹划

分别核算销售额的
增值税纳税筹划

【任务案例】

甲企业属于增值税一般纳税人，该企业主要生产机电设备，2019 年 8 月销售机电设备共取得收入 1 000 万元(不含税)，其中农机的销售额为 600 万元(不含税)，适用税率9%，其他机电设备的销售额为 400 万元(不含税)，适用税率为 13%，当月可抵扣的进项税额共计100 万元。请为甲企业进行纳税筹划方案设计。

【筹划思路】

纳税人应当尽量将不同税率的货物或应税劳务的销售额分别核算，以适用不同的税率，从而规避从高适用税率，减轻企业负担。

【法规依据】

一般纳税人销售或进口下列货物，自 2019 年 4 月 1 日起，适用 9%的税率：粮食、食用植物油、食用盐；自来水、暖气、冷水、热水；煤气、石油液化气、天然气、沼气、居民用煤炭制品；图书、报纸、杂志、音像制品、电子出版物；饲料、化肥、农药、农机、农膜、二甲醚。

一般纳税人销售或进口其他货物，适用 13%的税率。

纳税人销售货物、加工修理修配劳务、服务、无形资产或者不动产适用不同税率或者征收率的，应当分别核算不同税率货物或者应税劳务的销售额；未分别核算销售额的，从高适用税率。

【解析方案】

方案一：未分别核算销售额。

应纳增值税=1 000×13%-100=30(万元)

方案二：分别核算销售额。

应纳增值税=400×13%+600×9%-100=6(万元)

方案二与方案一相比，甲企业少缴纳增值税=30-6=24(万元)，因此应当选择方案二。

【筹划点评】

分别核算在一定程度上会加大核算成本，但与节税额相比，付出的这部分成本是非常值得的。

项 目 训 练

一、理论训练

1. 不同销售方式下销售额如何确定？

2. 为什么可以利用企业的不同销售方式进行纳税筹划？

二、操作训练

训练资料：甲商场为扩大销售，准备在 2019 年春节期间开展一次促销活动，欲采用以下三种方式。

(1) 让利(折扣)20%销售商品，即商场将 1 000 元的商品以 800 元的价格销售，或者商场的销售价格仍为 1 000 元，但在同一张发票上的"金额"栏反映折扣额为 200 元。

(2) 赠送商品，即商场在销售 800 元商品的同时，再赠送价值 200 元的商品。

(3) 返还 20%的现金，即商场销售 1 000 元商品的同时，向顾客赠送 200 元现金。

以销售 1 000 元的商品为基数，参与该次活动的商品购进成本为含税价 600 元(即购进成本占售价的 60%)。经测算，甲商场每销售 1 000 元商品可以在企业所得税前扣除的工资和其他费用为 60 元。

训练要求：请为甲商场进行纳税筹划方案设计。(促销活动期间顾客产生的个人所得税由甲商场代付。)

项目 11

自产应税消费品的消费税筹划

【学习目标】

[能力目标]

1. 能熟练计算消费税应纳税额。
2. 能够通过降低销售产品的价格，减少税负，设计筹划方案。
3. 能够通过先销售后抵债降低计税依据的消费税筹划，设计筹划方案。
4. 能够通过设立销售公司的方式，设计筹划方案。
5. 能够通过对自产自用应税消费品进行成本控制，减少税负，设计筹划方案。
6. 能够利用起征点进行定价减少税负，设计筹划方案。

[知识目标]

1. 熟悉消费税纳税筹划的思路。
2. 掌握降低销售产品价格的纳税筹划方法。
3. 理解通过先销售后抵债来降低计税依据的纳税筹划方法。
4. 掌握通过设立销售公司来降低计税依据的纳税筹划方法。
5. 掌握通过自产自用应税消费品的成本控制的消费税筹划方法。
6. 掌握利用起征点进行定价的消费税筹划方法。

[素质目标]

1. 熟记自产应税产品消费税的相关理论，使自己具备扎实的理论功底。
2. 熟知纳税筹划整体操作，培养大局意识，提升团结协作能力，能配合团队设计完整的筹划方案。
3. 了解不同行业的特点和复杂性，培养灵活的工作方法和踏实的工作风格。

【思政指引】

关键词：环保意识　大局观念

消费税是我国绿色税收体系中占比较大的税种，现行消费税 15 个税目中至少有 9 个税目明显与环境保护相关，承载着促进资源节约和环境保护的政策目标。2013 年，消费税绿色扩围向企业释放出清晰的节约能耗和减少污染的政策取向。绿色发展已成为高质量发展的底色，企业在追求利润最大化的过程中，要有环保意识、大局观念。如果对环境保护认识不足，那么就会阻碍企业的创新发展。

【项目引例】

　　某日化公司既生产经营高档化妆品，又生产经营普通化妆品，2020 年度该公司高档化妆品的不含税销售额为 500 万元，普通化妆品的不含税销售额为 200 万元，该公司没有分别核算。请计算该公司当年应缴纳的消费税，并提出纳税筹划方案。

11.1　相　关　法　规

11.1.1　消费税纳税人的界定

消费税纳税人的界定

　　消费税是指对特定的消费品和消费行为按消费流转额征收的一种商品税。具体来说，是指对在我国境内从事生产、委托加工及进口应税消费品的单位和个人，就其消费品的销售额或销售数量或者销售额与销售数量相结合征收的一种流转税。

　　在中华人民共和国境内生产、委托加工和进口应税消费品的单位和个人，以及国务院确定的销售《消费税暂行条例》中规定的应税消费品的其他单位和个人，为消费税的纳税义务人，应当依照《消费税暂行条例》缴纳消费税。

　　"在中华人民共和国境内"是指生产、委托加工和进口属于应当征收消费税的消费品的起运地或所在地在境内；"单位"是指企业和行政单位、事业单位、军事单位、社会团体及其他单位；"个人"是指个体经营者及其他个人。具体来说，消费税的纳税人有以下四种类型。

　　(1) 生产应税消费品的单位和个人，以生产并销售应税消费品的单位和个人为纳税人。具体来说，生产应税消费品的各类企业、单位和个人，对用于销售的应税消费品，在销售成立时以销售额或销售数量为计税依据缴纳消费税；对用于其他方面的应税消费品，视其不同用途区别对待，若用于连续生产应税消费品的，不缴纳消费税，若用于非应税消费品生产和在建工程、管理部门、提供劳务以及用于馈赠、赞助、职工福利等方面的，在移送使用时缴纳消费税。

　　(2) 委托加工应税消费品的单位和个人，以受托方为代收代缴义务人。委托加工收回的应税消费品如果直接用于销售，不再缴纳消费税；如果用于生产应税消费品，已税消费品已经缴纳的消费税可以按照实际领用数量从应税消费品的消费税额中扣除。

　　(3) 自产自用应税消费品的单位和个人，以生产并自用应税消费品的单位和个人为纳税人。

　　(4) 进口应税消费品的单位和个人，以进口应税消费品的报关单位和个人为纳税人。进口应税消费品，由收货人或其代理人在进口环节以组成计税价格和进口数量为计税依据计算缴纳消费税。

11.1.2　消费税的征税范围

　　消费税的征税范围包括生产、委托加工、进口或零售的应税消费品，　　消费税的征收范围征税环节总体来说包括生产、委托加工、进口、零售等环节。其中，生产应税消费品的销售环节是消费税征收的主要环节，指定环节一次性缴纳，其他环节不再缴纳。委托加工应税消费品是指委托方提供原料和主要材料，受托方只收取加工费和代垫部分辅助材料加工的应税消费品。委托加工的应税消费品收回后，再继续用于生产应税消费品销售的，其加工环节缴纳的消费税款可以扣除。进口环节缴纳的消费税由海关代征。零售环节征收消费税的金银首饰仅限于金基、银基合金首饰以及金、银和金基、银基合金的镶嵌首饰。

11.1.3　消费税的税目与税率

消费税的税率　消费税的税目

1. 税目

征收消费税的消费品共有 15 个税目，有的税目还下设若干子税目。

(1) 烟。烟包括卷烟(包括进口卷烟、白包卷烟、手工卷烟和未经国务院批准纳入计划的企业及个人生产的卷烟)、雪茄烟和烟丝三个子目。

(2) 酒。酒包括粮食白酒、薯类白酒、黄酒、啤酒、果啤和其他酒；饮食业、商业、娱乐业举办的啤酒屋(啤酒坊)利用啤酒生产设备生产的啤酒应当征收消费税。

(3) 高档化妆品。高档化妆品包括高档美容、修饰类化妆品、高档护肤类化妆品和成套化妆品。

(4) 贵重首饰及珠宝玉石。应税贵重首饰及珠宝玉石是指以金、银、珠宝、玉石等高贵稀有物质及其他金属、人造宝石等制作的各种纯金银及镶嵌饰物，以及经采掘、打磨、加工的各种珠宝玉石。出国人员免税商店销售的金银首饰征收消费税。

(5) 鞭炮、焰火。鞭炮、焰火不包括体育上用的发令纸、鞭炮药引线。

(6) 成品油。成品油包括汽油、柴油、石脑油、溶剂油、航空煤油、润滑油、燃料油七个子目。航空煤油暂缓征收消费税。

(7) 小汽车。小汽车是指小轿车、中轻型商用客车，不包括电动汽车、车身长度大于 7 米(含)并且座位在 10～23 座(含)以下的商用客车、沙滩车、雪地车、卡丁车、高尔夫车、企业购进货车或厢式货车改装生产的商务车、卫星通信车等专用汽车。

(8) 摩托车。摩托车的最大设计车速不超过 50km/h，发动机气缸总工作容量不超过 50 毫升的三轮摩托车不征收消费税。

(9) 高尔夫球及球具。高尔夫球及球具包括高尔夫球、高尔夫球杆及高尔夫球包(袋)等。高尔夫球杆的杆头、杆身和握把属于本税目的征收范围。

(10) 高档手表。高档手表是指销售价格(不含增值税)每只在 10 000 元(含)以上的各类手表

(11) 游艇。长度大于 8 米(含)小于 90 米(含)的游艇。

(12) 木制一次性筷子。

(13) 实木地板。

(14) 电池。

(15) 涂料。

2. 税率

消费税的税率形式有三种。

(1) 比例税率。比例税率适用于大多数应税消费品，具体包括以下几种。

① 按 5%的比例税率征收消费税的应税消费品，主要包括金银首饰、木制一次性筷子、实木地板、中轻型商用客车。

② 按 10%的比例税率征收消费税的应税消费品，主要包括其他酒、其他贵重首饰及珠宝玉石、高尔夫球及球具、游艇。

③ 按 11%的比例税率征收消费税的应税消费品，主要包括商业批发卷烟。

④ 按 15%的比例税率征收消费税的应税消费品，主要包括鞭炮、焰火及高档化妆品。

⑤ 按 20%的比例税率征收消费税的应税消费品，主要包括高档手表。

⑥ 按 30%的比例税率征收消费税的应税消费品，主要包括烟丝。

⑦ 自 2009 年 5 月 1 日起，雪茄烟的适用税率调整至 36%。

⑧ 摩托车气缸容量为 250 毫升的税率为 3%，在 250 毫升以上的税率为 10%。

⑨ 乘用车排气量越大，税率越高，适用税率为 3%～20%，共六个档次。

⑩ 按 4%的比例税率征收消费税的应税消费品，主要包括铅蓄电池和涂料。

(2) 定额税率。定额税率只适用于三种液体应税消费品，它们是啤酒、黄酒、成品油。具体规定如下。

① 黄酒的单位税额为 240 元/吨。

② 甲类啤酒的单位税额为 250 元/吨，乙类啤酒的单位税额为 220 元/吨。

③ 成品油全部子目分别按每升规定的定额税率征收。其中：无铅汽油、石脑油、溶剂油、润滑油的单位税额为 1.52 元/升；柴油、航空煤油、燃料油的单位税额为 1.20 元/升。

(3) 定额税率与比例税率相结合的复合计税方式。具体规定如下。

① 甲类卷烟的比例税率为 56%，再按每支从量加征 0.005 元。

② 乙类卷烟的比例税率为 36%，再按每支从量加征 0.005 元。

③ 白酒的比例税率为 20%，再按每斤(500 克或 500 毫升)从量征收 0.5 元。

(4) 消费税中从高适用税率的规定。

① 纳税人兼营不同税率的应税消费品，应分别核算销售额，按其各自适用的税率征收；若不能分别核算的，按全部销售额和兼营不同税率应税消费品中最高税率征收。

② 纳税人既销售金银首饰又销售非金银首饰，应分别核算销售额，按适用税率分别计税。凡不能分别核算销售额或划分不清的，在生产环节纳税的，一律从高适用税率(金银首饰 5%，其他首饰 10%)；在零售环节纳税的，一律全额按照金银首饰征收消费税。

③ 纳税人将适用不同税率的应税消费品成套销售的，按成套销售应税消费品中的最高税率计征消费税。

11.1.4 消费税的计税依据

消费税的计税依据

按照现行消费税税法的基本规定，消费税的应纳税额的计算主要分为从价定率计征、从量定额计征和从价从量复合计征三种方法。其各自的计税公式分别如下。

1. 从价定率计税方法下应纳税额的计算公式

应纳税额=销售额×比例税率

销售额是指纳税人销售应税消费品向购买方收取的全部价款和价外费用。其中，价外费用是指价外向购买方收取的手续费、补贴、基金、集资费、返还利润、奖励费、违约金、滞纳金、延期付款利息、赔偿金、代收款项、代垫款项、包装费、包装物租金、储备费、优质费、运输装卸费以及其他各种性质的价外收费。价外费用均应并入销售额计算征税。

2. 从量定额计税方法下应纳税额的计算公式

$$应纳税额=销售数量×定额税率$$

其中，销售数量的确定标准如下。

(1) 销售应税消费品的，为应税消费品的销售数量。

(2) 自产自用应税消费品的，为应税消费品的移送数量。

(3) 委托加工应税消费品的，为纳税人收回的应税消费品数量。

(4) 进口的应税消费品，为海关核定的应税消费品进口征税数量。

3. 从价从量复合计税方法下应纳税额的计算公式

$$应纳税额=销售额×比例税率+销售数量×定额税率$$

实行从量定额与从价定率相结合的复合计税方法征税的应税消费品，目前只有卷烟、粮食白酒、薯类白酒，其计税依据分别是销售应税消费品向购买方收取的全部价款、价外费用和实际销售(或海关核定、委托方收回、移送使用)数量。

11.1.5　消费税应纳税额的计算

纳税人在生产销售环节应缴纳的消费税，包括直接对外销售应税消费品应缴纳的消费税和自产自用应税消费品应缴纳的消费税。

消费税应纳税额的
计算(生产销售
环节)

1. 直接对外销售应税消费品应纳税额的计算

(1) 实行从价定率征收的计算方法：

$$应纳税额=应税消费品销售额或组成计税价格×比例税率$$

(2) 实行从量定额征收的计算方法：

$$应纳税额=应税消费品销售数量×定额税率$$

(3) 实行复合计税的计算方法：

$$应纳税额=应税消费品销售额×比例税率+应税消费品销售数量×定额税率$$

2. 自产自用应税消费品应纳消费税的计算

企业自产用于连续生产应税消费品的，不缴纳消费税；用于其他方面，包括用于连续生产非应税消费品和在建工程，以及用于馈赠、赞助、集资、广告、样品、职工福利、奖励等方面的，于移送使用时纳税。

消费税按纳税人生产的同类消费品的售价计税；无同类消费品售价的，按组成计税价格计税。

(1) 实行从价定率方法计算纳税的组成计税价格的计算公式：

$$组成计税价格=成本+利润+消费税额=成本×(1+成本利润率)÷(1-比例税率)$$

$$应纳税额=组成计税价格×比例税率$$

(2) 实行复合计税方法计算纳税的组成计税价格的计算公式：

$$组成计税价格=(成本+利润+自产自用数量×定额税率)÷(1-比例税率)$$

$$应纳税额=组成计税价格×比例税率+自产自用数量×定额税率$$

高职高专互联网＋新形态教材·财会系列

11.2 自产应税消费品的消费税纳税筹划任务

11.2.1 降低价格的消费税筹划

降低价格的
消费税筹划

【任务案例】

高原啤酒厂位于市区，2019年生产销售高原牌啤酒，每吨啤酒的相关成本费用为2 500元。现啤酒厂决策层在啤酒的销售价格上产生了不同观点。

观点一：将啤酒的价格确定为3 010元。

观点二：将啤酒的价格确定为2 990元。

请从节税角度对高原啤酒厂决策层的啤酒定价进行纳税筹划。

【筹划思路】

全额累进税率的一个特点是：在临界点，税收负担变化比较大，会出现税收负担的增加大于计税依据的增加的情况。在这种情况下，可以考虑巧妙运用临界点的税法规定，适当降低产品价格，从而达到增加税后利润的目的。

【法规依据】

啤酒消费税的税率为从量定额税率，同时根据啤酒的单位价格实行全额累进。每吨啤酒出厂不含增值税价格(含包装物及包装物押金)在3 000元(含)以上的，单位税额250元/吨；每吨啤酒出厂不含增值税价格在3 000元(不含)以下的，单位税额220元/吨。娱乐业、饮食业自制啤酒，单位税额250元/吨。

【解析方案】

方案一：将啤酒的价格定为3 010元。

每吨啤酒应纳消费税=250元

应纳城市维护建设税和教育费附加=250×(7%+3%)=25(元)

每吨啤酒的利润=3 010-2 500-250-25=235(元)

方案二：将啤酒的价格定为2 990元。

每吨啤酒应纳消费税=220元

应纳城市维护建设税和教育费附加=220×(7%+3%)=22(元)

每吨啤酒的利润=2 990-2 500-220-22=248(元)

由此可见，方案二比方案一每吨啤酒少缴消费税=250-220=30(元)，少缴城市维护建设税和教育费附加=25-22=3(元)，多获利润=248-235=13(元)。

【筹划点评】

在全额累进税率的临界点处降价后，不仅少缴了税，多获得了利润，而且降低产品的价格可以增加产品在价格上的竞争力，增加产品销售量，实在是一举两得。

11.2.2　通过先销售后抵债降低计税依据的消费税筹划

通过先销售来
降低计税依据的
消费税筹划

【任务案例】

长远汽车有限公司，2020 年 8 月以 3 种不同的价格对外销售气缸容量在
2.9 升的汽车，其中以 80 000 元的价格销售 100 辆，以 85 000 元的价格销售 150
辆，以 90 000 元的价格销售 80 辆。同时还以 10 辆同型号的汽车来抵偿所欠航宇公司的配
件货款，双方按当月的加权平均销售价格确定抵债的价格。此型号汽车消费税税率为 12%，
请对其进行纳税筹划。

【筹划思路】

当纳税人用应税消费品换取货物或者投资入股时，一般是按照双方的协议价或评估价
确定的，而协议价往往是市场的平均价。如果按照同类应税销费品的最高销售价作为计税
依据，显然会加重纳税人的负担。可以考虑采取先销售应税消费品给对方，然后再以现金
进行入股(易物、抵债)的方式，从而降低消费税税负。

【法规依据】

纳税人自产的应税消费品用于换取生产资料和消费资料、投资入股或抵偿债务等方面，
应当按照纳税人同类应税消费品的最高销售价作为计税依据。

【解析方案】

方案一：以 10 辆汽车直接抵偿所欠航宇公司的配件货款。

长远汽车有限公司本月应纳消费税=80 000×100×12%+85 000×150×12%+90 000×80×
12%+90 000×10×12%=346.2(万元)

方案二：先按照当月的加权平均价将这 10 辆汽车销售给航宇公司后，再以收到的货款
偿还企业所欠债务。

长远汽车有限公司本月应纳消费税=80 000×100×12%+85 000×150×12%+90 000×80×12%+
(80 000×100+85 000×150+90 000×80)÷(100+150+80)×10×12%=345.563 6(万元)

由此可见，方案二比方案一少缴税=346.2−345.563 6=0.636 4(万元)，因此应当选择方案
二。

【筹划点评】

通过先销售后偿债的方式，可以有效规避按照同类应税消费品的最高销售价作为计税
依据的税法规定，虽然在双方交易过程中多了一道环节，但降低了计税依据，从而降低了
消费税税负。

11.2.3　设立独立销售公司的消费税筹划

【任务案例】

通过设立销售公司
来降低计税依据的
消费税筹划

绿云化妆品生产企业生产销售高档化妆品，2021 年 8 月企业共销售给
批发企业 1 000 套，价格为每套 800 元(不含税)，另设两个销售门市部，直接销售给消费者
800 套，价格为每套 1 000 元(不含税)。适用的高档化妆品消费税税率为 15%。请对其进行
纳税筹划。

高职高专互联网+新形态教材·财会系列

【筹划思路】

企业可设立独立核算的销售公司，以较低但不违反公平交易的价格将应税消费品销售给其独立核算的销售公司，则企业可以按以此较低的销售额计征增值税和消费税，从而必然减少应纳消费税税额；独立核算的销售公司再以较高的价格对外售出，由于在此环节只缴纳增值税，不缴纳消费税，因此可使公司整体消费税税负下降，但增值税税负不变。

【法规依据】

消费税属于价内税，单一环节征收。我国的消费税除金银首饰改在零售环节征税，烟在批发环节额外征收一道消费税以外，其余的消费税纳税行为就只发生在生产制作环节(包括生产、委托加工和进口环节)征收消费税，而在以后的批发、零售等环节，由于销售价款中已包含消费税，所以不再缴纳消费税。

【解析方案】

方案一：绿云企业直接把化妆品销售给批发商及消费者。

应纳消费税=(1 000×800+800×1 000)×15%=24(万元)

方案二：绿云企业以两个销售门市部成立独立核算的销售公司，企业以 800 元每套的价格将化妆品销售给销售公司 800 套，然后，销售公司再以每套 1 000 元的价格对外销售。

应纳消费税=(1 000×800+800×800)×15%=21.6(万元)

由此可见，方案二比方案一少缴消费税=24-21.6=2.4(万元)，因此应当选择方案二。

【筹划点评】

企业在采用这种筹划方式时，应当指出的是，生产企业向其销售公司提供应税消费品时，要适当压低价格，不能出现"计税价格明显偏低"的情况，否则税务机关有权进行价格调整；同时在实际工作中，设立独立核算的销售公司必然增加部分支出，企业需要综合比较降低的税负与增加的支出之间的差距，最终做出正确的决策。

11.2.4 自产自用应税消费品成本控制的消费税筹划

自产自用应税
消费品成本控制的
消费税筹划

【任务案例】

2019 年春节将至，中兴酿酒有限公司企业将新研制的葡萄酒作为福利发放给职工，该型号葡萄酒尚未对外销售，并且无市场同类产品价格。生产该批葡萄酒的成本为 1 500 万元，成本利润率为 5%，消费税税率为 10%。请为该企业进行纳税筹划方案设计。

【筹划思路】

对于自产自用应税消费品用于其他方面需要纳税的情况，若无市场同类商品售价，则成本的高低直接影响组成计税价格的高低，从而影响消费税税额的高低。企业通过降低成本，可以达到降低组成计税价格的目的，从而减轻企业消费税税负。

【法规依据】

我国《消费税暂行条例》第七条规定，纳税人自产自用的应税消费品，按照纳税人生产的同类消费品的销售价格计算纳税；没有同类消费品销售价格的，按照组成计税价格计

算纳税。实行从价定率办法计算纳税的组成计税价格公式为

$$组成计税价格=成本×(1+成本利润率)÷(1-比例税率)$$

我国《消费税暂行条例》第四条规定，纳税人生产的应税消费品，于纳税人销售时纳税。纳税人自产自用的应税消费品，用于连续生产应税消费品的，不纳税；用于其他方面的，于移送使用时纳税。

【解析方案】

方案一：维持该批产品成本不变。

组成计税价格=1 500×(1+5%)÷(1-10%)=1 750(万元)

应纳消费税=1 750×10%=175(万元)

方案二：该企业通过成本控制，将成本降为 1 200 万元。

组成计税价格=1 200×(1+5%)÷(1-10%)=1 400(万元)

应纳消费税=1 400×10%=140(万元)

方案二与方案一相比，该企业少缴纳消费税=175-140=35(万元)，因此应当选择方案二。

【筹划点评】

降低产品成本有一定的难度，并不是每个企业都能容易做到，在涉及多种产品成本费用分配的情况下，企业可以选择合理的成本分配方法，将成本合理并较多地分摊到不需计缴消费税的产品上，从而相应地压缩需要通过计算组成计税价格来计缴消费税产品的成本，进而降低消费税税负。

11.2.5　利用起征点进行定价的消费税筹划

利用起征点进行
定价的消费税筹划

【任务案例】

美达手表有限公司是一家中高档手表生产企业，2020 年准备生产销售某一款中高档手表，每只手表的相关成本费用为 4 500 元，出厂价格定为 10 100 元(不含增值税)。请为该企业进行纳税筹划方案设计。

【筹划思路】

在涉及起征点的情况下，巧妙运用起征点的规定，适当降低产品价格，从而有可能规避消费税纳税义务，进而有可能增加税后利润。

【法规依据】

《财政部　国家税务总局　关于调整和完善消费税政策的通知》(财税〔2006〕33 号)第一条第一项规定，高档手表税率为 20%。消费税新增和调整税目征收范围注释中，高档手表是指销售价格(不含增值税)每只在 10 000 元(含)以上的各类手表。

【解析方案】

方案一：将每只手表的出厂价格仍定为 10 100 元，税法认定其为高档手表。

每只高档手表应纳消费税=10 100×20%=2 020(元)

应纳城市维护建设税及教育费附加=2 020×(7%+3%)=202(元)

每只高档手表的利润=10 100-4 500-2 020-202=3 378 (元)

方案二：将每只高档手表的出厂价格降至 9 900 元，则不属于税法规定的高档手表。

高职高专互联网+新形态教材·财会系列

每只手表应纳消费税=0 元

应纳城市维护建设税及教育费附加=0 元

每只手表的利润=9 900-4 500= 5 400(元)

方案二与方案一相比，每只手表少缴纳消费税 2 020 元，少缴纳城市维护建设税及教育费附加 202 元，多获取利润=5 400-3 378=2 022(元)，因此应当选择方案二。

【筹划点评】

通过计算来找出手表的定价区间。

若每只手表定价为 9 999.99 元，则不缴消费税；若每只手表定价大于或等于 10 000 元，设企业将手表定价为 x 元，则有：

$x-x×20\%×(1+7\%+3\%)>9\ 999.99$

$x>12\ 820.5$ 元

也就是说，要么定价低于 10 000 元，获取免税待遇；要么定价高于 12 820.5 元，使得增加的收入可以弥补多缴的税费。

项 目 训 练

一、理论训练

1. 阐述自产自用应税消费品的纳税筹划思路。

2. 消费税的纳税人应当如何寻求减轻税收负担的途径？

3. 如何利用定价策略进行消费税的纳税筹划？

4. 企业外有尚须偿债的货款时，如何筹划才能降低计税依据，减少税负？

5. 白酒企业如何选择销售方式才能合理减少税负？

6. 要将本企业的产品发给职工做福利，如何进行纳税筹划？

7. 对高档消费品的定价如何进行纳税筹划？

二、操作训练

【训练一】

训练资料：某地区有红星酒业与三和酒业两家大型酒类生产企业，它们均属于增值税一般纳税人，都是独立核算的企业法人。红星酒业主要经营粮食类白酒，以本地区生产的特色大米和玉米为原料进行酿造，按照消费税法规定，应该适用 20%的比例税率，粮食白酒的定额税率为每 500 克 0.5 元。三和酒业以红星酒业生产的粮食白酒为原料，生产药酒系列，按照税法规定，应该适用 10%的税率。红星酒业每年要向三和酒业提供价值 5 000 万元，共计 750 万千克的粮食白酒。假定药酒的销售额为 2 000 万元，销售数量为 250 万千克。假设红星酒业有机会合并三和酒业，并且是否合并三和酒业对自身经营基本没有影响。现红星酒业有两套方案选择。

方案一：红星酒业不合并三和酒业；

方案二：红星酒业合并三和酒业。

训练要求：请从节税角度进行纳税筹划，为两个酒业企业的合并事宜给出合理化建议。

【训练二】

训练资料：晓天酒业有限公司生产各类品种的酒，针对不同消费者的需求，其经营范围主要包括粮食白酒、各种药酒等。两种产品的消费税税率分别为 20%、10%。2019 年，该酒业公司粮食白酒的销售额为 400 万元，销售量为 10 万千克，药酒销售额为 600 万元，销售量为 8 万千克，但该酒业公司没有分别核算。2020 年，该酒业公司的生产销售情况与上年度基本相同。目前，该公司有两套方案可供选择。

方案一：统一核算粮食白酒和药酒的销售额；

方案二：分别核算粮食白酒和药酒的销售额。

训练要求：从节税的角度为该酒业公司进行纳税筹划。

项目 12

包装物及加工方式选择的消费税筹划

【学习目标】

[能力目标]

1. 能够通过包装物收取押金的方式，设计筹划方案。
2. 能够通过对包装物处理方式的选择，设计筹划方案。
3. 能够通过合并变"外购原料"为"自行加工"的方式，设计筹划方案。

[知识目标]

1. 掌握通过收取包装物押金，减少税负的纳税筹划方法。
2. 掌握通过对包装物不同处理方式的选择，减少税负的纳税筹划方法。
3. 掌握通过合并变"外购原料"为"自行加工"的方式，减少税负的纳税筹划方法。

[素质目标]

1. 熟记与包装物及加工方式选择的消费税有关的税法理论，使自己具备扎实的理论功底。
2. 提升包装物及加工方式选择的消费税纳税筹划的能力，能够独立完成筹划方案的设计。
3. 了解不同行业的特点和复杂性，培养灵活的工作方法和踏实的工作风格。

【思政指引】

关键词：严谨求实

委托加工和外协加工在文义上极易造成混淆，其中，委托加工更加不同于独立购销。消费税对于不同的加工方式和带包装销售方式给予了不同的税收政策，目的是引导加工方式、销售方式的选择，保障不同加工方式、销售方式的税收公平。纳税人适用税收政策时，必须严谨求实，不能模棱两可，更不能弄虚作假。

【项目引例】

晓白日化厂 2020 年销售高档化妆品 30 000 套，每套价值为 1 500 元，另外，单位包装物的价值为 100 元(上述价格均为不含增值税的价格)，高档化妆品的消费税税率为 15%，现有两套方案可供选择。

方案一：采取连同包装物一并销售的方式；

方案二：采取收取包装物押金的方式。

请思考：该企业应如何选择，以降低消费税税负？

12.1　相　关　法　规

12.1.1　包装物的税法规定

包装物的征税

应纳税额的应税消费品连同包装物销售的，不论包装物是否单独计价，也不论在会计上如何核算，均应并入应税消费品的销售额中征收消费税。如果包装物不作价随同产品销售，而是收取押金的，此项押金则不应并入应税消费品的销售额中征税。但对因逾期未收回的包装物，不再退还的和已收取的 1 年以上的押金，应并入应税消费品的销售额，按照应税消费品的适用税率征收消费税。对酒类产品(除黄酒、啤酒外)生产企业销售酒类产品而收取的包装物押金，无论押金是否返还，会计上如何核算，均应并入酒类产品销售额中，依酒类产品的适用税率征收消费税。

对包装物既作价随同应税消费品销售，又另外收取押金并在规定的期限内未予退还的押金，应并入应税消费品的销售额，按照应税消费品的适用税率征收消费税。

12.1.2　委托加工应税消费品的税法规定

委托加工应税消费品是指委托方提供原料和主要材料，受托方只收取加工费和代垫部分辅助材料加工的应税消费品。

委托加工应税消费品的纳税

1. 委托加工应税消费品消费税的缴纳

(1) 受托方加工完毕向委托方交货时，由受托方代收代缴消费税。如果受托方是个体经营者，委托方须在收回委托加工应税消费品后向所在地主管税务机关缴纳消费税。

(2) 如果受托方没有代收代缴消费税，委托方应补缴税款。补税的计税依据为：已直接销售的，按销售额计税；未销售或不能直接销售的，按组成计税价格计税。

2. 委托加工应税消费品应纳税额的计算

委托加工的应税消费品，按照受托方的同类消费品的销售价格计算纳税；没有同类消费品销售价格的，按照组成计税价格计算纳税。

实行从价定率方法计算纳税的组成计税价格的计算公式为

组成计税价格=(材料成本+加工费)÷(1-比例税率)

实行复合计税方法计算纳税的组成计税价格的计算公式为

组成计税价格=(材料成本+加工费+委托加工数量×定额税率)÷(1-比例税率)

高职高专互联网＋新形态教材·财会系列

其中，材料成本是指委托方所提供加工材料的实际成本。如果加工合同上未如实注明材料成本的，受托方所在地主管税务机关有权核定其材料成本。加工费是指受托方加工应税消费品向委托方所收取的全部费用(包括代垫辅助材料的实际成本)，但不包括随加工费收取的增值税销项税，这样组成的价格才是不含增值税但含消费税的价格。

12.1.3 用委托加工收回的应税消费品连续生产应税消费品的税款抵扣规定

用委托加工收回的应税消费品连续生产应税消费品的税款抵扣

由于某些应税消费品是用委托加工收回的已缴纳消费税的应税消费品连续生产出来的，在对这些连续生产出来的应税消费品计算征税时，税法规定应当按当期生产领用数量计算准予扣除委托加工收回的应税消费品已纳的消费税税款。

1. 扣税范围

① 用委托加工收回的已税烟丝为原料生产的卷烟。
② 用委托加工收回的已税珠宝玉石为原料生产的贵重首饰及珠宝玉石。
③ 用委托加工收回的已税高档化妆品为原料生产的高档化妆品。
④ 用委托加工收回的已税鞭炮、焰火为原料生产的鞭炮、焰火。
⑤ 用委托加工收回的已税摩托车生产的摩托车。
⑥ 用委托加工收回的已税杆头、杆身和握把为原料生产的高尔夫球杆。
⑦ 用委托加工收回的已税木制一次性筷子为原料生产的木制一次性筷子。
⑧ 用委托加工收回的已税实木地板为原料生产的实木地板。
⑨ 用委托加工收回的已税石脑油为原料生产的应税消费品。
⑩ 用委托加工收回的已税润滑油为原料生产的润滑油。

2. 扣税计算

按当期生产领用数量扣除其已纳消费税，公式为

$$\begin{array}{l}\text{当期准予扣除的委托加工收回} \\ \text{应税消费品已纳税款}\end{array} = \begin{array}{l}\text{当期准予扣除的委托加工收回应税消费品买价} \\ \times \text{适用税率}\end{array}$$

$$\begin{array}{l}\text{当期准予扣除的委托加工} \\ \text{收回应税消费品买价}\end{array} = \begin{array}{l}\text{期初库存的委托加工收回应税消费品买价}+ \\ \text{当期委托加工收回的应税消费品买价}- \\ \text{期末库存的委托加工收回应税消费品买价}\end{array}$$

12.2 包装物及加工方式选择的消费税纳税筹划任务

12.2.1 收取包装物押金的消费税筹划

包装物押金的消费税筹划

【任务案例】

云丽化妆品有限公司 2019 年 10 月销售高档化妆品 20 000 件，每件价值 1 000 元(不含

增值税)，连同化妆品一并销售的包装物价值 200 元(不含增值税)。请对其进行纳税筹划(高档化妆品的消费税税率为 15%)。

【筹划思路】

企业如果要在包装物上减少消费税，关键在于包装物不能作价随同应税消费品销售，而应采取收取包装物押金的方式，这样单独核算的包装物押金在规定期限内，是不并入销售应税消费品的销售额中征税的。即使经过 1 年后逾期未退还的包装物押金需要并入应税消费品的销售额中计税时，企业也相当于获得了该笔押金应纳消费税金 1 年的资金使用价值。

【法规依据】

根据《中华人民共和国消费税暂行条件实施细则》第十三条的规定，应税消费品连同包装物一起销售的，无论包装物是否单独计价以及在会计上如何核算，均应并入应税消费品的销售额中缴纳消费税。如果包装物不作价随同产品销售，而是收取押金，则此项押金不应并入应税消费品的销售额中征税。但对因逾期未收回的包装物不再退还的押金或者已收取的时间超过 12 个月的押金，则应并入应税消费品的销售额，按照应税消费品的适用税率缴纳消费税。

对既作价随同应税消费品销售，又另外收取押金的包装物的押金，凡纳税人在规定的期限内没有退还的，均应并入应税消费品的销售额，按照应税消费品的适用税率缴纳消费税。

【解析方案】

方案一：采取将包装物作价连同化妆品一并销售的方式。

由于包装物作价随同产品销售的，应并入应税消费品的销售额中征收增值税和消费税。

应交增值税销项税额=20 000×1 000×13%+20 000×200×13%=312(万元)

应交消费税税额=20 000×1 000×15 %+20 000×200×15%=360(万元)

方案二：采取收取包装物押金的方式。

企业将每件化妆品的包装物单独收取押金 226 元，则 2019 年 7 月此项押金不并入化妆品的销售额中征税。

(1) 假设包装物在 12 个月内收回，则此项包装物押金不需征税。

应交增值税销项税额=20 000×1 000×13%=260(万元)

应交消费税税额=20 000×1 000×15%=300(万元)

(2) 假设包装物在 12 个月内逾期未收回。

① 2019 年 7 月，企业销售化妆品时：

应交增值税销项税额=20 000×1 000×13%=260(万元)

应交消费税税额=20 000×1 000×15%=300(万元)

② 企业应于 2020 年 7 月补缴消费税：

企业应补缴的增值税$=\dfrac{20\,000\times226}{1+13\%}\times13\%=52$(万元)

$$应补缴的消费税=\frac{20\ 000\times226}{1+13\%}\times15\%=60(万元)$$

因此，方案二与方案一相比，包装物在 12 月内收回时，企业可减少增值税销项税额=312−260=52(万元)，减少消费税额=360−300=60(万元)；在包装物押金逾期未收回时，虽然企业需要将增值税和消费税补缴，但由于延缓 1 年的纳税期限，企业相当于获得一笔=52+60=112(万元)的资金使用价值。因此，不管包装物是否收回，都应当选择方案二。

【筹划点评】

采取收取包装物押金的方式，虽然企业在未来 1 年内仍需补缴增值税和消费税，整体税负未降低，但是在该案例中，企业将 52 万元的增值税和 60 万元的消费税的纳税期限延缓了 1 年，从而充分利用了资金的时间价值。因此企业可以考虑在情况允许时，不通过将包装物作价随同产品出售的方式，而是采用收取包装物押金的方式，则不管未来包装物是否收回，都会少缴或晚缴税金。

12.2.2 包装方式选择的消费税筹划

包装方式选择的
消费税筹划

【任务案例】

红裕酿酒厂生产各种类型的酒，以充分满足市场的需求。2020 年中秋节来临，为了适应消费者的需要，公司推出"组合装礼品酒"的促销活动。将粮食白酒与白兰地酒组成礼品套装进行销售。2020 年 9 月份，该厂对外销售 10 000 套套装酒，单价 120 元/套，其中粮食白瓶、白兰地酒各 1 瓶，均为 1 斤装，两种酒的出厂价分别为粮食白酒 40 元/瓶、白兰地酒 80 元/瓶。假设组合套装的包装属于简易包装，包装物价值忽略不计，粮食白酒的消费税比例税率为 20%，定额税率为 0.5 元/斤；白兰地酒的消费税税率为 10%。请对其进行纳税筹划。

【筹划思路】

首先，企业对适用不同税率的应税消费品应分开核算，在会计核算的过程中尽量做到账目清楚，以免形成不必要的损失。其次，当纳税人根据市场销售需要，将不同税率的应税消费品组成套装进行销售，即涉及成套消费品销售的问题上，可以考虑采用变"先包装后销售"为"先销售后包装"方式，这样就可以按各自适用税率计算应纳消费税，而不是从高适用税率，因此可以在降低消费税税负的同时，保持增值税税负不变。

【法规依据】

根据《中华人民共和国消费税暂行条例》第三条规定，纳税人兼营不同税率的应税消费品，应当分别核算不同税率应税消费品的销售额、销售数量，按其各自适用的税率征收消费税；未分别核算销售额、销售数量，或者将不同税率的应税消费品组成成套消费品销售的，从高适用税率。

【解析方案】

方案一：采取先包装后销售的方式。

企业采取先包装后销售的方式促销，属于混合销售行为，按照将不同税率的应税消费品组成成套消费品销售的，从高适用税率征税。

应纳消费税税额=120×10 000×20%+10 000×2×0.5=250 000(元)

方案二：采取先销售后包装的方式。

企业分别将粮食白酒和白兰地酒分品种销售给零售商，由零售商包装成套装消费品后对外销售。

应纳消费税税额=40×10 000×20%+10 000×1×0.5+80×10 000×10%=165 000(元)

由此可见，方案二比方案一少缴消费税=250 000-165 000=85 000(元)，因此应当选择方案二。

【筹划点评】

为了迎合消费者市场的需求，不少企业在销售应税消费品时，采用先包装后销售的方式，这虽然在一定程度上提高了应税消费品的销售额及销售数量，但也会人为地将适用消费税低税率的应税消费品以及非应税消费品，作为应税消费品或从高适用税率，一并进行计税，从而对企业造成消费税税负的增加。如果采取先销售后包装的方式，只就销售的应税消费品分别计税，就可以大大降低消费税税负，从而有效提高企业经济收益。因此，企业在兼营不同税率应税消费品时，能够单独核算、分别销售的，就没有必要组成成套消费品销售，可以有效降低企业的税收负担。对于有必要组成成套消费品的，可以采用变通的方式，即先销售后包装，来降低应税消费品的总体税负率，从而降低税负。

12.2.3　通过合并变"外购材料"为"自行加工"的消费税筹划

通过合并变"外购原料"为"自行加工"的消费税纳税筹划

【任务案例】

某市昆裕酒业有限公司和昌健药酒有限公司，是两家独立核算的法人企业。昆裕酒业公司主要生产粮食白酒，按照消费税法规定，适用 20%比例税率，定额税率为每 500 克 0.5 元。昌健公司以昆裕公司生产的粮食白酒为原料，生产药酒，按照消费税法规定，适用 10%的税率。昆裕公司每年要向昌健公司提供价值 8 000 万元，共计 1 500 万千克的粮食白酒。假定药酒的销售额为 16 000 万元。请对其进行纳税筹划。

【筹划思路】

纳税人自产自用的应税消费品，用于连续生产应税消费品的，不纳税。税法的这一规定，为纳税人在纳税环节进行筹划提供了一定的空间。因此，当有两个或两个以上的纳税人分别生产某项最终消费品的不同环节产品时，可以考虑组成一个企业，这样就可以运用连续生产应税消费品不纳税的税收政策，减轻消费税税负。

【法规依据】

根据《中华人民共和国消费税暂行条例》第四条规定，纳税人自产自用的应税消费品，用于连续生产应税消费品的，不纳税。

从 2001 年 5 月 1 日起，对外购或委托加工已税酒和酒精生产的酒，其外购酒及酒精已纳税款或委托方代收代缴税款不再予以抵扣。

高职高专互联网+新形态教材·财会系列

【解析方案】

方案一：昆裕公司不合并昌健公司。

昆裕公司应纳消费税=8 000×20%+1 500×2×0.5=3 100(万元)

昌健公司应纳消费税=16 000×10%=1 600(万元)

合计应纳消费税=3 100+1 600=4 700(万元)

方案二：由昆裕公司合并昌健公司，且合并对双方经营没有影响。

合并后应纳消费税=16 000×10%=1 600(万元)

由此可见，方案二比方案一少缴消费税=4 700-1 600=3 100(万元)，因此应当选择方案二。

【筹划点评】

当然，企业的合并(兼并)行为不能单单考虑消费税税负的大小，还应考虑到自身有无兼并的能力、对企业未来发展的影响、被兼并的企业是否存在严重的遗留问题等很多因素。

项 目 训 练

一、理论训练

1. 简述成套消费品销售的纳税筹划思路。

2. 如何确定包装物的纳税筹划思路？

3. 什么是委托加工应税消费品？对委托加工消费品如何征收消费税？

二、操作训练

【训练一】

训练资料：红莉有限公司 2019 年 9 月销售高档化妆品 20 000 套，每套价值为 2 000 元，另外，单位包装物的价值为 200 元(上述价格都为不含增值税的价格)，高档化妆品的消费税税率为 15%。现有两套销售方案可供选择。

方案一：采取连同包装物一并销售的方式；

方案二：采取收取包装物押金的方式。

训练要求：请从降低消费税税负的角度，对红莉公司这种高档化妆品如何包装销售进行纳税筹划。

【训练二】

训练资料：某酒厂对外销售 1 500 套套装酒，单价为 150 元/套，其中粮食白酒、药酒各一瓶，均为 500 克装(若单独销售，粮食白酒 50 元/瓶，药酒 100 元/瓶)。按照现行消费税税法的相关规定，粮食白酒的比例税率为 20%，定额税率为每 500 克 0.5 元；药酒的比例税率为 10%，无定额税率。现有两个方案可供选择。

方案一：采取"先包装后销售"方式；

方案二：采取"先销售后包装"方式。

训练要求：请从节税的角度，对这两个方案进行计算并加以分析，做出纳税筹划方案。

【训练三】

训练资料：某化妆品生产企业 2021 年打算将购进的 220 万元的化妆品原材料加工成化妆品销售，产品对外销售不含税售价为 500 万元，人工费及分摊费用为 80 万元。有与企业长期合作的另一企业，承诺委托加工费与企业自营加工成本相同，希望受托加工这批化妆品。

训练要求：请从节税角度为化妆品生产企业进行纳税筹划，以决定这批化妆品是自营加工还是委托加工。

项目 13

营改增的纳税筹划

【学习目标】

[能力目标]

1. 能够利用营改增后一般计税方法与简易计税方法选择进行纳税筹划。
2. 能够利用营改增后兼营行为进行纳税筹划。
3. 能够利用营改增后混合销售行为进行纳税筹划。
4. 能够利用营改增后餐饮服务和住宿服务相互转化进行纳税筹划。
5. 能够利用打折优惠控制在起征点以下进行纳税筹划。

[知识目标]

1. 掌握营改增的相关规定。
2. 掌握营改增计税方法选择的税法规定。
3. 掌握营改增后兼营销售和混合销售行为的税法规定。
4. 掌握营改增后起征点的税法规定。

[素质目标]

1. 熟记营改增的相关税法规定，使自己具备扎实的理论功底。
2. 熟知营改增筹划具体方法，提升团结协作能力，能配合团队设计完整的筹划方案。
3. 了解不同行业的特点和复杂性，培养灵活的工作方法和踏实的工作风格。

【思政指引】

关键词：公平税负　制度自信

营改增顺应了简化税制的历史趋势，契合了税收公平的古老追求。营改增展现的减税负、优税制、促转型等积极效应，正形成一股强大的动能，推动着经济结构转型升级，实现了经济社会可持续发展，树立了国际税改的中国样本。

【项目引例】

某技术咨询公司为增值税一般纳税人，2020 年 8 月取得销售额 800 万元，其中提供设备租赁取得的销售额为 200 万元(含增值税)，对境内其他单位提供信息技术咨询服务，取得销售额 600 万元(含增值税)，当月可抵扣的进项税额合计 50 万元。请对上述业务进行纳税筹划。

13.1　相　关　法　规

2016 年 3 月 23 日，财政部、国家税务总局发布了《关于全面推开营业税改征增值税试点的通知》，决定从 2016 年 5 月 1 日起，在全国范围内全面推开营业税改征增值税试点，同时印发了《营业税改征增值税试点实施办法》，对营改增的纳税人、征收范围、税率、计征方法等做了相关规定。2019 年 3 月 21 日，财政部、国家税务总局、海关总署三部门发布《关于深化增值税改革有关政策的公告》，对增值税税率做了相应调整。

13.1.1　纳税人

在中华人民共和国境内(以下称境内)销售服务、无形资产或者不动产(以下称应税行为)的单位和个人，为增值税纳税人。

纳税人分为一般纳税人和小规模纳税人。应税行为的年应征增值税销售额(以下称应税销售额)超过 500 万元以上的纳税人为一般纳税人，未超过 500 万元的纳税人为小规模纳税人。

年应税销售额超过规定标准的其他个人不属于一般纳税人。年应税销售额超过规定标准但不经常发生应税行为的单位和个体工商户可选择按照小规模纳税人纳税。

年应税销售额未超过规定标准的纳税人，会计核算健全，能够提供准确税务资料的，可以向主管税务机关办理一般纳税人资格登记，成为一般纳税人。

除国家税务总局另有规定外，一经登记为一般纳税人后，不得转为小规模纳税人。

13.1.2　征税范围的一般规定

营改增的具体范围包括在我国境内销售应税服务、销售无形资产和销售不动产。

1. 销售应税服务

销售服务包括交通运输服务、邮政服务、电信服务、建筑服务、金融服务、现代服务、生活服务。

1) 交通运输服务

交通运输服务是指利用运输工具将货物或者旅客送达目的地，使其空间位置得到转移的业务活动。包括陆路运输服务、水路运输服务、航空运输服务和管道运输服务。

(1) 陆路运输服务。陆路运输服务是指通过陆路(地上或者地下)运送货物或者旅客的运输业务活动，包括铁路运输服务和其他陆路运输服务。

高职高专互联网+新形态教材·财会系列

① 铁路运输服务是指通过铁路运送货物或者旅客的运输业务活动。

② 其他陆路运输服务是指铁路运输以外的陆路运输业务活动。包括公路运输、缆车运输、索道运输、地铁运输、城市轻轨运输等。

出租车公司向使用本公司自有出租车的出租车司机收取的管理费用，按照陆路运输服务缴纳增值税。

(2) 水路运输服务。水路运输服务是指通过江、河、湖、川等天然、人工水道或者海洋航道运送货物或者旅客的运输业务活动。

水路运输的程租、期租业务，属于水路运输服务。

程租业务是指运输企业为租船人完成某一特定航次的运输任务并收取租赁费的业务。

期租业务是指运输企业将配备有操作人员的船舶承租给他人使用一定期限，承租期内听候承租方调遣，不论是否经营，均按天向承租方收取租赁费，发生的固定费用均由船东负担的业务。

(3) 航空运输服务。航空运输服务是指通过空中航线运送货物或者旅客的运输业务活动。

航空运输的湿租业务，属于航空运输服务。

湿租业务是指航空运输企业将配备有机组人员的飞机承租给他人使用一定期限，承租期内听候承租方调遣，不论是否经营，均按一定标准向承租方收取租赁费，发生的固定费用均由承租方承担的业务。

航天运输服务按照航空运输服务缴纳增值税。

航天运输服务是指利用火箭等载体将卫星、空间探测器等空间飞行器发射到空间轨道的业务活动。

(4) 管道运输服务。管道运输服务是指通过管道设施输送气体、液体、固体物质的运输业务活动。

无运输工具承运业务，按照交通运输服务缴纳增值税。

无运输工具承运业务是指经营者以承运人身份与托运人签订运输服务合同，收取运费并承担承运人责任，然后委托实际承运人完成运输服务的经营活动。

2) 邮政服务

邮政服务是指中国邮政集团公司及其所属邮政企业提供邮件寄递、邮政汇兑和机要通信等邮政基本服务的业务活动。它包括邮政普遍服务、邮政特殊服务和其他邮政服务。

(1) 邮政普遍服务。邮政普遍服务是指函件、包裹等邮件寄递，以及邮票发行、报刊发行和邮政汇兑等业务活动。

函件是指信函、印刷品、邮资封片卡、无名址函件和邮政小包等。

包裹是指按照封装上的名址递送给特定个人或者单位的独立封装的物品，其重量不超过五十千克，任何一边的尺寸不超过一百五十厘米，长、宽、高合计不超过三百厘米。

(2) 邮政特殊服务。邮政特殊服务是指义务兵平常信函、机要通信、盲人读物和革命烈士遗物的寄递等业务活动。

(3) 其他邮政服务。其他邮政服务是指邮册等邮品销售、邮政代理等业务活动。

3) 电信服务

电信服务是指利用有线、无线的电磁系统或者光电系统等各种通信网络资源，提供语音通话服务，传送、发射、接收或者应用图像、短信等电子数据和信息的业务活动。它包括基础电信服务和增值电信服务。

(1) 基础电信服务。基础电信服务是指利用固网、移动网、卫星、互联网，提供语音通话服务的业务活动，以及出租或者出售带宽、波长等网络元素的业务活动。

(2) 增值电信服务。增值电信服务是指利用固网、移动网、卫星、互联网、有线电视网络，提供短信和彩信服务、电子数据和信息的传输及应用服务、互联网接入服务等业务活动。

卫星电视信号落地转接服务，按照增值电信服务缴纳增值税。

4) 建筑服务

建筑服务是指各类建筑物、构筑物及其附属设施的建造、修缮、装饰，线路、管道、设备、设施等的安装以及其他工程作业的业务活动。它包括工程服务、安装服务、修缮服务、装饰服务和其他建筑服务。

(1) 工程服务。工程服务是指新建、改建各种建筑物、构筑物的工程作业，包括与建筑物相连的各种设备或者支柱、操作平台的安装或者装设工程作业，以及各种窑炉和金属结构工程作业。

(2) 安装服务。安装服务是指生产设备、动力设备、起重设备、运输设备、传动设备、医疗实验设备以及其他各种设备、设施的装配、安置工程作业，包括与被安装设备相连的工作台、梯子、栏杆的装设工程作业，以及被安装设备的绝缘、防腐、保温、油漆等工程作业。

固定电话、有线电视、宽带、水、电、燃气、暖气等经营者向用户收取的安装费、初装费、开户费、扩容费及类似收费，按照安装服务缴纳增值税。

(3) 修缮服务。修缮服务是指对建筑物、构筑物进行修补、加固、养护、改善，使之恢复原来的使用价值或者延长其使用期限的工程作业。

(4) 装饰服务。装饰服务是指对建筑物、构筑物进行修饰装修，使之美观或者具有特定用途的工程作业。

(5) 其他建筑服务。其他建筑服务是指上列工程作业之外的各种工程作业服务，如钻井(打井)、拆除建筑物或者构筑物、平整土地、园林绿化、疏浚(不包括航道疏浚)、建筑物平移、搭脚手架、爆破、矿山穿孔、表面附着物(包括岩层、土层、沙层等)剥离和清理等工程作业。

5) 金融服务

金融服务是指经营金融保险的业务活动。它包括贷款服务、直接收费金融服务、保险服务和金融商品转让。

(1) 贷款服务。贷款是指将资金贷与他人使用而取得利息收入的业务活动。

各种占用、拆借资金取得的收入，包括金融商品持有期间(含到期)利息(保本收益、报酬、资金占用费、补偿金等)收入、信用卡透支利息收入、买入返售金融商品利息收入、融资融券收取的利息收入，以及融资性售后回租、押汇、罚息、票据贴现、转贷等业务取得的利息及利息性质的收入，按照贷款服务缴纳增值税。

融资性售后回租是指承租方以融资为目的，将资产出售给从事融资性售后回租业务的企业后，从事融资性售后回租业务的企业将该资产出租给承租方的业务活动。

以货币资金投资收取的固定利润或者保底利润，按照贷款服务缴纳增值税。

(2) 直接收费金融服务。直接收费金融服务是指为货币资金融通及其他金融业务提供相关服务并且收取费用的业务活动。包括提供货币兑换、账户管理、电子银行、信用卡、信用证、财务担保、资产管理、信托管理、基金管理、金融交易场所(平台)管理、资金结算、资金清算、金融支付等服务。

(3) 保险服务。保险服务是指投保人根据合同约定，向保险人支付保险费，保险人对于合同约定的可能发生的事故因其发生所造成的财产损失承担赔偿保险金责任，或者当被保险人死亡、伤残、疾病或者达到合同约定的年龄、期限等条件时承担给付保险金责任的商业保险行为。包括人身保险服务和财产保险服务。

人身保险服务是指以人的寿命和身体为保险标的的保险业务活动。

财产保险服务是指以财产及其有关利益为保险标的的保险业务活动。

(4) 金融商品转让。金融商品转让是指转让外汇、有价证券、非货物期货和其他金融商品所有权的业务活动。

其他金融商品转让包括基金、信托、理财产品等各类资产管理产品和各种金融衍生品的转让。

6) 现代服务

现代服务是指围绕制造业、文化产业、现代物流产业等提供技术性、知识性服务的业务活动。它包括研发和技术服务、信息技术服务、文化创意服务、物流辅助服务、租赁服务、鉴证咨询服务、广播影视服务、商务辅助服务和其他现代服务。

(1) 研发和技术服务。研发和技术服务，包括研发服务、合同能源管理服务、工程勘察勘探服务、专业技术服务。

① 研发服务也称技术开发服务是指就新技术、新产品、新工艺或者新材料及其系统进行研究与试验开发的业务活动。

② 合同能源管理服务是指节能服务公司与用能单位以契约形式约定节能目标，节能服务公司提供必要的服务，用能单位以节能效果支付节能服务公司投入及其合理报酬的业务活动。

③ 工程勘察勘探服务是指在采矿、工程施工前后，对地形、地质构造、地下资源蕴藏情况进行实地调查的业务活动。

④ 专业技术服务是指气象服务、地震服务、海洋服务、测绘服务、城市规划服务、环境与生态监测服务等专项技术服务。

(2) 信息技术服务。信息技术服务是指利用计算机、通信网络等技术对信息进行生产、收集、处理、加工、存储、运输、检索和利用，并提供信息服务的业务活动。包括软件服务、电路设计及测试服务、信息系统服务、业务流程管理服务和信息系统增值服务。

① 软件服务是指提供软件开发服务、软件维护服务、软件测试服务的业务活动。

② 电路设计及测试服务是指提供集成电路和电子电路产品设计、测试及相关技术支持服务的业务活动。

③ 信息系统服务是指提供信息系统集成、网络管理、网站内容维护、桌面管理与维护、信息系统应用、基础信息技术管理平台整合、信息技术基础设施管理、数据中心、托管中心、信息安全服务、在线杀毒、虚拟主机等业务活动。包括网站对非自有的网络游戏

提供的网络运营服务。

④ 业务流程管理服务是指依托信息技术提供的人力资源管理、财务经济管理、审计管理、税务管理、物流信息管理、经营信息管理和呼叫中心等服务的活动。

⑤ 信息系统增值服务是指利用信息系统资源为用户附加提供的信息技术服务。包括数据处理、分析和整合、数据库管理、数据备份、数据存储、容灾服务、电子商务平台等。

(3) 文化创意服务。文化创意服务包括设计服务、知识产权服务、广告服务和会议展览服务。

① 设计服务是指把计划、规划、设想通过文字、语言、图画、声音、视觉等形式传递出来的业务活动。它包括工业设计、内部管理设计、业务运作设计、供应链设计、造型设计、服装设计、环境设计、平面设计、包装设计、动漫设计、网游设计、展示设计、网站设计、机械设计、工程设计、广告设计、创意策划、文印晒图等。

② 知识产权服务是指处理知识产权事务的业务活动。它包括对专利、商标、著作权、软件、集成电路布图设计的登记、鉴定、评估、认证、检索服务。

③ 广告服务是指利用图书、报纸、杂志、广播、电视、电影、幻灯、路牌、招贴、橱窗、霓虹灯、灯箱、互联网等各种形式为客户的商品、经营服务项目、文体节目或者通告、声明等委托事项进行宣传和提供相关服务的业务活动。它包括广告代理和广告的发布、播映、宣传、展示等。

④ 会议展览服务是指为商品流通、促销、展示、经贸洽谈、民间交流、企业沟通、国际往来等举办或者组织安排的各类展览和会议的业务活动。

(4) 物流辅助服务。物流辅助服务包括航空服务、港口码头服务、货运客运场站服务、打捞救助服务、装卸搬运服务、仓储服务和收派服务。

① 航空服务包括航空地面服务和通用航空服务。

航空地面服务是指航空公司、飞机场、民航管理局、航站等向在境内航行或者在境内机场停留的境内外飞机或者其他飞行器提供的导航等劳务性地面服务的业务活动。包括旅客安全检查服务、停机坪管理服务、机场候机厅管理服务、飞机清洗消毒服务、空中飞行管理服务、飞机起降服务、飞行通信服务、地面信号服务、飞机安全服务、飞机跑道管理服务、空中交通管理服务等。

通用航空服务是指为专业工作提供飞行服务的业务活动，包括航空摄影、航空培训、航空测量、航空勘探、航空护林、航空吊挂播撒、航空降雨、航空气象探测、航空海洋监测、航空科学实验等。

② 港口码头服务是指港务船舶调度服务、船舶通信服务、航道管理服务、航道疏浚服务、灯塔管理服务、航标管理服务、船舶引航服务、理货服务、系解缆服务、停泊和移泊服务、海上船舶溢油清除服务、水上交通管理服务、船只专业清洗消毒检测服务和防止船只漏油服务等为船只提供服务的业务活动。

港口设施经营人收取的港口设施保安费按照港口码头服务缴纳增值税。

③ 货运客运场站服务是指货运客运场站提供货物配载服务、运输组织服务、中转换乘服务、车辆调度服务、票务服务、货物打包整理、铁路线路使用服务、加挂铁路客车服务、铁路行包专列发送服务、铁路到达和中转服务、铁路车辆编解服务、车辆挂运服务、铁路接触网服务、铁路机车牵引服务等业务活动。

高职高专互联网＋新形态教材·财会系列

④ 打捞救助服务是指提供船舶人员救助、船舶财产救助、水上救助和沉船沉物打捞服务的业务活动。

⑤ 装卸搬运服务是指使用装卸搬运工具或者人力、畜力将货物在运输工具之间、装卸现场之间或者运输工具与装卸现场之间进行装卸和搬运的业务活动。

⑥ 仓储服务是指利用仓库、货场或者其他场所代客贮放、保管货物的业务活动。

⑦ 收派服务是指接受寄件人委托,在承诺的时限内完成函件和包裹的收件、分拣、派送服务的业务活动。

收件服务是指从寄件人收取函件和包裹,并运送到服务提供方同城的集散中心的业务活动。

分拣服务是指服务提供方在其集散中心对函件和包裹进行归类、分发的业务活动。

派送服务是指服务提供方从其集散中心将函件和包裹送达同城的收件人的业务活动。

(5) 租赁服务。租赁服务包括融资租赁服务和经营租赁服务。

① 融资租赁服务是指具有融资性质和所有权转移特点的租赁活动,即出租人根据承租人所要求的规格、型号、性能等条件购入有形动产或者不动产租赁给承租人,合同期内租赁物所有权属于出租人,承租人只拥有使用权,合同期满付清租金后,承租人有权按照残值购入租赁物,以拥有其所有权。不论出租人是否将租赁物销售给承租人,均属于融资租赁。

按照标的物的不同,融资租赁服务可分为有形动产融资租赁服务和不动产融资租赁服务。融资性售后回租不按照本税目缴纳增值税。

② 经营租赁服务是指在约定时间内将有形动产或者不动产转让他人使用且租赁物所有权不变更的业务活动。

按照标的物的不同,经营租赁服务可分为有形动产经营租赁服务和不动产经营租赁服务。

将建筑物、构筑物等不动产或者飞机、车辆等有形动产的广告位出租给其他单位或者个人用于发布广告,按照经营租赁服务缴纳增值税。

车辆停放服务、道路通行服务(包括过路费、过桥费、过闸费等)等按照不动产经营租赁服务缴纳增值税。

水路运输的光租业务、航空运输的干租业务,属于经营租赁。

光租业务是指运输企业将船舶在约定的时间内出租给他人使用,不配备操作人员,不承担运输过程中发生的各项费用,只收取固定租赁费的业务活动。

干租业务是指航空运输企业将飞机在约定的时间内出租给他人使用,不配备机组人员,不承担运输过程中发生的各项费用,只收取固定租赁费的业务活动。

(6) 鉴证咨询服务。鉴证咨询服务包括认证服务、鉴证服务和咨询服务。

① 认证服务是指具有专业资质的单位利用检测、检验、计量等技术,证明产品、服务、管理体系符合相关技术规范、相关技术规范的强制性要求或者标准的业务活动。

② 鉴证服务是指具有专业资质的单位受托对相关事项进行鉴证,发表具有证明力的意见的业务活动。包括会计鉴证、税务鉴证、法律鉴证、职业技能鉴定、工程造价鉴证、工程监理、资产评估、环境评估、房地产土地评估、建筑图纸审核、医疗事故鉴定等。

③ 咨询服务是指提供信息、建议、策划、顾问等服务的活动。它包括金融、软件、技术、财务、税收、法律、内部管理、业务运作、流程管理、健康等方面的咨询。

翻译服务和市场调查服务按照咨询服务缴纳增值税。

(7) 广播影视服务。广播影视服务包括广播影视节目(作品)的制作服务、发行服务和播映(含放映,下同)服务。

① 广播影视节目(作品)制作服务是指进行专题(特别节目)、专栏、综艺、体育、动画片、广播剧、电视剧、电影等广播影视节目和作品制作的服务。具体包括与广播影视节目和作品相关的策划、采编、拍摄、录音、音视频文字图片素材制作,场景布置,后期的剪辑,翻译(编译),字幕制作,片头、片尾、片花制作,特效制作,影片修复、编目和确权等业务活动。

② 广播影视节目(作品)发行服务是指以分账、买断、委托等方式,向影院、电台、电视台、网站等单位和个人发行广播影视节目(作品)以及转让体育赛事等活动的报道及播映权的业务活动。

③ 广播影视节目(作品)播映服务是指在影院、剧院、录像厅及其他场所播映广播影视节目(作品),以及通过电台、电视台、卫星通信、互联网、有线电视等无线或者有线装置播映广播影视节目(作品)的业务活动。

(8) 商务辅助服务。商务辅助服务包括企业管理服务、经纪代理服务、人力资源服务、安全保护服务。

① 企业管理服务是指提供总部管理、投资与资产管理、市场管理、物业管理、日常综合管理等服务的业务活动。

② 经纪代理服务是指各类经纪、中介、代理服务。包括金融代理、知识产权代理、货物运输代理、代理报关、法律代理、房地产中介、职业中介、婚姻中介、代理记账、拍卖等。

货物运输代理服务是指接受货物收货人、发货人、船舶所有人、船舶承租人或者船舶经营人的委托,以委托人的名义,为委托人办理货物运输、装卸、仓储和船舶进出港口、引航、靠泊等相关手续的业务活动。

代理报关服务是指接受进出口货物的收、发货人委托,代为办理报关手续的业务活动。

③ 人力资源服务是指提供公共就业、劳务派遣、人才委托招聘、劳动力外包等服务的业务活动。

④ 安全保护服务是指提供保护人身安全和财产安全,维护社会治安等的业务活动。包括场所住宅保安、特种保安、安全系统监控以及其他安保服务。

(9) 其他现代服务。其他现代服务是指除研发和技术服务、信息技术服务、文化创意服务、物流辅助服务、租赁服务、鉴证咨询服务、广播影视服务和商务辅助服务以外的现代服务。

7) 生活服务

生活服务是指为满足城乡居民日常生活需求提供的各类服务活动,包括文化体育服务、教育医疗服务、旅游娱乐服务、餐饮住宿服务、居民日常服务和其他生活服务。

(1) 文化体育服务。文化体育服务包括文化服务和体育服务。

① 文化服务是指为满足社会公众文化生活需求提供的各种服务。它包括文艺创作、文艺表演、文化比赛,图书馆的图书和资料借阅,档案馆的档案管理,文物及非物质遗产保护,组织举办宗教活动、科技活动、文化活动,提供游览场所。

高职高专互联网+新形态教材·财会系列

② 体育服务是指组织举办体育比赛、体育表演、体育活动，以及提供体育训练、体育指导、体育管理的业务活动。

(2) 教育医疗服务。教育医疗服务包括教育服务和医疗服务。

① 教育服务是指提供学历教育服务、非学历教育服务、教育辅助服务的业务活动。

学历教育服务是指根据教育行政管理部门确定或者认可的招生和教学计划组织教学，并颁发相应学历证书的业务活动。它包括初等教育、初级中等教育、高级中等教育、高等教育等。

非学历教育服务包括学前教育、各类培训、演讲、讲座、报告会等。

教育辅助服务包括教育测评、考试、招生等服务。

② 医疗服务是指提供医学检查、诊断、治疗、康复、预防、保健、接生、计划生育、防疫等方面的服务，以及与这些服务有关的提供药品、医用材料器具、救护车、病房住宿和伙食的业务。

(3) 旅游娱乐服务。旅游娱乐服务包括旅游服务和娱乐服务。

① 旅游服务是指根据旅游者的要求，组织安排交通、游览、住宿、餐饮、购物、文娱、商务等服务的业务活动。

② 娱乐服务是指为娱乐活动同时提供场所和服务的业务。它具体包括歌厅、舞厅、夜总会、酒吧、台球、高尔夫球、保龄球、游艺(包括射击、狩猎、跑马、游戏机、蹦极、卡丁车、热气球、动力伞、射箭、飞镖等)。

(4) 餐饮住宿服务。餐饮住宿服务包括餐饮服务和住宿服务。

① 餐饮服务是指通过同时提供饮食和饮食场所的方式为消费者提供饮食消费服务的业务活动。

② 住宿服务是指提供住宿场所及配套服务等的活动。包括宾馆、旅馆、旅社、度假村和其他经营性住宿场所提供的住宿服务。

(5) 居民日常服务。居民日常服务是指主要为满足居民个人及其家庭日常生活需求提供的服务，包括市容市政管理、家政、婚庆、养老、殡葬、照料和护理、救助救济、美容美发、按摩、桑拿、氧吧、足疗、沐浴、洗染、摄影扩印等服务。

(6) 其他生活服务。其他生活服务是指除文化体育服务、教育医疗服务、旅游娱乐服务、餐饮住宿服务和居民日常服务之外的生活服务。

2. 销售无形资产

销售无形资产是指转让无形资产所有权或者使用权的业务活动。无形资产是指不具实物形态，但能带来经济利益的资产，包括技术、商标、著作权、商誉、自然资源使用权和其他权益性无形资产。

技术包括专利技术和非专利技术。

自然资源使用权包括土地使用权、海域使用权、探矿权、采矿权、取水权和其他自然资源使用权。

其他权益性无形资产包括基础设施资产经营权、公共事业特许权、配额、经营权(包括特许经营权、连锁经营权、其他经营权)、经销权、分销权、代理权、会员权、席位权、网络游戏虚拟道具、域名、名称权、肖像权、冠名权、转会费等。

3. 销售不动产

销售不动产是指转让不动产所有权的业务活动。不动产是指不能移动或者移动后会引起性质、形状改变的财产，包括建筑物、构筑物等。

建筑物包括住宅、商业营业用房、办公楼等可供居住、工作或者进行其他活动的建造物。

构筑物包括道路、桥梁、隧道、水坝等建造物。

转让建筑物有限产权或者永久使用权的，转让在建的建筑物或者构筑物所有权的，以及在转让建筑物或者构筑物时一并转让其所占土地的使用权的，按照销售不动产缴纳增值税。

13.1.3 征税范围的特殊规定

1. 视同销售服务、无形资产或者不动产的情形

下列情形视同销售服务、无形资产或者不动产。

(1) 单位或者个体工商户向其他单位或者个人无偿提供服务，但用于公益事业或者以社会公众为对象的除外。

(2) 单位或者个人向其他单位或者个人无偿转让无形资产或者不动产，但用于公益事业或者以社会公众为对象的除外。

(3) 财政部和国家税务总局规定的其他情形。

2. 不属于在境内销售服务或者无形资产的情形

下列情形不属于在境内销售服务或者无形资产。

(1) 境外单位或者个人向境内单位或者个人销售完全在境外发生的服务。

(2) 境外单位或者个人向境内单位或者个人销售完全在境外使用的无形资产。

(3) 境外单位或者个人向境内单位或者个人出租完全在境外使用的有形动产。

(4) 财政部和国家税务总局规定的其他情形。

3. 非经营活动的除外情形

属于非经营活动的除外情形的如下。

(1) 行政单位收取的同时满足以下条件的政府性基金或者行政事业性收费。

① 由国务院或者财政部批准设立的政府性基金，由国务院或者省级人民政府及其财政、价格主管部门批准设立的行政事业性收费。

② 收取时开具省级以上(含省级)财政部门监(印)制的财政票据。

③ 所收款项全额上缴财政。

(2) 单位或者个体工商户聘用的员工为本单位或者雇主提供取得工资的服务。

(3) 单位或者个体工商户为聘用的员工提供服务。

(4) 财政部和国家税务总局规定的其他情形。

13.1.4 税率和征收率

1. 税率

(1) 纳税人提供有形动产租赁服务，税率为 13%。

(2) 纳税人提供交通运输、邮政、基础电信、建筑、不动产租赁服务，销售不动产，转让土地使用权，税率为9%。

(3) 纳税人提供增值电信服务、金融服务、现代服务和生活服务，销售土地使用权以外的无形资产，税率为6%。

(4) 境内单位和个人发生的跨境应税行为，税率为零。

2. 征收率

按照简易计税方法计税的销售不动产、不动产经营租赁服务，征收率为5%；其他情况，征收率为3%。

13.1.5 营改增的计税方法

一般纳税人发生应税行为适用一般计税方法计税。一般纳税人发生财政部和国家税务总局规定的特定应税行为，可以选择适用简易计税方法计税，但一经选择，36个月内不得变更。

小规模纳税人发生应税行为适用简易计税方法计税。

13.1.6 纳税义务、扣缴义务发生时间规定

(1) 纳税人发生应税行为并收讫销售款项或者取得索取销售款项凭据的当天；先开具发票的，为开具发票的当天。

收讫销售款项，是指纳税人销售服务、无形资产、不动产过程中或者完成后收到款项。

取得索取销售款项凭据的当天，是指书面合同确定的付款日期；未签订书面合同或者书面合同未确定付款日期的，为服务、无形资产转让完成的当天或者不动产权属变更的当天。

(2) 纳税人提供建筑服务、租赁服务采取预收款方式的，其纳税义务发生时间为收到预收款的当天。

(3) 纳税人从事金融商品转让的，其纳税义务发生时间为金融商品所有权转移的当天。

(4) 纳税人发生视同销售服务、无形资产或者不动产的，其纳税义务发生时间为服务、无形资产转让完成的当天或者不动产权属变更的当天。

(5) 增值税扣缴义务发生时间为纳税人增值税纳税义务发生的当天。

13.1.7 营改增税收优惠政策规定

1. 住房租赁税收优惠政策

按照《财政部 税务总局 住房城乡建设部 关于完善住房租赁有关税收政策的公告》(财政部 税务总局 住房城乡建设部公告2021年第24号)规定，自2021年10月1日起，住房租赁企业中的一般纳税人向个人出租住房取得的全部出租收入，可以选择适用简易计税方法，按照5%的征收率减按1.5%计算缴纳增值税，或适用一般计税方法计算缴纳增值税。住房租赁企业中的增值税小规模纳税人向个人出租住房，按照5%的征收率减按1.5%计算缴纳增值税。住房租赁企业，是指按规定向住房城乡建设部门进行开业报告或者备案的从事住房租赁业务的企业。

对利用非居住存量土地和非居住存量房屋(含商业办公用房、工业厂房改造后出租用于居住的房屋)建设的保障性租赁住房，取得保障性租赁住房项目认定书后，比照适用上述增值税减税政策。保障性租赁住房项目认定书由市、县人民政府组织有关部门联合审查建设方案后出具。

2. 冬奥会配套税收优惠政策

在增值税方面，为鼓励奥运经济，对北京冬奥组委市场开发计划取得的国内外赞助收入、转让无形资产(如标志)特许权收入和销售门票收入，免征应缴纳的增值税。

3. 生活性服务业增值税加计抵减政策

根据《财政部　税务总局　关于明确生活性服务业增值税加计抵减政策的公告》(财政部税务总局公告 2019 年第 87 号)规定，2019 年 10 月 1 日至 2021 年 12 月 31 日，允许生活性服务业纳税人按照当期可抵扣进项税额加计 15%，抵减应纳税额。公告所称生活性服务业纳税人，是指提供生活服务取得的销售额占全部销售额的比重超过 50%的纳税人。生活服务的具体范围按照《销售服务、无形资产、不动产注释》(财税〔2016〕36 号印发)执行。

13.2　营改增的纳税筹划任务

13.2.1　营改增后一般计税方法与简易计税方法选择的纳税筹划

营改增后一般计税
方法与建议计税
方法选择的纳税
筹划方案设计

【任务案例】

某市胜宏公司是一家设备租赁公司，于 2013 年 8 月 1 日起实施营改增，属于增值税一般纳税人。2020 年 1 月 1 日将 2013 年 2 月购进的一台设备对外租赁给乙公司，租期为 1 年，共收取租赁费 100 万元(含税)，租赁结束后胜宏公司收回该设备。2020 年 1 月 1 日至 2020 年 12 月 31 日可抵扣进项税额共计 5 万元。请为该公司进行纳税筹划方案设计。

【筹划思路】

一般纳税人将该地区试点实施之前购进的有形动产对外进行经营租赁时，由于该有形动产在试点前购进，当时其进项税额不予抵扣，这样在其试点后可抵扣的进项税额减少，因此，一般情况下可选择适用简易计税方法计算缴纳增值税，可达到节税的目的。

【法规依据】

营改增后，一般纳税人提供交通运输服务、电影放映服务、仓储服务、装卸搬运服务、收派服务、文化体育服务、劳务派遣服务、人力资源外包服务、以清包工方式提供建筑服务等，可以选择简易方法计算纳税。一般计税方法增值税应纳税额=销售额×税率-进项税额，简易计税方法增值税应纳税额=销售额×征收率。自 2019 年 4 月 1 日起，有形动产租赁服务适用的增值税税率为 13%，简易计税方法适用的征收率为 3%。

【解析方案】

方案一：选择一般计税方法。

应纳增值税=100÷(1+13%)×13%-5=6.5(万元)

方案二：选择简易计税方法。

应纳增值税=100÷(1+3%)×3%=2.91(万元)

方案二与方案一相比，该公司少缴纳增值税=6.5-2.91=3.59(万元)，因此应该选择方案二。

【筹划点评】

一般纳税人发生财政部和国家税务总局规定的特定应税行为，可以选择适用简易方法计税，但是一经选择，在36个月内不得变更，因此，企业应当权衡利弊，综合考虑，慎重选择计税方法。

13.2.2 营改增后兼营行为的纳税筹划

营改增后兼营
行为的纳税筹划

【任务案例】

五湖有限责任公司业务主要包括汽车租赁服务和信息技术咨询服务，属于增值税一般纳税人。2020年6月提供汽车租赁服务取得收入600万元(含增值税)，对境内单位提供信息技术咨询服务取得收入450万元(含增值税)，当月可抵扣的进项税额共计80万元。请为该公司进行纳税筹划方案设计。

【筹划思路】

纳税人若兼营货物、服务、无形资产或者不动产，应当尽量将不同税率的货物、加工修理修配劳务、服务、无形资产或者不动产分别核算，以适用不同的税率或征收率，从而规避从高适用税率或者征收率，减轻企业负担。

【法规依据】

纳税人销售货物、加工修理修配劳务、服务、无形资产或者不动产适用不同税率或者征收率的，应当分别核算不同税率货物或者应税劳务的销售额；未分别核算销售额的，从高适用税率。

一般纳税人提供现代服务，适用6%的税率；自2019年4月1日起，一般纳税人提供有形动产租赁服务，适用13%的税率。

【解析方案】

方案一：未分别核算销售额。

应纳增值税=1 050÷(1+13%)×13%-80 =40.8(万元)

方案二：分别核算销售额。

应纳增值税=600÷(1+13%)×13%+450÷(1+6%)×6%-80 =14.5(万元)

方案二与方案一相比，企业少缴纳增值税=40.8-14.5=26.3(万元)，因此应当选择方案二。

【筹划点评】

分别核算在一定程度上会加大核算成本，但与节税额相比，付出的这部分成本是非常值得的。

13.2.3　营改增后混合销售行为的纳税筹划

营改增后混合销售
行为的纳税筹划

【任务案例】

鸿云有限责任公司是一家精密仪器制造企业，为增值税一般纳税人，2020 年 4 月销售某型号智能制造设备，并同时提供安装服务，由于设备属于精密仪器，需派驻企业进行现场安装调试，其安装服务费用不低于设备销售额，当月共取得销售额 800 万元，适用增值税税率 13%，与此相关的可以抵扣的进项税额为 50 万元，请对其进行纳税筹划。

【筹划思路】

由于销售设备的增值税税率为 13%，提供安装服务的增值税税率为 9%，因此应尽量减少企业从事设备销售的比重，使得企业从事设备销售的销售额低于 50%，以提供安装服务为主业，这样就可以按照 9% 的税率缴纳增值税。

企业可以通过控制销售货物和服务各自所占的比例，改变企业的主业，从而可以结合货物和服务适用的不同增值税税率，来选择按照销售货物还是按照销售服务缴纳增值税。

【法规依据】

一项销售行为如果既涉及服务又涉及货物，则为混合销售。从事货物的生产、批发或零售的单位和个体工商户的混合销售行为，按照销售货物缴纳增值税；其他单位和个体工商户的混合销售行为，按照销售服务缴纳增值税。

一是其销售行为必须是一项(同一项销售行为、同一购买者、同一时间)；二是该项行为必须既涉及服务又涉及货物。如果一项行为只涉及货物不涉及服务，或者只涉及服务不涉及货物都不属于混合销售，混合销售按照其主业进行划分适用税率，主业为销售货物按照销售货物适用税率，主业为销售服务按照销售服务适用税率。

从事货物的生产、批发或零售的单位和个体工商户，包括以从事货物的生产、批发或零售为主，并兼营销售服务的单位和个体工商户。

【解析方案】

方案一：该公司当月设备销售额为 420 万元，在混合销售行为中占比超过 50%。

按照销售货物缴纳增值税，适用的增值税税率为 13%：

应纳增值税=800÷(1+13%)×13%-50=42.04(万元)

方案二：该公司当月设备安装调试服务收入为 450 万元，在混合销售行为中占比超过 50%。

按照销售服务缴纳增值税，适用的增值税税率为 9%：

应纳增值税=800÷(1+9%)×9%-50=16.06(万元)

方案二比方案一少缴纳增值税=42.04-16.06=25.98(万元)，因此应当选择方案二。

【筹划点评】

纳税人在对混合销售行为进行纳税筹划时，主要是对比货物和服务的税率大小，最终选择税率最小的方案。同时需要注意，纳税人的销售行为是否属于混合销售行为，由主管税务机关确定。因此，纳税人对混合销售行为进行纳税筹划应事先得到税务机关的认可，以获取正当的税收利益。

高职高专互联网+新形态教材·财会系列

13.2.4 营改增后餐饮服务和住宿服务相互转化的纳税筹划

营改增后餐饮服务和
住宿服务相互转化的
纳税筹划

【任务案例】

亚胜咨询有限公司(一般纳税人)2021年6月派出15名员工去外地某公司进行业务审查。出差期间的餐饮和住宿预算支出为65万元(含增值税),其中,餐饮预算支出为40万元,住宿预算支出为25万元。请为该公司进行纳税筹划。

【筹划思路】

一般纳税人购进的餐饮服务的进项税额不得从销项税额中抵扣,但购进的住宿服务的进项税额可以从销项税额中抵扣。因此,企业可以合理分配购进的餐饮服务和住宿服务的支出,增加可抵扣的进项税额,从而减少不可抵扣的进项税额。

【法规依据】

《财政部 国家税务总局 关于全面推开营业税改征增值税试点的通知》规定:增值税一般纳税人购进的贷款服务、居民日常服务和娱乐服务的进项税额不得从销项税额中抵扣。

【解析方案】

方案一:购进餐饮服务40万元,住宿服务25万元。
可抵扣的进项税额=25÷(1+6%)×6% =1.42(万元)
方案二:购进餐饮服务25万元,住宿服务40万元。
可抵扣的进项税额=40÷(1+6%)×6% =2.26(万元)
方案二比方案一多抵扣增值税=2.26-1.42=0.84(万元),因此应当选择方案二。

【筹划点评】

企业可以通过提高住宿质量的同时,适当降低餐饮服务支出,以获取抵扣更多进项税额的好处。

13.2.5 利用打折优惠控制在起征点以下进行的纳税筹划

营改增后利用
起征点打折优惠
政策进行纳税筹划

【任务案例】

李红,个体工商户,小规模纳税人,经营一个家常菜馆,主要提供餐饮服务。2020年1月含税销售额为11万元。请为他设计纳税筹划方案。(假设不考虑城市维护建设税和教育费附加。)

【筹划思路】

对于纳税人的月销售额明显超过了税法规定的起征点,可以考虑在月底调节销售额,通过打折优惠等方式,将纳税人的销售额调整到起征点以下,从而可以享受起征点免征增值税的优惠政策。

【法规依据】

个人发生应税行为的销售额未达到增值税起征点的,免征增值税;达到起征点的,全额计算缴纳增值税。

自 2019 年 1 月 1 日起,增值税起征点由月销售额 3 万元提高到 10 万元。增值税起征点不适用于登记为一般纳税人的个体工商户。

【解析方案】

方案一:不进行筹划。

李先生当月含税销售额为 11 万元,不含税销售额=11/(1+3%)=10.68(万元)

应缴纳增值税=10.68×3%=0.32(万元)

全年需要缴纳增值税=0.32×12=3.84(万元)

方案二:通过打折优惠等方式,将每月含税销售额控制在 102 999 元以下。

销售额=102 999/(1+3%)=99 999.03(元)

由于销售额未达到 10 万元的起征点,因此不需要缴纳增值税。

通过筹划,方案二比方案一全年少缴纳增值税 3.84 万元,因此应该选择方案二。

【筹划点评】

起征点中的销售额为不含税销售额,现实生活中,经营者收取的价款为含税销售额,应当换算为不含税销售额之后再去判断是否达到起征点。

营改增起征点的税收优惠只适用于个人中的小规模纳税人享受。

增值税法中的个人包括自然人和个体工商户。自然人只能作为小规模纳税人,成为一般纳税人的个体工商户不能享受起征点的优惠政策。

项 目 训 练

一、理论训练

1. 营改增两类纳税人是如何划分的?两类纳税人在征收管理方面有什么不同?

2. 如何利用营改增纳税人身份的选择进行纳税筹划?

3. 如何利用营改增不同计税方法的选择进行纳税筹划?

二、操作训练

训练资料:平安运输公司主要经营交通运输服务,年含税销售额为 600 万元,在营改增之后选择了一般纳税人身份,由于在营改增之后按照 11%的税率缴纳增值税,虽然可以抵扣一些进项税额,但整体税负仍然超过了营改增之前,请为其设计纳税筹划方案。

训练要求:请对该企业的增值税纳税人身份进行筹划。

高职高专互联网+新形态教材·财会系列

模块 4　企业经营阶段的其他税种纳税筹划

项目 14

房产税的纳税筹划

【学习目标】

[能力目标]

1. 能够通过将独立建筑物造价单独列支,设计筹划方案。
2. 能够通过分列事项降低租金收入的方式降低房产税计税依据,设计筹划方案。
3. 能够通过增加合同个数或改变合同性质,设计筹划方案。
4. 能够利用税收优惠政策规定,设计筹划方案。

[知识目标]

1. 掌握涉及房产税的相关法律法规知识。
2. 掌握通过将独立建筑物造价单独列支,少缴房产税的纳税筹划方法。
3. 掌握通过分列事项降低租金收入的方式,降低房产税的纳税筹划方法。
4. 掌握通过增加合同个数或改变合同性质进行纳税筹划的方法。
5. 掌握利用税收优惠进行纳税筹划的方法。

[素质目标]

1. 养成良好的团队沟通与合作职业素养。
2. 熟悉房产税相关法律法规,能在遵守税法、会计法及税收相关法律法规的前提下,利用法律法规的政策引导性与规避性进行房产税的纳税筹划。

【思政指引】

关键词:审时度势　大局观念

房价关乎国计民生,房产税是国家对房地产市场进行调控的重要手段。为了减少"炒房"等投机性购房行为,保证房产刚需销售,维护和谐市场环境,国家进行房地产税改革试点,完善不动产登记制度,实现全国信息共享,维护居民切身利益,保障国民经济健康发展。

【项目引例】

　　某加工制造企业位于某市市区，企业除了厂房、办公用房外，还包括厂区围墙、变电塔、停车场等建筑物，总计工程造价为 2 亿元，其中，除厂房、办公用房外的建筑设施工程造价为 3 000 万元。假设当地政府规定的房屋扣除比例为 30%，该企业有两套建设方案可供选择。

　　方案一：将所有建筑物都作为房产计入房产原值；

　　方案二：将围墙、停车场等都建成露天的，并且将其造价在会计账簿中单独核算。

　　从减轻税负的角度，该企业应如何选择？

14.1　相　关　法　规

14.1.1　房产税的定义

　　房产税是以房屋为征税对象，按照房屋的计税余值或租金收入向房产所有人或经营管理人等征收的一种财产税。

14.1.2　纳税人和征税范围

　　房产税以在征税范围内的房屋产权所有人为纳税人。产权属国家所有的，由经营管理单位纳税；产权属集体和个人所有的，由集体单位和个人纳税。

　　房产税的征税范围是城市、县城、建制镇和工矿区的房屋，不包括农村。独立于房屋之外的建筑物，如围墙、烟囱、水塔、菜窖、室外游泳池等不征收房产税。

14.1.3　计税依据和税率

1. 计税依据

　　(1) 从价计征的房产税，是以房产余值为计税依据。根据《中华人民共和国房产税暂行条例》的规定，房产税依照房产原值一次减除 10%～30% 后的余值计算缴纳。具体扣减比例由省、自治区、直辖市人民政府确定。

　　(2) 从租计征的房产税，是以房屋出租取得的租金收入为计税依据。

2. 税率

　　(1) 从价计征的房产税，税率为 1.2%，即按房产原值一次减除 10%～30% 后的余值的 1.2% 计征。

　　(2) 从租计征的房产税，税率为 12%，即按房产出租的租金收入的 12% 计征。从 2001 年 1 月 1 日起，对个人按市场价格出租的居民住房，用于居住的，可暂减按 4% 的税率征收房产税。

14.1.4　应纳税额的计算

　　(1) 从价计税的计算公式如下。

$$应纳税额=应征税房产原值×(1-扣除比例)×1.2\%$$

高职高专互联网＋新形态教材·财会系列

(2) 从租计税的计算公式如下。

$$应纳税额=租金收入×12\%(或4\%)$$

14.1.5 税收优惠政策规定

(1) 国家机关、人民团体、军队自用的房产免征房产税。但上述免税单位的出租房产不属于免税范围。自 2004 年 1 月起，对军队空余房产租赁收入暂免征收房产税。

(2) 由国家财政部门拨付事业经费的单位自用的房产免征房产税。但不属于单位公务、业务的用房，如学校的工厂、商店、招待所等应照章纳税。

(3) 宗教寺庙、公园、名胜古迹自用的房产免征房产税。但附设的经营用的房产，如影剧院、餐饮部、照相馆、茶社等所使用的房产及出租的房产，不属于免征范围，应照章纳税。

(4) 个人所有非营业用的房产免征房产税。但个人拥有的营业用房或出租的房产，应照章纳税。

(5) 经财政部批准免税的其他房产。

① 损坏不堪使用的房屋和危险房屋，经有关部门鉴定，在停止使用后，可免征房产税。

② 纳税人因房屋大修导致连续停用半年以上的，在房屋大修期间免征房产税，免征税额由纳税人在申报缴纳房产税时自行计算扣除，并在申报表附表或备注栏中做相应说明。

③ 在基建工地为基建工地服务的各种工棚、材料棚、休息棚和办公室、食堂、茶炉房、汽车房等临时性房屋，在施工期间，一律免征房产税。但工程结束后，施工企业将这种临时性房屋交还或估价转让给基建单位的，应从基建单位减收的次月起，照章纳税。

④ 对房管部门经租的居民住房，在房租调整改革之前收取租金偏低的，可暂缓征收房产税。对房管部门经租的其他非营业用房，是否给予照顾，由各省、自治区、直辖市根据当地具体情况按税收管理体制的规定办理。

⑤ 对高校学生公寓免征房产税。

⑥ 对非营利性的医疗机构、疾病控制机构和妇幼保健机构等卫生机构自用的房产，免征房产税。

⑦ 老年服务机构自用的房产，免征房产税。

⑧ 对按照政府规定价格出租的公有住房和廉租住房，包括企业和自收自支的事业单位向职工出租的单位自有住房，房管部门向居民出租的私有住房等，免征房产税。

⑨ 国家机关、军队、人民团体、财政补助事业单位、居民委员会、村民委员会拥有的体育场馆，用于体育活动的房产、土地，免征房产税；经费自理事业单位、体育社会团体、体育基金会、体育类民办非企业单位拥有并运营管理的体育场馆，同时符合下列条件：a.向社会开放，用于满足公众体育活动需要；b.体育场馆取得的收入主要用于场馆的维护、管理和事业发展；c.拥有体育场馆的体育社会团体、体育基金会及体育类民办非企业单位，除当年新设立或登记的以外，前一年度登记管理机关的检查结论为"合格"，其用于体育活动的房产、土地，免征房产税，企业拥有并运营管理的大型体育场馆，其用于体育活动的房产、土地，减半征收房产税。

享受上述税收优惠体育场馆的运动场地用于体育活动的天数不得低于全年自然天数的

70%。

⑩　自 2019 年 1 月 1 日至 2021 年 12 月 31 日，对农产品批发市场、农贸市场(包括自有和承租)专门用于经营农产品的房产、土地，暂免征收房产税和城镇土地使用税。对同时经营其他产品的农产品批发市场和农贸市场使用的房产、土地，按其他产品与农产品交易场地面积的比例确定征免房产税。

农产品批发市场、农贸市场的行政办公区、生活区，以及商业餐饮娱乐等非直接为农产品交易提供服务的房产、土地，应按规定征收房产税。

⑪　自 2019 年 1 月 1 日至 2021 年 12 月 31 日，对国家级、省级科技企业孵化器、大学科技园和国家备案众创空间自用以及无偿或通过出租等方式提供给在孵对象使用的房产、土地，免征房产税。

14.1.6　征收管理

1. 纳税义务发生时间

(1)　纳税人将原有房产用于生产经营，从生产经营之月起，缴纳房产税。

(2)　纳税人自行新建房屋用于生产经营，从建成之日之次月起，缴纳房产税。

(3)　纳税人委托施工企业建设的房屋，从办理验收手续之次月起，缴纳房产税。

(4)　纳税人购置新建商品房，自房屋交付使用之次月起，缴纳房产税。

(5)　纳税人购置存量房，自办理房屋权属转移、变更登记手续，房地产权属登记机关签发房屋权属证书之次月起，缴纳房产税。

(6)　纳税人出租、出借房产，自交付出租出借房产之次月起，缴纳房产税。

(7)　房地产开发企业自用、出租、出借本企业建造的商品房，自房屋使用或交付之次月起，缴纳房产税。

(8)　纳税人因房产的实物或权利状态发生变化而依法终止房产税纳税义务的，其应纳税款的计算截止到房产的实物或权利状态发生变化的当月末。

2. 纳税期限

房产税实行按年计算、分期缴纳的征收办法。具体纳税期限由省、自治区、直辖市人民政府规定。

3. 纳税地点

房产税在房产所在地缴纳。房产不在同一地方的纳税人，应按房产的坐落地点分别向房产所在地的税务机关纳税。

14.2　房产税的纳税筹划任务

14.2.1　独立建筑物核算以降低房产原值的纳税筹划

【任务案例】

新瑞酿酒集团在 2020 年年初拟新建一座工厂，除厂房、办公用房外，还需另建相关生

降低房产原值的
纳税筹划

产用设施，包括厂区围墙、酒窖、酒精池、停车场等建筑物，工程总造价为 8 亿元，其中除厂房、办公用房外的其他工程设施造价为 1.5 亿元。政府规定的扣除比例为 30%，请对其进行纳税筹划。

【筹划思路】

在实际房屋建造过程中，如果将除厂房、办公用房以外的建筑物，如酒窖、酒精池、停车场等这些独立建筑物的造价与厂房、办公用房的造价分开，在会计账簿中单独核算，则这部分建筑物的造价不计入房产原值，不缴纳房产税。

【法规依据】

房产税在城市、县城、建制镇和工矿区征收，不包括农村。房产是以房屋形态表现的财产。房屋则是指有屋面和围护结构(有墙或两边有柱)，能够遮风避雨，可供人们在其中生产、工作、学习、娱乐、居住或储藏物资的场所。独立于房屋之外的建筑物，如围墙、烟囱、水塔、变电塔、油池油柜、酒窖菜窖、酒精池、糖蜜池、室外游泳池、玻璃暖房、砖瓦石灰窑以及各种油气罐等，则不属于房产。与房屋不可分离的附属设施，属于房产。

【解析方案】

方案一：将所有建筑设施都作为房产，计入房产原值。

应纳房产税=80 000×(1-30%)×1.2%=672(万元)

方案二：将酒窖、酒精池、停车场等设施的造价同厂房、办公用房的造价分开，在会计账簿中单独核算，则这部分建筑物的造价不计入房产原值，不缴纳房产税。

应纳房产税=(80 000-15 000)×(1-30%)×1.2%=546(万元)

由此可见，相比方案一，新瑞酿酒集团采用方案二可少缴房产税=672-546=126(万元)，因此应当选择方案二。

【筹划点评】

企业将酒窖、酒精池、停车场等设施的造价同厂房、办公用房的造价分开，可以降低房产税的计税依据，降低房产税税负。

14.2.2　分列事项降低租金收入的纳税筹划

降低租金收入的
纳税筹划

【任务案例】

万盛租赁有限公司现有一座写字楼对外出租，配套设施齐全，能够提供完善的物业服务，预计年租金收入为 5 000 万元(不含增值税)，其中包含代收的物业管理费 500 万元(不含增值税)，水电、宽带费 800 万元(不含增值税)。请对其进行纳税筹划。

【筹划思路】

对于出租方代收项目的收入，应当与租金收入分列收费事项，分开核算，从而降低从租计征的房产税计税依据。

【法规依据】

房产出租的，房产税采用从租计征方式，以租金收入作为计税依据，按12%税率计征。

【解析方案】

方案一：万盛公司共收取租金 5 000 万元。

应纳房产税=5 000×12%=600(万元)

方案二：将代收项目收入分别核算。

应纳房产税=(5 000-500-800)×12%=444(万元)

由此可见，相比方案一，万盛公司采用方案二可少缴房产税=600-444=156(万元)，因此应当选择方案二。

【筹划点评】

物业管理费由承租方与物业公司签订合同，水电费按照承租人实际耗用的数量和规定的价格标准结算、代收代缴，分列事项，分开核算，可降低从租计征的计税依据，进而降低房产税税负。

14.2.3　增加合同个数的纳税筹划

増加合同个数的
纳税筹划

【任务案例】

甲企业由于疫情影响业务萎缩，现有一座闲置厂房对外出租，厂房内部配备了相应的办公设备及家具家电，每年取得不含增值税的租金收入 1 500 万元。请为甲企业进行纳税筹划。

【筹划思路】

房产税的计征对象为房产，但不包括与房屋可分离的附属设施。

房屋租赁，一般情况下不仅涉及房屋本身，还包括房屋中的附属设施，如沙发、办公室、机器设备等。如果把房屋内的设施单独计价、出租，则这部分与房屋可分离的附属设施的租金收入就不计缴房产税，只计缴增值税。

【法规依据】

《中华人民共和国房产税暂行条例》第三条规定：房产税依照房产原值一次减除 10%至 30%后的余值计算缴纳。具体减除幅度由省、自治区、直辖市人民政府规定。没有房产原值作为依据的，由房产所在地税务机关参考同类房产核定。房产出租的，以房产租金收入为房产税的计税依据。

【解析方案】

方案一：采用整体出租的方式，签订一份租赁合同，则办公设备及家具家电被视为房屋整体的一部分，其租金收入也应计入房产税的计税依据。

应纳房产税=1 500×12%=180(万元)

方案二：采取分别签订合同的方式，即分别签订厂房和办公设备两份租赁合同，其中厂房租金收入每年为 1 000 万元，办公设备等租金收入每年为 500 万元，则办公设备等租金收入不计入房产税的计税依据。

应纳房产税=1 000×12%=120(万元)

由此可见，方案二与方案一相比，企业可少缴纳房产税=180-120=60(万元)，因此应当选择方案二。

【筹划点评】

通过签订两份合同分别出租，降低了房产税的计税依据，从而降低了房产税税负。但需要注意的是，《国家税务总局关于进一步明确房屋附属设备和配套设施计征房产税有关问题的通知》(国税发〔2005〕173号)规定：

(1) 为了维持和增加房屋的使用功能或使房屋满足设计要求，凡以房屋为载体，不能随意移动的附属设备和配套设施，如给排水、采暖、消防、中央空调、电气及智能化楼宇设备等，无论在会计核算中是否单独记账与核算，都应计入房产原值，计征房产税。

(2) 对于更换房屋附属设备的，在将其价值计入房产原值时，可扣减原来相应设备和设施的价值；对附属设备和配套设施中易损坏、需要经常更换的零配件，更新后不再计入房产原值。也就是说，房产税的计征对象为房产，包括不可随意移动的附属设备和配套设备，但可以不包括可随意移动的附属设备和配套设施。只有把房屋租赁中可随意移动的附属设备和配套设备(如沙发、办公桌、机器设备等)单独计价、出租，这部分可随意移动的附属设备和配套设施的租金收入才不计缴房产税。

14.2.4 改变合同性质的纳税筹划

改变合同性质的
房产税筹划

【任务案例】

振兴集团是一家商业零售企业，现有闲置的自建仓库，房产原值总计4 000万元。企业有两种利用方案可供选择：一是对外出租，将闲置仓库出租收取租赁费，年租金收入为400万元；二是提供仓储服务，同时配备保管人员，年仓储收入400万元，每年需要支付给保管人员工资30 000元。当地计缴房产税的房产原值扣除比例为20%。请为该企业进行纳税筹划。

【筹划思路】

企业可以根据自身的实际情况，在能够选择计征方式的前提下，通过比较两种计税方式税负的大小，选择税负低的计征方式，以达到节税的目的。

【法规依据】

我国《房产税暂行条例》第三条、第四条规定，房产税的计征方式有两种：一是从价计征；二是从租计征。从价计征的房产税，以房产余值为计税依据，税率为1.2%，即按房产原值一次减除10%~30%后余值的1.2%计征。从租计征房产税，以房屋出租取得的租金收入为计税依据，税率为12%，即按房产租金收入的12%计征。

【解析方案】

方案一：签订仓库租赁合同。

应纳房产税=400×12%=48(万元)

方案二：签订仓储保管合同。

应纳房产税=4 000×(1-20%)×1.2%=38.4(万元)

应支付给保管人员工资费用=3万元

合计支出=38.4+3=41.4(万元)

由此可见，方案二与方案一相比，振兴集团可少支出=48-41.4=6.6(万元)，因此应当选择方案二。

【筹划点评】

通过改变合同性质，改变了房产税的计征方式，从而降低了房产税税负。当然，其前提是改变合同性质不会影响到本企业的生产经营，且对方可以接受。另外，需要注意的是，签订仓储保管合同，加大了自身的风险，企业应当权衡利弊，综合考虑选择合理的方案。

14.2.5　利用税收优惠政策进行的纳税筹划

利用税收优惠
政策的纳税筹划

【任务案例】

利宏公司 2021 年拟利用闲置房产进行投资，现有两种投资方案可供选择：一是投资建设一个生产车间；二是投资建设一个养老服务机构，该房产原值为 12 000 万元，当地政府规定的扣除比例为 20%。假设该公司两个投资方案收益相同。请对其进行纳税筹划。

【筹划思路】

在企业两种投资效益相同的情况下，可以考虑比较两种投资方式的房产税税负，利用老年服务机构自用的房产免征房产税的相关规定，达到降低税负的目的。

【法规依据】

根据《中华人民共和国房产税暂行条例及实施细则》规定，老年服务机构自用的房产，免征房产税。

【解析方案】

方案一：投资建设生产车间。

应纳房产税=12 000×(1-20%)×1.2%=115.2(万元)

方案二：投资建设老年服务机构。

免缴房产税。

由此可见，方案二与方案一相比，该企业少缴房产税 115.2 万元，因此应当选择方案二。

【筹划点评】

一方面，投资建设老年服务机构每年会给公司节约一笔数额可观的房产税；另一方面，投资建设老年服务机构还可以得到国家其他税收和政策上的优惠。当然，前提是投资建设老年服务机构不会影响公司的经营效益。

项 目 训 练

一、理论训练

1. 如何利用降低房产原值的方式对房产税进行纳税筹划？

2. 如何利用税收优惠政策对房产税进行纳税筹划？

3. 如何通过改变合同个数或合同性质等方式对房产税进行纳税筹划？

二、操作训练

训练资料：甲公司有一栋办公楼，专门用于对外出租。因设施陈旧，每年只能收取租金 120 万元。如果该公司花 500 万元对该栋办公楼进行装修，预计装修改造后，每年可收取租金 200 万元。现有两套方案：方案一是甲公司按照上述计划进行装修；方案二是甲公司先将装修前的办公楼出租给关联企业乙公司，并签订一份长期租赁合同，每年收取租金 120 万元，然后由乙公司出资 500 万元进行装修，并对外出租，假设每年仍可收取租金 200 万元。

训练要求：请对两套方案进行涉税计算并进行纳税筹划分析。

项目 15

契税的纳税筹划

【学习目标】

[能力目标]
1. 能够通过签订房屋等价交换合同的方式，设计筹划方案。
2. 能够通过房屋与附属设施合并计价的方式，设计筹划方案。
3. 能够通过利用房产交换的纳税筹划的方式，设计筹划方案。

[知识目标]
1. 掌握涉及契税的相关法律法规知识。
2. 掌握通过签订房屋等价交换合同的方式，减少契税缴纳的纳税筹划思路。
3. 掌握通过房屋与附属设施合并计价进行纳税筹划的方法。
4. 掌握通过利用房产交换进行纳税筹划的方法。

[素质目标]
1. 养成良好的团队沟通与合作职业素养。
2. 熟悉契税法律法规，利用法律法规的政策引导性与规避性进行契税的纳税筹划。

【思政指引】

关键词：民生福祉　利国惠民

契税的税收优惠体现了对教育、医疗、科研、国防安全建设的高度重视和对困难群体的人文关怀，使纳税人从不断改善的民生政策和税收措施中获得幸福感。

【项目引例】

甲公司以价值 2 000 万元的办公楼与乙公司价值 2 200 万元的厂房进行交换，甲公司向乙公司支付差价 200 万元。假设乙公司打算出资 200 万元对换入的办公楼进行装修，本地契税适用税率为 5%。有两套方案可供选择。

方案一：甲、乙进行产权交换，且甲向乙支付差价 200 万元；

方案二：甲公司在与乙公司交换之前，由甲公司先对自己的办公楼按乙公司的要求进行装修，装修费用为 200 万元。

从节税的角度，应当如何进行纳税筹划？

15.1 相 关 法 规

契税相关法规

15.1.1 契税的定义

契税是指不动产(土地、房屋)产权发生转移变动时，就当事人所订契约按产价的一定比例向新业主(产权承受人)征收的一次性税收。

契税除与其他税收有相同的性质和作用外，还具有其自身的特征。

(1) 征收契税的宗旨是保障不动产所有人的合法权益。通过征税，契税征收机关便以政府名义发给契证，作为合法的产权凭证，政府即承担保证产权的责任。因此，契税又带有规费性质，这是契税不同于其他税收的主要特点。

(2) 纳税人是产权承受人。当发生房屋买卖、典当、赠与或交换行为时，按转移变动的价值，对产权承受人可征一次性契税。

(3) 契税采用比例税率，即在房屋产权发生转移变动行为时，对纳税人依一定比例的税率课征。

自 2021 年 9 月 1 日起，《中华人民共和国契税法》施行，1997 年 7 月 7 日国务院发布的《中华人民共和国契税暂行条例》同时废止。

15.1.2 纳税义务人

在中华人民共和国境内转移土地、房屋权属，承受的单位和个人为契税的纳税人，应当依照本法规定缴纳契税。

15.1.3 征税范围

契税的征税对象是境内转移的土地、房屋权属，具体包括以下内容。

(1) 土地使用权出让。

(2) 土地使用权转让，包括出售、赠与、互换。

(3) 房屋买卖、赠与、互换。

前款第二项土地使用权转让，不包括土地承包经营权和土地经营权的转移。

以作价投资(入股)、偿还债务、划转、奖励等方式转移土地、房屋权属的，应当依照本法规定征收契税。

15.1.4　税率

契税采用比例税率，并实行 3%～5%的幅度税率。具体税率由省、自治区、直辖市人民政府在幅度税率规定范围内，按照本地区的实际情况确定。

15.1.5　应纳税额的计税依据及其计算

1. 计税依据

(1) 土地使用权出让、出售，房屋买卖，为土地、房屋权属转移合同确定的成交价格，包括应交付的货币以及实物、其他经济利益对应的价款。

(2) 土地使用权互换、房屋互换，为所互换的土地使用权、房屋价格的差额。

(3) 土地使用权赠与、房屋赠与以及其他没有价格的转移土地、房屋权属行为，为税务机关参照土地使用权出售、房屋买卖的市场价格依法核定的价格。

纳税人申报的成交价格、互换价格差额明显偏低且无正当理由的，由税务机关依照《中华人民共和国税收征收管理法》的规定核定。

2. 应纳税额的计算

契税应纳税额依照省、自治区、直辖市人民政府确定的适用税率和税法规定的计税依据计算征收。其计算公式为

$$应纳税额 = 计税依据 \times 税率$$

15.1.6　税收优惠政策规定

(1) 有下列情形之一的，免征契税。

① 国家机关、事业单位、社会团体、军事单位承受土地、房屋权属用于办公、教学、医疗、科研、军事设施。

② 非营利性的学校、医疗机构、社会福利机构承受土地、房屋权属用于办公、教学、医疗、科研、养老、救助。

③ 承受荒山、荒地、荒滩土地使用权用于农、林、牧、渔业生产。

④ 婚姻关系存续期间夫妻之间变更土地、房屋权属。

⑤ 依照法律规定应当予以免税的外国驻华使馆、领事馆和国际组织驻华代表机构承受土地、房屋权属。

根据国民经济和社会发展的需要，国务院对居民住房需求保障、企业改制重组、灾后重建等情形可以规定免征或者减征契税，报全国人民代表大会常务委员会备案。

(2) 省、自治区、直辖市可以决定对下列情形免征或者减征契税。

① 因土地、房屋被县级以上人民政府征收、征用，重新承受土地、房屋权属。

② 因不可抗力灭失住房，重新承受住房权属。

前款规定的免征或者减征契税的具体办法，由省、自治区、直辖市人民政府提出，报同级人民代表大会常务委员会决定，并报全国人民代表大会常务委员会和国务院备案。

(3) 经批准减征、免征契税的纳税人，改变有关土地、房屋的用途的，就不再属于减征、免征契税范围，并且应当补缴已经减征、免征的税款。

15.1.7 征收管理

1. 纳税义务发生时间

契税的纳税义务发生时间，为纳税人签订土地、房屋权属转移合同的当日，或者纳税人取得其他具有土地、房屋权属转移合同性质凭证的当日。

2. 纳税地点

契税由土地、房屋所在地的税务机关依照《中华人民共和国契税法》和《中华人民共和国税收征收管理法》的规定征收管理。

15.2 契税的纳税筹划任务

15.2.1 签订等价交换合同的纳税筹划

【任务案例】

南林公司拟将手中的一块价值 5 000 万元的闲置土地出售给鑫元公司，然后从鑫元公司购买另外一栋价值 5 000 万元的房产，当地规定的契税税率为 4%。请对其进行纳税筹划。

【筹划思路】

南林公司与鑫元公司改变合同订立方式，签订土地使用权和房屋所有权交换合同，约定以 5 000 万元的价格交换双方的土地与房屋，从而可以免征契税。

【法规依据】

根据《中华人民共和国契税法》规定：土地使用权、房屋交换，契税的计税依据为所交换的土地使用权、房屋的价格差额，由多交付货币、实物、无形资产或其他经济利益的一方缴纳税款，交换价格相等的，免征契税。

【解析方案】

方案一：双方分别签订土地使用权与房屋的销售合同。

南林公司应缴纳契税=5 000×4%=200(万元)

鑫元公司应缴纳契税=5 000×4%=200(万元)

方案二：双方签订土地使用权与房屋交换合同。

双方交换属于等价交换，因此不需缴纳契税。

由此可见，方案二与方案一相比，两家企业各自少缴契税 200 万元，因此应当选择方案二。

【筹划点评】

从立税思想上讲，契税的计税依据是转移标的(土地、房屋权属)的价值，双方交换价值相等，免征契税，办理免征契税手续。其价值不相等的，超出部分由支付差价方缴纳契税。因此，纳税筹划的目的就是使交换差额较小甚至没有，从而达到降低税负的目的。

15.2.2　房屋与附属设施合并计价的纳税筹划

【任务案例】

金峰实业有限公司拟将一栋厂房出售给红星公司，厂房包括 5 个生产车间、1 个地下停车库和 1 个储藏室。该厂房整体估价为 6 000 万元，其中生产车间估价 3 500 万元，土地使用权估价 2 000 万元，地下停车库及储藏室估价 500 万元，本地土地使用权及房屋契税适用税率为 3%，附属设施契税适用税率 4%。请进行纳税筹划。

【筹划思路】

由于承受的房屋附属设施权属若是单独计价的，按照当地确定的适用税率征收契税；但承受的房屋附属设施若与房屋统一计价的，适用与房屋相同的契税税率。因此，可以考虑将房屋附属设施与房屋合并计价，按较低的契税税率缴纳税款，从而降低契税税负。

【法规依据】

《财政部　国家税务总局　关于房屋附属设施有关契税政策的批复》(财税〔2004〕126号)明确，对于承受与房屋相关的附属设施(包括停车位、汽车库、自行车库、顶层阁楼以及储藏室)所有权或土地使用权的行为，按照契税法律、法规的规定征收契税；对于不涉及土地使用权和房屋所有权转移变动的，不征收契税。采取分期付款方式购买房屋附属设施土地使用权、房屋所有权的，应按合同规定的总价款计征契税。承受的房屋附属设施权属若为单独计价的，按照当地确定的适用税率征收契税；若与房屋统一计价的，适用与房屋相同的契税税率。

【解析方案】

方案一：房屋、土地使用权与附属设施分别签订销售合同，单独计价。

红星公司应纳契税=(3 500+2 000)×3%+500×4%=185(万元)

方案二：将房屋、土地使用权与附属设施合并计价签订销售合同。

红星公司应纳契税=6 000×3%=180(万元)

由此可见，方案二比方案一总体少缴契税=185-180=5(万元)，因此应当选择方案二。

【筹划点评】

由于土地、房屋权属及附属设施转移过程中，涉及的契税税率有区别，因此通过合并选择较低的契税税率，可达到降低契税税负的目的。

15.2.3　利用房产交换的纳税筹划

【任务案例】

云海有限公司现在某市 A 区，拥有价值 5 000 万元的房产，为进一步拓展业务，拟将企业搬至 B 区，B 区新地公司有一处价值 5 500 万元的房产。该公司现有两个方案可供选择：一是将 A 区的房产出售，然后购买新地公司的房产；二是双方签订房产交换合同，由云海公司支付房屋差价 500 万元给新地公司。本地契税的适用税率是 4%。请对其进行纳税筹划。

【筹划思路】

企业购买房屋，是需要按当地契税税率以购买房产的全部价款计算缴纳契税的，但如

房屋不等价交换
的契税筹划

高职高专互联网+新形态教材·财会系列

果通过双方交换房产的方式，可以只就交换房产的差额缴纳契税，从而达到降低契税税负的目的。

【法规依据】

根据《中华人民共和国契税法》规定：土地使用权、房屋交换，契税的计税依据为所交换的土地使用权、房屋的价格差额，由多交付货币、实物、无形资产或其他经济利益的一方缴纳税款。

【解析方案】

方案一：云海公司出售 A 区房产的同时，购买新地公司在 B 区的房产。

云海公司应纳契税=5 500×4%=220(万元)

方案二：双方签订房产交换合同，由云海公司支付房屋差价 500 万元给新地公司。

云海公司应纳契税=500×4%=20(万元)

由此可见，方案二与方案一相比，云海公司少缴契税=220-20=2009(万元)，因此应当选择方案二。

【筹划点评】

采用双方进行房产交换的方式，多支付货币的一方按照差额需要缴纳契税，因此在一定程度上可以降低契税税负。

项 目 训 练

一、理论训练

1. 进行房屋、土地使用权交换时，如何对契税进行纳税筹划？

2. 契税的税收优惠规定有哪些？

二、操作训练

训练资料：2020 年 1 月利兴有限责任公司将企业闲置厂房以 600 万元的价格出售给某加工厂，然后为满足市场需求，以 1 500 万元的价格向当地一企业购买了一厂房，作为分厂，该地区规定契税的适用税率为 3%。

训练要求：请对其进行纳税筹划。

城镇土地使用税的纳税筹划

【学习目标】

[能力目标]

1. 能够通过企业合理选址的方式，设计筹划方案。
2. 能够通过城镇土地使用税税收优惠政策的利用，设计筹划方案。

[知识目标]

1. 掌握涉及城镇土地使用税的相关法律法规知识。
2. 掌握通过企业合理选址降低城镇土地使用税的纳税筹划方法。
3. 掌握通过税收优惠政策降低城镇土地使用税的纳税筹划方法。

[素质目标]

1. 养成良好的团队沟通与合作的职业素养。
2. 利用法律法规的政策引导性与规避性进行城镇土地使用税的纳税筹划。

【思政指引】

关键词：可持续发展

土地资源意义重大，珍惜并合理利用是每个公民的责任与义务。城镇土地使用税的开征有利于实现国家作为土地所有者而加强对土地的管理，也有利于平衡不同使用者的税收负担。顺应立法方向，合理合法选择经营地址，有利于社会的可持续发展。

【项目引例】

某市葡萄酒厂全年实际占用土地面积 200 000 平方米，其中，厂房占地 160 000 平方米，办公楼占地 20 000 平方米，医务室占地 12 000 平方米，幼儿园占地 6 000 平方米，厂区内道路及绿化占地 2 000 平方米。当地城镇土地使用税税额为 3 元/平方米，请计算其应缴纳城镇土地使用税，并为其进行纳税筹划。

16.1 相 关 法 规

城镇土地使用税
相关法规

16.1.1 城镇土地使用税的定义

城镇土地使用税是国家在城市、县城、建制镇和工矿区范围内，对使用土地的单位和个人，以其实际占用的土地面积为计税依据，按照规定的税额计算征收的一种税。

16.1.2 纳税义务人

城镇土地使用税的纳税义务人，是指在税法规定的征收范围内使用土地的单位和个人，包括内资企业、外商投资企业和外国企业在华机构、事业单位、社会团体、国家机关、军队及其他单位，个体工商户及个人也是纳税人。

国家对城镇土地使用税的纳税人，根据用地者的不同情况分别确定如下。

(1) 拥有土地使用权的单位和个人为纳税人。

(2) 拥有土地使用权的单位和个人不在土地所在地的，其土地的实际使用人和代管人为纳税人。

(3) 土地使用权未确定或权属纠纷未解决的，其实际使用人为纳税人。

(4) 土地使用权共有的，共有各方都是纳税人，由共有各方分别纳税。土地使用权共有的，以共有各方实际使用土地的面积占总面积的比例，分别计算缴纳城镇土地使用税。

16.1.3 征税范围

城镇土地使用税的征税范围包括城市、县城、建制镇和工矿区内属于国家所有和集体所有的土地，不包括农村集体所有的土地。

16.1.4 应纳税额的计算

1. 计税依据

城镇土地使用税的计税依据是纳税人实际占用的土地面积，土地面积以平方米为计量标准。具体按以下办法确定。

(1) 凡由省级人民政府确定的单位组织测定土地面积的，以测定的土地面积为准。

(2) 尚未组织测定，但纳税人持有政府部门核发的土地使用证书的，以证书确定的土地面积为准。

(3) 尚未核发土地使用证书的，应由纳税人据实申报土地面积，待核发土地使用证书后再作调整。

2．税率

城镇土地使用税采用有幅度的定额税率。城镇土地使用税每平方米年税额标准如下。

(1) 大城市(非农业正式户口人数在 50 万以上)：1.5～30 元。

(2) 中等城市(非农业正式户口人数为 20 万～50 万)：1.2～24 元。

(3) 小城市(非农业正式户口人数在 20 万以下)：0.9～18 元。

(4) 县城、建制镇、工矿区：0.6～12 元。

3．应纳税额的计算公式

$$全年应纳税额=实际占用应税土地面积(平方米)×适用税率$$

16.1.5　税收优惠政策规定

1．国家预算收支单位的自用地免税

(1) 国家机关、人民团体、军队自用的土地。但如果是对外出租、经营用则还是要缴纳土地使用税。

(2) 由国家财政部门拨付事业经费的单位自用的土地。

(3) 宗教寺庙、公园、名胜古迹自用的土地。经营用地则不免。

(4) 市政街道、广场、绿化地带等公共用地。

(5) 直接用于农、林、牧、渔业的生产用地。

(6) 经批准开山填海整治的土地和改造的废弃土地，从使用的月份起免缴城镇土地使用税 5 年至 10 年。

(7) 对非营利性医疗机构、疾病控制机构和妇幼保健机构等卫生机构自用的土地，免征城镇土地使用税。对营利性医疗机构自用的土地自 2000 年起免征城镇土地使用税 3 年。

(8) 企业办的学校、医院、托儿所、幼儿园，其用地能与企业其他用地明确区分的，免征城镇土地使用税。

(9) 免税单位无偿使用纳税单位的土地(如公安、海关等单位使用铁路、民航等单位的土地)，免征城镇土地使用税。纳税单位无偿使用免税单位的土地，纳税单位应照章缴纳城镇土地使用税。纳税单位与免税单位共同使用、共有使用权的土地上的多层建筑，对纳税单位可按其占用的建筑面积占建筑总面积的比例计征城镇土地使用税。

(10) 对行使国家行政管理职能的中国人民银行总行(含国家外汇管理局)所属分支机构自用的土地，免征城镇土地使用税。

2．国有重点扶植项目免税

(1) 对企业的铁路专用线、公路等用地，在厂区以外，与社会公用地段未加隔离的，暂免征收土地使用税。

(2) 对企业厂区以外的公共绿化用地和向社会开放的公园用地，暂免征收城镇土地使用税。

(3) 对水利设施及其管护用地(如水库库区、大坝、堤防、灌渠、泵站等用地)，免征土地使用税；其他用地，如生产、办公、生活用地，应照章征收土地使用税。

(4) 对林区的有林地、运材道、防火道、防火设施用地，免征土地使用税。林业系统的森林公园、自然保护区，可比照公园免征土地使用税。

(5) 对高校后勤实体免征城镇土地使用税。

3. 由省、自治区、直辖市地方税务局确定免税

(1) 个人所有的居住房屋及院落用地。

(2) 免税单位职工家属的宿舍用地。

(3) 民政部门举办的安置残疾人占一定比例的福利工厂用地。

(4) 集体和个人办的各类学校、医院、托儿所、幼儿园用地。

(5) 房地产开发公司建造商品房的用地，除经批准开发建设经济适用房的用地外，对各类房地产开发用地一律不得减免城镇土地使用税。

16.1.6　征收管理

1. 纳税义务发生时间

(1) 纳税人购置新建商品房，自房屋交付使用之次月起，缴纳城镇土地使用税。

(2) 纳税人购置存量房，自办理房屋权属转移、变更登记手续，房地产权属登记机关签发房屋权属证书之次月起，缴纳城镇土地使用税。

(3) 纳税人出租、出借房产，自交付出租、出借房产之次月起，缴纳城镇土地使用税。

(4) 房地产开发企业自用、出租、出借本企业建造的商品房，自房屋使用或交付之次月起，缴纳城镇土地使用税。

(5) 纳税人新征用的耕地，自批准征用之日起满1年时，开始缴纳城镇土地使用税。

(6) 纳税人新征用的非耕地，自批准征用次月起，缴纳城镇土地使用税。

2. 纳税地点

城镇土地使用税在土地所在地缴纳。纳税人使用的土地不属于同一省、自治区、直辖市管辖的，由纳税人分别向土地所在地税务机关缴纳城镇土地使用税；在同一省、自治区、直辖市管辖范围内，纳税人跨地区使用的土地，其纳税地点由各省、自治区、直辖市税务局确定。

3. 纳税期限

城镇土地使用税实行按年计算、分期缴纳的征收办法，具体纳税期限由省、自治区、直辖市人民政府确定。

16.2　城镇土地使用税的纳税筹划任务

16.2.1　企业选址的纳税筹划

企业选址的
纳税筹划

【任务案例】

中兴公司欲投资新建一家新企业，需占用土地20万平方米。现有三种方案可供选择：一是设在某大城市A市城区，当地城镇土地使用税税额为25元/平方米；二是设在某中等

城市 B 市城区，当地城镇土地使用税税额为 12 元/平方米；三是设在某县城 C 市，当地城镇土地使用税税额为 4 元/平方米。假设该公司不论建在哪里都不影响企业生产经营，请对其进行纳税筹划。

【筹划思路】

企业应结合自身生产经营的需要，在不影响企业经济效益的前提下，可以从以下方面进行考虑，选择税负较低的区域设立企业：在征税区域与非征税区域之间进行选择；在经济发达与欠发达省份之间进行选择；在同一省份内的大中小城市与县城和工矿区之间进行选择；在同一城市、县城和工矿区之内的不同等级的土地之间做出选择。

【法规依据】

凡在城市、县城、建制镇、工矿区范围内使用土地的单位和个人，为城镇土地使用税的纳税义务人。城镇土地使用税采取的是有幅度的差别定额税率。城镇土地使用税每平方米年税额标准如下：大城市(非农业正式户口人数在 50 万以上)1.5～30 元；中等城市(非农业正式户口人数为 20 万～50 万)1.2～24 元；小城市(非农业正式户口人数在 20 万以下)0.9～18 元；县城、建制镇、工矿区 0.6～12 元。

【解析方案】

方案一：在某大城市 A 市的城区建企业。

应纳城镇土地使用税=20×25=500(万元)

方案二：在某中等城市 B 市的城区建企业。

应纳城镇土地使用税=20×12=240(万元)

方案三：在某县城 C 市建企业。

应纳城镇土地使用税=20×4=80(万元)

由此可见，相比方案一，中兴公司采用方案二少缴城镇土地使用税=500-240=260(万元)，中兴公司采用方案三少缴城镇土地使用税=500-80=420(万元)，因此应当选择方案三。

【筹划点评】

将企业设在县城，在有些情况下，有可能影响企业的生产经营效益。新建企业在进行选址时，应不仅仅单纯地考虑城镇土地使用税税负因素就做出选择，而应综合考虑多方面的因素，做出筹划选择。

16.2.2　利用税收优惠政策进行的纳税筹划

【任务案例】

腾达集团在某市实际占地共计 200 000 平方米。其中厂房占地 150 000 平方米，办公楼占地 17 000 平方米，医务室占地 3 000 平方米，厂区道路及绿化占地 10 000 平方米，在厂区后面有一块闲置多年的土地 20 000 平方米，一直没有商业开发价值。其土地在当地适用的城镇土地使用税税额为 8 元/平方米，请对其进行纳税筹划。

【筹划思路】

企业可以考虑把闲置的那块空地改造成公共绿化用地，种植树木、花草，向社会开放，

高职高专互联网+新形态教材·财会系列

从而充分利用城镇土地使用税的税收优惠政策，降低税负，并提高企业的社会效益。

【法规依据】

根据《国家税务总局关于印发〈关于土地使用税若干具体问题的补充规定〉的通知》的规定，对企业厂区(包括生产、办公及生活区)以内的绿化用地，应照章征收土地使用税，厂区以外的公共绿化用地和向社会开放的公园用地，暂免征收土地使用税。对企业办的学校、医院、托儿所、幼儿园，其用地能与企业其他用地明确区分的，可以比照由国家财政部门拨付事业经费的单位自用的土地，免征土地使用税。

【解析方案】

方案一：按现有方案进行。

应纳城镇土地使用税=(200 000-3 000)×8=157.6(万元)

方案二：投入 2 万元对空地进行绿化，并向社会开放。

应纳城镇土地使用税=(200 000-3 000-20 000)×8=141.6(万元)

由此可见，方案二比方案一公司少缴城镇土地使用税=157.6-141.6=16(万元)，扣除投入 2 万元，企业仍多获得收益 14 万元，因此应当选择方案二。

【筹划点评】

将闲置土地改造成公共绿化用地，不仅会节省城镇土地使用税，降低企业税负，而且会提高企业的社会效益，一举两得。

项 目 训 练

一、理论训练

1. 如何利用选址对城镇土地使用税进行纳税筹划？

2. 利用税收优惠政策对城镇土地使用税进行纳税筹划的筹划思路是什么？

二、操作训练

训练资料：某企业厂区外有一块 15 000 平方米的空地没有利用，由于该地在厂区后面远离街道，位置不好，目前商业开发价值不大，所以一直闲置，现在主要是职工及家属以及周边的居民将其作为休闲娱乐之用。该地区的城镇土地使用税税额为 5 元/平方米，企业需要为该地块每年负担城镇土地使用税为 15 000×5=75 000(元)。

训练要求：请对其进行纳税筹划，有没有办法免缴该部分城镇土地使用税？

项目 17

车船税的纳税筹划

【学习目标】

[能力目标]

1. 能够通过利用临界点的方式，设计筹划方案。
2. 能够通过税收优惠政策的方式，设计筹划方案。

[知识目标]

1. 掌握涉及车船税的相关法律法规知识。
2. 掌握通过利用临界点降低车船税的纳税筹划方式。
3. 掌握通过利用税收优惠政策降低车船税的纳税筹划方式。

[素质目标]

1. 养成良好的团队沟通与合作职业素养。
2. 熟悉车船税法律法规，能在遵守税法、会计法及税收相关法律法规的前提下，利用法律法规的政策引导性与规避性进行纳税筹划。

【思政指引】

关键词：环保意识

开征车船税一方面可以为地方政府筹集财政资金，另一方面还有利于调节纳税人的财富差异，缓解财富分配不公的矛盾，更重要的是车船税按排量大小设置差别定额税率，排量越大，车船税越高。车船税具体税额由省、自治区、直辖市人民政府确定，且每年会有所不同，纳税人在车船的登记地或者车船税扣缴义务人所在地进行纳税。车船税在一定程度上可以起到节能减排，保护环境的作用。

【项目引例】

某航运公司欲购买一只船,现有两只船可供选择:一只船的净吨位为 201 吨;另一只船的净吨位为 200 吨。请问:该公司应如何选择?

17.1 相 关 法 规

17.1.1 车船税的定义

车船税相关法规

车船税是指对在我国境内应依法到公安、交通、农业、渔业、军事等管理部门办理登记的车辆、船舶,根据其种类,按照规定的计税依据和年税额标准计算征收的一种财产税。

17.1.2 纳税义务人和征税范围

1. 纳税义务人

车船税的纳税义务人,是指在中华人民共和国境内,属于《中华人民共和国车船税法》所附《车船税税目税额表》规定的车辆、船舶(以下简称车船)的所有人或者管理人。

从事机动车第三者责任强制保险业务的保险机构为机动车车船税的扣缴义务人。

2. 征税范围

车船税是以车船为征税对象,向拥有车船的单位和个人征收的一种税。车船税实行定额税率。定额税率也称固定税额,是税率的一种特殊形式。定额税率计算简便,适用于从量计征的税种。车船税的适用税额,依照条例所附的《车船税税目税额表》执行。

车船税的征收范围是指:①依法应当在车船管理部门登记的机动车辆和船舶;②依法不需要在车船管理部门登记、在单位内部场所行驶或者作业的机动车辆和船舶。

17.1.3 税目和税额

国家对车船税仅规定了一个征收范围,具体细则由各地方政府根据当地情况制定,并报国务院备案。省、自治区、直辖市人民政府确定车辆具体适用税额应当遵循以下两条原则:一是乘用车依排气量从小到大递增税额;二是客车按照核定载客人数 20 人以下和 20人(含)以上两档划分,递增税额。

1. 车船税税目税额

车船税税目税额表如表 17-1 所示。

2. 机动船舶适用税额

机动船舶具体适用税额如下。

(1) 净吨位不超过 200 吨的,每吨 3 元。

(2) 净吨位超过 200 吨但不超过 2 000 吨的,每吨 4 元。

(3) 净吨位超过 2 000 吨但不超过 10 000 吨的,每吨 5 元。

(4) 净吨位超过 10 000 吨的,每吨 6 元。

(5) 拖船按照发动机功率每 1 千瓦折合净吨位 0.67 吨计算征收车船税。

表 17-1　车船税税目税额表

税　目		计税单位	年基准税/元	备　注
乘用车 (按发动机气缸容量,即排气量分档)	1.0 升(含)以下	每辆	60～360	核定载客人数 9 人(含)以下
	1.0 升以上至 1.6 升(含)		300～540	
	1.6 升以上至 2.0 升(含)		360～660	
	2.0 升以上至 2.5 升(含)		660～1 200	
	2.5 升以上至 3.0 升(含)		1 200～2 400	
	3.0 升以上至 4.0 升(含)		2 400～3 600	
	4.0 升以上的		3 600～5 400	
商用车	客车	每辆	480～1 440	核定载客人数 9 人以上(包括电车)
	货车	整备质量每吨	16～120	(1)包括半挂牵引车、挂车、客货两用汽车、三轮汽车和低速载货汽车等; (2)挂车按照货车税额的 50% 计算
其他车辆	专用作业车	整备质量每吨	16～120	不包括拖拉机
	轮式专用机械	整备质量每吨	16～120	不包括拖拉机
摩托车		每辆	36～180	
船舶	机动船舶	净吨位每吨	3～6	拖船、非机动驳船分别按照机动船舶税额的 50% 计算;游艇的税额另行规定
	游艇	艇身长度每米	600～2 000	

3. 游艇适用税额

游艇具体适用税额如下。

(1) 艇身长度不超过 10 米的,每米 600 元。

(2) 艇身长度超过 10 米但不超过 18 米的,每米 900 元。

(3) 艇身长度超过 18 米但不超过 30 米的,每米 1 300 元。

(4) 艇身长度超过 30 米的,每米 2 000 元。

(5) 辅助动力帆艇,每米 600 元。

17.1.4　车船税的税收减免规定

1. 法定减免

(1) 捕捞、养殖渔船是指在渔业船舶登记管理部门登记为捕捞船或者养殖船的船舶。

(2) 军队、武装警察部队专用船是指按照规定在军队、武装警察部队车船管理部门登记,并领取军队、武警牌照的车船。

(3) 警用车船是指公安机关、国家安全机关、监狱、劳动教养管理机关和人民法院、人民检察院领取警用牌照的车辆和执行警务的专用船舶。

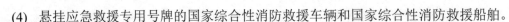

(4) 悬挂应急救援专用号牌的国家综合性消防救援车辆和国家综合性消防救援船舶。

(5) 依照法律规定应当予以免税的外国驻华使馆、国际组织驻华机构及其有关人员的车船。

(6) 对节约能源的车船,减半征收车船税;对使用新能源的车船,免征车船税。

减半征收车船税的节约能源乘用车和商用车、免征车船税的使用新能源汽车,必须符合国家有关标准。

使用新能源的车辆包括纯电动商用车、燃料电池商用车和插电式(含增程式)混合动力汽车。纯电动乘用车、燃料电池乘用车不属于车船税征收范围,不征车船税。

(7) 省、自治区、直辖市人民政府根据当地实际情况,可以对公共交通车船,农村居民拥有并主要在农村地区使用的摩托车、三轮汽车和低速载货汽车定期减征或者免征车船税。

2. 特定减免

(1) 经批准临时入境的外国车船和香港特别行政区、澳门特别行政区、台湾地区的车船,不征收车船税。

(2) 按照规定缴纳船舶吨税的机动船舶,自车船税法实施之日起5年内免征车船税。

(3) 机场、港口内部行驶或作业的车船,自车船税法实施之日起5年内免征车船税。

3. 车船税新标准计算办法

(1) 对车辆净吨位尾数在半吨(含)以下的按半吨计算,超过半吨的按1吨计算。

(2) 从事运输业务的拖拉机所挂的拖车,均按载重汽车的净吨位的5折计征车船使用税。

(3) 机动车挂车,按机动载货汽车税额的7折计征。

(4) 客货两用汽车,载人部分按乘人汽车税额减半征税,载货部分按机动载货汽车税额征税。

(5) 船舶不论净吨位或载重吨位,其尾数在半吨(含)以下的不计算,超过半吨的按1吨计算。

(6) 不及1吨的小型船只,一律按1吨计算。

(7) 拖轮计算标准可按每马力折合净吨位的5折计算。

值得注意的是,车辆限行的区域(如北京),每年征收的车船税会有一定数量的减免。

17.1.5 征收管理

1. 纳税期限

车船税的纳税义务发生时间,为取得车船所有权或管理权的当月。

2. 纳税地点

(1) 车船税的纳税地点为车船的登记地或者车船税扣缴义务人所在地。

(2) 扣缴义务人代收代缴车船税的,纳税地点为扣缴义务人所在地。

(3) 纳税人自行申报缴纳车船税的,纳税地点为车船登记地的主管税务机关所在地。

(4) 依法不需要办理登记的车船,纳税地点为车船所有人或者管理人主管税务机关所在地。

3. 纳税申报

车船税按年申报，分月计算，一次性缴纳。纳税年度为公历 1 月 1 日至 12 月 31 日。具体申报纳税期限由省、自治区、直辖市人民政府规定。

17.2　车船税的纳税筹划任务

17.2.1　利用临界点进行的纳税筹划

利用临界点的
纳税筹划

【任务案例】

海兴游艇俱乐部欲购买 10 只游艇，现有两种游艇可供选择：一种游艇的长度是 10 米；另一种游艇的长度是 11 米。请对其进行纳税筹划。

【筹划思路】

游艇适用的车船税税率实质上是一种全额累进的定额税率，即游艇的单位税额达到哪一个等级，就全部按相应的单位税额征税，而游艇长度越大，适用的单位税额就越大。对于这种形式的税率，纳税人应当充分利用临界点，避免在稍高于各级的临界点处购买游艇，否则会出现税额的大幅增长的现象。

【法规依据】

游艇的车船税具体适用税额为：艇身长度不超过 10 米的，每米 600 元；艇身长度超过 10 米但不超过 18 米的，每米 900 元；艇身长度超过 18 米但不超过 30 米的，每米 1 300 元；艇身长度超过 30 米的，每米 2 000 元；辅助动力帆艇，每米 600 元。

【解析方案】

方案一：购买长度为 10 米的游艇，适用税额为 600 元/米。

应纳车船税=10×10×600=60 000(元)

方案二：购买长度为 11 米的游艇，适用税额为 900 元/米。

应纳车船税=11×10×900=99 000(元)

由此可见，方案一比方案二俱乐部少缴车船税=99 000-60 000=39 000(元)，因此应当选择方案一。

【筹划点评】

虽然游艇长度相差 1 米，但每年可以节约车船税 39 000 元，若不影响企业的经营，选择购买长度为 10 米的游艇是大有益处的。

17.2.2　利用税收优惠政策进行的纳税筹划

【任务案例】

凯利汽车运输公司 2020 年拟购置载客汽车 10 辆，现有两种方案可供选择：一是购买载客人数 9 人以上的燃油商用客车；二是购买纯电动商用车。当地 9 座以上的商用客车的车船税税额为 1 200 元/辆，请对其进行纳税筹划。

【筹划思路】

企业可以考虑购买新能源汽车，充分享受免征车船税的税收优惠政策，以降低企业的车船税税负。

【法规依据】

根据《中华人民共和国车船税法》的规定，对节约能源的车船，减半征收车船税；对使用新能源的车船，免征车船税。减半征收车船税的节约能源乘用车和商用车、免征车船税的使用新能源汽车，必须符合国家有关标准。使用新能源的车辆包括纯电动商用车、燃料电池商用车和插电式(含增程式)混合动力汽车。

【解析方案】

方案一：购买 10 辆燃油商用客车。

年应纳车船税=10×1 200=12 000(元)

方案二：购买 10 辆纯电动客车。

年应纳车船税=0 元

由此可见，方案二比方案一公司少缴车船税 12 000 元，因此应当选择方案二。

【筹划点评】

通过有效运用车船税的税收优惠政策，一方面，节省了车船税，降低企业税负；另一方面，节约了能源，减少污染，实在是一举两得。

项 目 训 练

一、理论训练

1. 车船税的税收优惠政策都有哪些？

2. 如何利用临界点少缴车船税？

二、操作训练

训练资料：某企业欲购买 5 只船拓展经营，现有两种型号的船可供选择，一种是净吨位 103.2 吨，另一种是净吨位 103.6 吨。

训练要求：请对其进行纳税筹划。

项目 18

印花税的纳税筹划

【学习目标】

[能力目标]

1. 能够通过采取改变合同金额的方式，设计筹划方案。
2. 能够通过分开记载经济事项的方式，设计筹划方案。
3. 能够通过减少流转环节方式，设计纳税筹划方案。
4. 能够通过减少交易金额，设计筹划方案。
5. 能够利用税收优惠政策规定，设计筹划方案。
6. 能够利用分期财产租赁的方式，设计筹划方案。

[知识目标]

1. 掌握涉及印花税的相关法律法规知识。
2. 掌握通过采取改变合同金额少缴印花税的纳税筹划方法。
3. 掌握通过分开记载经济事项少缴印花税的纳税筹划方法。
4. 掌握通过减少流转环节少缴印花税的纳税筹划方法。
5. 掌握通过减少交易金额少缴印花税的纳税筹划方法。
6. 掌握通过利用税收优惠政策少缴印花税的纳税筹划方法。
7. 掌握通过利用分期财产租赁少缴印花税的纳税筹划方法。

[素质目标]

1. 养成良好的团队沟通与合作的职业素养。
2. 熟悉印花税法法律法规，能在遵守税法、会计法及税收相关法律法规的前提下，利用法律法规的政策引导性与规避性进行纳税筹划。

【思政指引】

关键词：税收法治

《中华人民共和国印花税法》等税收法律由条例上升为法律，在立法层面上，通过税收法定原则的落实，加速推进了我国税收法治化进程。每个公民都要敬畏法律，合法行使权利，实现法治教育的内化于心，培养税法遵循的自觉性。

【项目引例】

甲酒厂受某单位委托加工一批白酒，总价值为 200 万元，其中，加工所需原材料为 180 万元，加工费为 20 万元。甲酒厂现有两套方案可供选择。

方案一：按总价值与委托方签订合同；

方案二：将原材料和加工费与委托方分开签订合同。

从减轻税负的角度，该酒厂应如何选择？

18.1　相　关　法　规

印花税相关法规

《中华人民共和国印花税法》2021 年 6 月 10 日经第十三届全国人民代表大会常务委员会第二十九次会议通过，自 2022 年 7 月 1 日起施行。1988 年 8 月 6 日国务院发布的《中华人民共和国印花税暂行条例》同时废止。

18.1.1　印花税的定义

印花税是对经济活动和经济交往中书立、领受、使用的应税经济凭证征收的一种税。因纳税人主要是通过在应税凭证上粘贴印花税票来完成纳税义务，故称为印花税。印花税不论在性质上，还是在征税的方法方面，都具有不同于其他税种的特点：兼有凭证税和行为税的性质；征税范围广泛；税率低；纳税人自行完税。

18.1.2　纳税义务人

印花税的纳税人包括在中华人民共和国境内书立应税凭证、进行证券交易的单位和个人，以及在中华人民共和国境外书立在境内使用的应税凭证的单位和个人。

如果一份合同或应税凭证由两方或两方以上当事人共同签订，签订合同或应税凭证的各方都是纳税人，应各就其所持合同或应税凭证的计税金额履行纳税义务。

根据书立、领受、使用应税凭证的不同，纳税人可分为立合同人、立据人、立账簿人、领受人和使用人。

(1) 立合同人是指合同的当事人，即对凭证有直接权利义务关系的单位和个人，但不包括合同的担保人、证人、鉴定人。所谓合同，是指根据《中华人民共和国民法典》的规定订立的各类合同，包括买卖、借款、融资租赁、租赁、承揽、建筑工程、运输、技术、保管、仓储、财产保险共 11 类合同。当事人的代理人有代理纳税义务。

(2) 立据人是指书立产权转移数据的单位和个人。

(3) 立账簿人是指开立并使用营业账簿的单位和个人。例如，某企业因生产需要，设立了若干营业账簿，该企业即为印花税纳税人。

(4) 领受人是指领取并持有权利、许可证照的单位和个人。例如领取房屋产权证的单位和个人，即为印花税纳税人。

(5) 使用人是指在国外书立、领受，但在国内使用应税凭证的单位和个人。

18.1.3　征收范围

我国经济活动中发生的经济凭证种类繁多、数量巨大，现行印花税采取列举方式，只对《印花税暂行条例》列举的凭证征税，没有列举的凭证不征税。列举的凭证可分为合同类，产权转移书据类，权利、许可证照类，营业账簿类和证券交易类。具体征税范围如下。

1. 合同

合同是指平等主体的自然人、法人、其他组织之间设立、变更、终止民事权利义务关系的协议。印花税税目中的合同按照《中华人民共和国民法典》规定的合同种类进行分类，在税目税率表中列举了以下 11 大类合同。

(1) 买卖合同包括供应、预购、采购、购销合同及协作、调剂、补偿、贸易等合同。还包括各出版单位与发行单位(不包括订阅单位和个人)之间订立的图书、报刊、音像征订凭证。

对于工业、商业、物资、外贸等部门经销和调拨商品、物资供应的调拨单(或其他名称的单、卡、书、表等)，应当区分其性质和用途，即看其是作为部门内执行计划使用的，还是代替合同使用的，以确定是否贴花。凡属于明确双方供需关系，据以供货和结算，具有合同性质的凭证，应按规定缴纳印花税。

对纳税人以电子形式签订的各类应税凭证按规定征收印花税。

对发电厂与电网之间、电网与电网之间(国家电网公司系统、南方电网公司系统内部各级电网互供电量除外)签订的购售电合同，按购销合同征收印花税。但是，电网与用户之间签订的供用电合同不属于印花税列举征税的凭证，不征收印花税。

(2) 借款合同包括银行及其他金融组织和借款人(不包括银行同业拆借)所签订的借款合同。

(3) 融资租赁合同。

(4) 租赁合同包括租赁房屋、船舶、飞机、机动车辆、机械、器具、设备等合同；还包括企业、个人出租门店、柜台等所签订的合同，但不包括企业与主管部门签订的租赁承包合同。

(5) 承揽合同包括加工、定做、修缮、修理、印刷、广告、测绘、测试等合同。

(6) 建设工程合同包括勘察、设计、建筑、安装工程合同的总包合同、分包合同和转包合同。

(7) 运输合同包括民用航空运输、铁路运输、海上运输、内河运输、公路运输和联运合同。

(8) 技术合同包括技术开发、转让、咨询、服务等合同。

技术转让合同包括专利申请转让、非专利技术转让所书立的合同，但不包括专利权转让、专利实施许可所书立的合同。后者适用于"产权转移书据"合同。

技术咨询合同是合同当事人就有关项目的分析、论证、评价、预测和调查订立的技术合同，而一般的法律、会计、审计等方面的咨询不属于技术咨询，其所立合同不贴印花。

技术服务合同的征税范围包括技术服务合同、技术培训合同和技术中介合同。

(9) 保管合同包括保管合同或作为合同使用的仓单、栈单(或称入库单)。对某些使用不

高职高专互联网+新形态教材·财会系列

规范的凭证不便计税的，可就其结算单据作为计税贴花的凭证。

(10) 仓储合同。

(11) 财产保险合同包括财产、责任、保证、信用等保险合同。

2. 产权转移书据

产权转移即财产权利关系的变更行为，表现为产权主体发生变更。产权转移书据是在产权的买卖、交换、继承、赠与、分割等产权主体变更过程中，由产权出让人与受让人之间所订立的民事法律文书。

3. 营业账簿

印花税税目中的营业账簿归属于财务会计账簿，是按照财务会计制度的要求设置的，反映生产经营活动的账册。营业账簿按其反映内容的不同，可分为记载资金的账簿(以下简称"资金账簿")和其他营业账簿两类。

(1) 资金账簿是反映生产经营单位"实收资本"和"资本公积"金额增减变化的账簿。

(2) 其他营业账簿是反映除资金资产以外的其他生产经营活动内容的账簿，即除资金账簿以外的，归属于财务会计体系的其他生产经营用账册。

银行根据业务管理需要设置的各种登记簿，如空白重要凭证登记簿、有价单证登记簿、现金收付登记簿等，其记载的内容与资金活动无关，仅用于内部备查，属于非营业账簿，均不征收印花税。

4. 权利、许可证照

权利、许可证照是政府授予单位、个人某种法定权利和准予从事特定经济活动的各种证照的统称，包括政府部门发放的不动产权证书、工商营业执照、商标注册证、专利证书。

5. 证券交易

证券交易是指在依法设立的证券交易所上市交易，或者在国务院批准的其他证券交易场所转让公司股票和以股票为基础发行的存托凭证。

18.1.4　税率

根据应纳税凭证性质的不同，印花税分别采用比例税率和定额税率，具体税目、税额标准详见《印花税税目、税率(税额标准)表》。此外，根据国务院的专门规定，股份制企业向社会公开发行的股票，因买卖、继承、赠与所书立的股权转让书据，应当按照书据书立时证券市场当日实际成交价格计算的金额，由出让方按照1‰的税率缴纳印花税。

1. 比例税率

(1) 借款合同适用税率为0.05‰。

(2) 购销合同、建筑安装工程承包合同、技术合同等，适用税率为0.3‰。

(3) 加工承揽合同、建设工程勘察设计合同、货物运输合同、产权转移书据合同、记载资金数额的营业账簿等，适用税率为0.5‰。

(4) 财产租赁合同、仓储保管合同、财产保险合同等，适用税率为1‰。

(5) 因股票买卖、继承、赠与而书立"股权转让书据"(包括A股和B股)，适用税率为1‰。

2. 定额税率

对无法计算金额的凭证，或虽载有金额，但作为计税依据不合理的凭证，采用定额税率，以件为单位缴纳一定数额的税款。权利、许可证照、营业账簿中的其他账簿，均为按件贴花，单位税额为每件 5 元。

3. 印花税税目税率表

印花税税目税率如表 18-1 所示。

表 18-1　印花税税目税率表(2021 版，2022 年 7 月 1 日之前适用)

编　号	税　目	征税范围	税率(税额)	纳税人	备　注
1	购销合同	包括供应、预购、采购、购销、结合及协作、调剂、补偿、易货等合同	按购销金额 0.3‰贴花	立合同人	计税金额判断：①合同中只有不含税金额，以不含税金额作为印花税的计税依据；②合同中既有不含税金额又有增值税金额，且分别记载的，以不含税金额作为印花税的计税依据；③合同所载金额中包含增值税金额，但未分别记载的，以合同所载金额(即含税金额)作为印花税的计税依据
2	加工承揽合同	包括加工、定做、修缮、修理、印刷广告、测绘、测试等合同	按加工或承揽收入 0.5‰贴花	立合同人	
3	建设工程勘察设计合同	包括勘察、设计合同	按收取费用 0.5‰贴花	立合同人	
4	建筑安装工程承包合同	包括建筑、安装工程承包合同	按承包金额 0.3‰贴花	立合同人	
5	财产租赁合同	包括租赁房屋、船舶、飞机、机动车辆、机械、器具、设备等合同	按租赁金额 1‰贴花。税额不足 1 元，按 1 元贴花	立合同人	
6	货物运输合同	包括民用航空运输、铁路运输、海上运输、内河运输、公路运输和联运合同	按运输费用 0.5‰贴花	立合同人	单据作为合同使用的，按合同贴花
7	仓储保管合同	包括仓储、保管合同	按仓储保管费用 1‰贴花	立合同人	仓单或栈单作为合同使用的，按合同贴花
8	借款合同	银行及其他金融组织和借款人(不包括银行同业拆借)所签订的借款合同	按借款金额 0.05‰贴花	立合同人	单据作为合同使用的，按合同贴花
9	财产保险合同	包括财产、责任、保证、信用等保险合同	按保险费收入 1‰贴花	立合同人	单据作为合同使用的，按合同贴花
10	技术合同	包括技术开发、转让、咨询、服务等合同	按所载金额 0.3‰贴花	立合同人	

续表

编 号	税 目	征税范围	税率(税额)	纳税人	备 注
11	产权转移书据	包括财产所有权和版权、商标专用权、专利权、专有技术使用权等转移书据、土地使用权出让合同、土地使用权转让合同、商品房销售合同	按所载金额 0.5‰ 贴花	立据人	
12	营业账簿	生产、经营用账册	记载资金的账簿,按实收资本和资本公积的合计金额 0.5‰贴花。其他账簿按件贴花 5 元	立账簿人	自 2018 年 5 月 1 日起,对按 0.5‰ 税率贴花的资金账簿减半征收印花税,对按件贴花 5 元的其他账簿免征印花税
13	权利、许可证照	包括政府部门发给的房屋产权证、工商营业执照、商标注册证、专利证、土地使用证	按件贴花 5 元	领受人	
14	证券(股票)交易股权转让书据(A 股、B 股)	对买卖、继承、赠与所书立的(A 股、B 股)股权转让书据	由立据双方当事人分别按 1‰的税率缴纳证券(股票)交易印花税	立据双方当事人	(13 个正列举税目之外的)需要关注这类特殊交易政策的调整

印花税税目税率表(2022 版,2022 年 7 月 1 日起执行)

税 目		税 率	备 注
合同(指书面合同)	借款合同	借款金额的 0.05‰	指银行业金融机构、经国务院银行业监督管理机构批准设立的其他金融机构与借款人(不包括同业拆借)的借款合同
	融资租赁合同	租金的 0.05‰	
	买卖合同	价款的 0.3‰	指动产买卖合同(不包括个人书立的动产买卖合同)
	承揽合同	报酬的 0.3‰	
	建设工程合同	价款的 0.3‰	
	运输合同	运输费用的 0.3‰	指货运合同和多式联运合同(不包括管道运输合同)

税　目		税　率	备　注
合同(指书面合同)	技术合同	价款、报酬或者使用费的 0.3‰	不包括专利权、专有技术使用权转让书据
	租赁合同	租金的 1‰	
	保管合同	保管费的 1‰	
	仓储合同	仓储费的 1‰	
	财产保险合同	保险费的 1‰	不包括再保险合同
产权转移书据	土地使用权出让书据	价款的 0.05‰	转让包括买卖(出售)、继承、赠与、互换、分割
	土地使用权、房屋等建筑物和构筑物所有权转让书据(不包括土地承包经营权和土地经营权转移)	价款的 0.05‰	
	股权转让书据(不包括应缴纳证券交易印花税的)	价款的 0.05‰	
	商标专用权、著作权、专利权、专有技术使用权转让书据	价款的 0.3‰	
营业账簿		实收资本(股本)、资本公积合计金额的 0.25‰	
证券交易		成交金额的 1‰	

18.1.5　印花税计税方法

印花税以应纳税凭证所记载的金额、费用、收入额和凭证的件数为计税依据，按照适用税率或者税额标准计算应纳税额。

应纳税额计算公式为

$$应纳税额=应纳税凭证记载的金额(费用、收入额)×适用税率$$
$$应纳税额=应纳税凭证的件数×适用税额标准$$

1. 计税依据

(1) 应税合同的计税依据，为合同列明的价款或者报酬，不包括增值税税款；合同中价款或者报酬与增值税税款未分开列明的，按照合计金额确定。具体包括买卖合同和建设工程合同中的支付价款、承揽合同中的支付报酬、租赁合同和融资租赁合同中的租金、运输合同中的运输费用、保管合同中的保管费、仓储合同中的仓储费、借款合同中的借款金额、财产保险合同中的保险费以及技术合同中的支付价款、报酬或者使用费等。

(2) 应税产权转移书据的计税依据，为产权转移书据列明的价款，不包括增值税税款；产权转移书据中价款与增值税税款未分开列明的，按照合计金额确定。

应税合同、产权转移书据未列明价款或者报酬的，按照下列方法确定计税依据。

① 按照订立合同、产权转移书据时的市场价格确定；依法应当执行政府定价的，按照其规定确定。

高职高专互联网+新形态教材·财会系列

② 不能按照上述规定的方法确定的，按照实际结算的价款或者报酬确定。

(3) 应税营业账簿的计税依据，为营业账簿记载的实收资本(股本)、资本公积合计金额。

(4) 应税权利、许可证照的计税依据，按件确定。

(5) 证券交易的计税依据，为成交金额。以非集中交易方式转让证券时无转让价格的，按照办理过户登记手续前一个交易日收盘价计算确定计税依据；办理过户登记手续前一个交易日无收盘价的，按照证券面值计算确定计税依据。

2. 应纳税额的计算公式

印花税应纳税额按照下列方法计算。

(1) 应税合同的应纳税额计算公式为

$$应纳税额=价款或者报酬×适用税率$$

(2) 应税产权转移书据的应纳税额计算公式为

$$应纳税额=价款×适用税率$$

(3) 应税营业账簿的应纳税额计算公式为

$$应纳税额=实收资本(股本)、资本公积合计金额×适用税率$$

(4) 证券交易的应纳税额计算公式为

$$应纳税额=成交金额或者依法确定的计税依据×适用税率$$

(5) 应税权利、许可证照的应纳税额计算公式为

$$应纳税额=应税凭证件数×定额税率$$

18.1.6 税收优惠政策规定

1. 法定凭证免税

下列凭证，免征印花税(根据最新《中华人民共和国印花税法》规定)。

(1) 应税凭证的副本或者抄本。

(2) 依照法律规定应当予以免税的外国驻华使馆、领事馆和国际组织驻华代表机构为获得馆舍书立的应税凭证。

(3) 中国人民解放军、中国人民武装警察部队书立的应税凭证。

(4) 农民、家庭农场、农民专业合作社、农村集体经济组织、村民委员会购买农业生产资料或者销售农产品书立的买卖合同和农业保险合同。

(5) 无息或者贴息借款合同、国际金融组织向中国提供优惠贷款书立的借款合同。

(6) 财产所有权人将财产赠与政府、学校、社会福利机构、慈善组织书立的产权转移书据。

(7) 非营利性医疗卫生机构采购药品或者卫生材料书立的买卖合同。

(8) 个人与电子商务经营者订立的电子订单。

根据国民经济和社会发展的需要，国务院对居民住房需求保障、企业改制重组、破产、支持小型微型企业发展等情形可以规定减征或者免征印花税，报全国人民代表大会常务委员会备案。

2. 免税额

应纳税额不足 1 角的，免征印花税。

3. 特定情形免税

有下列情形之一的，免征印花税。

(1) 对商店、门市部的零星加工修理业务开具的修理单，不贴印花。

(2) 对铁路、公路、航运、水路承运快件行李、包裹开具的托运单据，暂免贴花。

(3) 对企业车间、门市部、仓库设置的不属于会计核算范围的账簿，不贴印花。

4. 单据免税

对货物运输、仓储保管、财产保险、银行借款等，办理一项业务，既书立合同，又开立单据的，只就合同贴花；所开立的各类单据，不再贴花。

5. 企业兼并并入资金免税

对企业兼并的并入资金。凡已按资金总额贴花的，接收单位对并入的资金，不再补贴印花。

6. 租赁承包经营合同免税

企业与主管部门等签订的租赁承包经营合同，不属于租赁合同，不征收印花税。

7. 特殊情形免税

纳税人已履行并贴花的合同，发现实际结算金额与合同所载金额不一致的，一般不再补贴印花。

8. 书、报、刊合同免税

书、报、刊发行单位之间，发行单位与订阅单位或个人之间书立的凭证，免征印花税。

9. 外国运输企业免税

由外国运输企业运输进口货物的，外国运输企业所持有的一份结算凭证，免征印花税。

10. 特殊货运凭证免税

下列特殊货运凭证，免征印花税。

(1) 抢险救灾物资运输结算凭证。

(2) 为新建铁路运输施工所属物料，使用工程临管线专用运费结算凭证。

11. 物资调拨单免税

对工业、商业、物资、外贸等部门调拨商品物资，作为内部执行计划使用的调拨单，不作为结算凭证，不属于合同性质的凭证，不征收印花税。

12. 同业拆借合同免税

银行、非银行金融机构之间相互融通短期资金，按照规定的同业拆借期限和利率签订的同业拆借合同，不征收印花税。

13. 借款展期合同免税

对办理借款展期业务使用借款展期合同或其他凭证，按规定仅载明延期还款事项的，可暂不贴花。

14. 合同、书据免税

出版合同不属于印花税列举征税的凭证，免征印花税。

15. 国库业务账簿免税

中国人民银行各级机构经理国库业务及委托各专业银行各级机构代理国库业务设置的账簿，免征印花税。

16. 委托代理合同免税

代理单位与委托单位之间签订的委托代理合同，不征收印花税。

17. 日拆性贷款合同免税

对中国人民银行向各商业银行提供的日拆性贷款(20日以内的贷款)所签订的合同或借据，暂免征印花税。

18. 铁道企业特定凭证免税

铁路总公司所属单位的下列凭证，不征收印花税。

(1) 铁路总公司层层下达的基建计划，不贴花。

(2) 企业内部签订的有铁路"经营设施基建、更新改造、大修、维修"的协议或责任书，不贴花。

(3) 在铁路内部无偿调拨固定资产的调拨单据，不贴花。

(4) 由铁路总公司全额拨付事业费的单位，其营业账簿，不贴花。

19. 电话和联网购货免税

对在供需经济活动中使用电话、计算机联网订货，没有开具书面凭证的，暂不贴花。

20. 股权转让免税

对国务院和省级人民政府批准进行政企脱钩，对企业进行改组和改变管理体制、变更企业隶属关系，以及国有企业改制、盘活国有资产，而发生的国有股权无偿转让划转行为，暂不征收证券交易印花税；对上市公司国有股权无偿转让，需要免征证券交易印花税的，须由企业提出申请，报证券交易所所在地税务局审批，并报国家税务总局备案。

18.1.7　征收管理

1. 纳税义务发生时间

印花税纳税义务发生时间为纳税人订立、领受应税凭证或者完成证券交易的当日。如果合同是在国外签订，并且不便在国外贴花的，应在将合同带入境时办理贴花纳税手续。

证券交易印花税扣缴义务发生时间为证券交易完成的当日。证券登记结算机构为证券交易印花税的扣缴义务人。

2. 纳税地点

单位纳税人应当向其机构所在地的主管税务机关申报缴纳印花税；个人纳税人应当向应税凭证订立、领受地或者居住地的税务机关申报缴纳印花税。

纳税人出让或者转让不动产产权的，应当向不动产所在地的税务机关申报缴纳印花税。

证券交易印花税的扣缴义务人应当向其机构所在地的主管税务机关申报缴纳扣缴的税款。

3. 纳税期限

印花税按季、按年或者按次计征。实行按季、按年计征的,纳税人应当于季度、年度终了之日起 15 日内申报并缴纳税款。实行按次计征的,纳税人应当于纳税义务发生之日起 15 日内申报并缴纳税款。

证券交易印花税按周解缴。证券交易印花税的扣缴义务人应当于每周终了之日起 5 日内申报解缴税款及孳息。

已缴纳印花税的凭证所载价款或者报酬增加的,纳税人应当补缴印花税;已缴纳印花税的凭证所载价款或者报酬减少的,纳税人可以向主管税务机关申请退还印花税税款。

18.2　印花税的纳税筹划任务

18.2.1　通过改变合同金额进行的纳税筹划

【任务案例】

杰朗公司欲向日本出口一批服装,与大升纺织有限公司在 2019 年 12 月签订订货合同,订购生产服装所用布料及辅料。在订立合同之初认为履行合同金额为 4 000 万元,且在合同中记载了履行金额 4 000 万元。但由于受新冠疫情影响,服装无法全部出口,杰朗公司紧急联系大升公司,并于 2020 年 2 月修改合同将履行金额定为 2 000 万元。适用印花税税率为 0.3‰。请对其进行纳税筹划。

【筹划思路】

企业如果已经发生多缴纳印花税的行为,只能等待税务机关退税。因此,在经济形势发生变化,势必会影响企业经营的情况下,可以采取修改合同按新合同采购金额纳税,则可以最大限度地避免出现多缴税款的情况。

【法规依据】

已贴花的凭证,修改后所载金额增加的,缴纳印花税的凭证所载价款或者报酬减少的,纳税人可以向主管税务机关申请补缴或退还印花税税款。

【解析方案】

方案一:按合同金额 4 000 万元执行。

两家公司共需贴花=4 000×0.3‰×2=2.4(万元)

方案二:按合同金额 2 000 万元执行,若实际履行金额大于合同金额,再另行补缴税额。

两家公司共需贴花=2 000×0.3‰×2=1.2(万元)

由此可见,相比方案一,杰朗公司和大升公司采用方案二共少贴花=2.4-1.2=1.2(万元),因此应当选择方案二。

【筹划点评】

将合同金额保守记载,可降低印花税计税依据,从而降低印花税税负。但过低记载合同金额,有可能会出现未来最终结算金额升高后出现不必要的经济纠纷。

18.2.2 分开记载经济事项的纳税筹划

【任务案例】

2020 年 3 月,山东某港口集团公司承接了某医疗器械有限公司的出口医疗设备运输业务。根据合同规定,该港口不仅承担货物的出口运输,还提供货物等待报关期间的保管服务,金额总计 50 万元。其中运输费 40 万元,货物保管费 10 万元。请对其进行纳税筹划。

【筹划思路】

在合同中将受托方所提供的货物运输费金额与货物保管金额分开记载,便能够达到节税的目的。

【法规依据】

按照税法规定,货物运输合同适用 0.5‰的税率,货物保管合同适用 1‰的税率。合同若未分别列明两项业务的价款,应从高适用 1‰的税率。若分开记载两项经济业务,则货物运输的款项可以按照 0.5‰的税率计算印花税

【解析方案】

方案一:合同记载运输费与保管费共计 50 万元。

企业应分别贴花=500 000×1‰=500(元)

方案二:合同分别记载运输费 40 万元,保管费 10 万元。

企业应分别贴花=400 000×0.5‰+100 000×1‰=300(元)

由此可见,采用方案二,企业可分别少贴花=500-300=200(元),因此应当选择方案二。

【筹划点评】

对合同中,将使用不同印花税税率的项目分开记载,可按照项目分别核算印花税,从而达到节税的目的。

18.2.3 减少流转环节的纳税筹划

【任务案例】

大华公司将一项工程承包给伟光公司,价款总额为 5 000 万元;伟光公司将其中的 1 500 万元工程分包给利景公司,将其中的 800 万元工程分包给宏兴公司。请对其进行纳税筹划。

【筹划思路】

减少流转环节可以避免重复缴纳印花税,因为在货物或劳务的流转环节中,每一次订立合同,签订合同的双方均需缴纳一次印花税。如果事先可以确定下一个流转环节,可以考虑减少流转环节,从而节省印花税,降低企业税负。

【法规依据】

对于同一凭证,如果由两方或两方以上当事人签订并各执一份的,各方均为纳税人,应当由各方就所持凭证的各自金额贴花。所谓当事人,是指对凭证有直接权利义务关系的单位和个人,不包括保人、证人、鉴定人。

【解析方案】

方案一：按目前方案执行。

大华公司应纳印花税=5 000×0.3‰=1.5(万元)

伟光公司应纳印花税=5 000×0.3‰+1 500×0.3‰+800×0.3‰=2.19(万元)

利景公司应纳印花税=1 500×0.3‰=0.45(万元)

宏兴公司应纳印花税=800×0.3‰=0.24(万元)

方案二：伟光公司与大华公司协商，由大华公司分别与利景公司签订 1 500 万元的工程承包合同，与宏兴公司签订 800 万元的工程承包合同。剩余 2 700 万元由伟光公司与大华公司签订工程承包合同。

大华公司应纳印花税=1 500×0.3‰+800×0.3‰+2 700×0.3‰=1.5(万元)

利景公司应纳印花税=1 500×0.3‰=0.45(万元)

宏兴公司应纳印花税=800×0.3‰=0.24(万元)

伟光公司应纳印花税=2 700×0.3‰=0.81(万元)

由此可见，方案二与方案一相比，其他公司税负不变，但伟光公司共少贴花=2.19-0.81=1.38(万元)，因此应当选择方案二。

【筹划点评】

大华公司与利景公司、宏兴公司签订的工程量必须与伟光公司原来拟分包给利景公司与宏兴公司的工程量相同，否则，伟光公司将由此损失两笔分包工程的转包利润。同时由于在此方案中，伟光公司可以降低税负，因此伟光公司必须说服大华公司同意后，才能得以顺利操作。

18.2.4　减少交易金额进行的纳税筹划

【任务案例】

腾飞模具有限公司有一项加工产品配件的业务，需要委托德实公司进行加工，双方签订了一份加工承揽合同，合同总金额为 600 万元，其中包括由德实公司提供的辅助材料费 200 万元。两家企业都希望可以减少该项业务的印花税支出，请对其进行纳税筹划。

【筹划思路】

由于双方签订的加工承揽合同计税依据是加工承揽收入，加工承揽收入包括合同中规定的加工费和提供的辅助材料金额之和。因此，如果压缩辅助材料金额，就会相应减少加工承揽合同的计税依据，从而减少企业应缴纳的印花税，实现降低税负的目的。

【法规依据】

加工承揽合同的计税依据是加工或者承揽收入的金额。受托方只提供辅助材料的加工合同，无论加工费和辅助材料金额是否分别记载，均以辅助材料与加工费的合计数，依照加工承揽合同计税贴花。

【解析方案】

方案一：按现行方案计税。

两家公司分别缴纳印花税=600×0.5‰=0.3(万元)

方案二：德实公司提高加工工艺，压缩辅助材料金额 50 万元。

两家公司分别缴纳印花税=550×0.5‰=0.275(万元)

方案三：双方就提供的辅助材料 200 万元，签订购销合同。

两家公司分别缴纳印花税=400×0.5‰+200×0.3‰=0.26(万元)

由此可见，方案二和方案一相比，两家公司分别少缴纳印花税=0.3-0.275=0.025(万元)，方案三与方案二相比，两家公司分别少缴纳印花税=0.275-0.26=0.015(万元)，因此应当选择方案三。

【筹划点评】

由于提高加工工艺或者在签订加工承揽合同的同时签订购销合同，可以通过减少交易金额，减少缴纳的印花税，从而达到降低企业税负的目的。

18.2.5　利用税收优惠进行的纳税筹划

【任务案例】

振兴绿色农产品加工厂主要经营业务是苹果深加工，同时还自营 500 亩土地进行水果种植。2020 年销售苹果原汁等产品给好运饮料有限公司，双方签订销售合同，合同金额为 200 万元；销售苹果给华成果干有限公司，双方签订购销合同，合同金额为 600 万元；2020 年度振兴绿色农产品加工厂与中兴化肥企业签订购买有机肥、农药等生产资料合同，合同金额为 100 万元。请对振兴绿色农产品加工厂进行纳税筹划。

【筹划思路】

对企业来说，如果能够有效利用税收优惠政策，通过成立农民专业合作社，把部分业务通过农民专业合作社与相关企业签订买卖合同，将可以降低印花税税负。

【法规依据】

购销合同包括供应、预购、采购、购销、结合及协作、调剂、补偿、易货等合同，按购销金额 0.3‰贴花。其中农民、家庭农场、农民专业合作社、农村集体经济组织、村民委员会购买农业生产资料或者销售农产品书立的买卖合同和农业保险合同，免征印花税。

【解析方案】

方案一：按原方案进行纳税。

振兴农产品加工厂应纳印花税=(200+600+100)×0.3‰=0.27(万元)

方案二：将自营的 500 亩土地流转，成立一家农民专业合作社进行经营。

振兴农产品加工厂应纳印花税=200×0.3‰=0.06(万元)

其他通过农民专业合作社进行的购买生产资料及销售农产品的购销合同，则不需要缴纳印花税。

由此可见，和方案一相比，采用方案二振兴农产品加工厂可少贴花=0.27-0.06=0.21(万元)，因此应当选择方案二。

【筹划点评】

由于由企业成立农民专业合作社，可以在一定程度上带动当地农民进行农产品的生产经营，因此不仅可以降低印花税税负，而且可以进一步推进乡村振兴的发展。

18.2.6　分期财产租赁进行的纳税筹划

【任务案例】

德胜有限公司从航宇汽车租赁公司租入载重汽车 8 辆，租期为 5 年，双方于 2020 年 1 月 1 日签订了租赁合同，合同规定，每年租金为 50 万元，5 年共 250 万元。请对其进行纳税筹划。

【筹划思路】

如果企业需要的载重汽车随时可以在市场上租赁到，那么企业在与汽车租赁公司签订租赁合同时，就可以考虑按年度分期签订，这样既可以减少租金的支出，又可以使得印花税分期缴纳，从而充分利用了资金的时间价值。

【法规依据】

财产租赁合同的计税依据是租赁金额，即租金收入。应纳税凭证应当于书立或者领受时贴花。也就是说，经济当事人在书立合同之时，其纳税义务已经发生，便应当按照规定贴花。

【解析方案】

方案一：双方于 2020 年 1 月 1 日签订了租期 5 年的汽车租赁合同。

双方分别缴纳印花税=250×1‰=0.25(万元)

方案二：双方于 2020 年 1 月 1 日签订了租期为 1 年的租赁合同，以后每年再签订租期为 1 年的租赁合同。

2020 年 1 月 1 日，双方分别缴纳印花税=50×1‰=0.05(万元)

以后每年 1 月 1 日，双方分别缴纳印花税=50×1‰=0.05(万元)

由此可见，方案二与方案一相比，2020 年度德胜有限公司和航宇汽车租赁公司分别少贴花=0.25-0.05=0.2(万元)，因此应当选择方案二。

【筹划点评】

就双方企业而言，通过签订分期租赁合同，可以使得双方按租期分别缴纳印花税。虽然缴纳双方缴纳的印花税总额是不变的，但由于延缓了纳税时间，则充分利用了资金的时间价值。

项 目 训 练

一、理论训练

1. 印花税的征税范围都有哪些？

2. 如何通过分开记载经济事项少缴印花税？

二、操作训练

训练资料：华星贸易公司与红星锁业集团有限公司签订了一份购销合同，合同约定华星 2020 年向红星锁业购买防盗门、锁具等产品，并同时租用红星锁业的位于市中心的门店

高职高专互联网＋新形态教材·财会系列

进行销售，购买产品总价值为 2 500 万元，门店年租金为 80 万元。现有两个方案可供选择。

方案一：按照总价值签订合同；

方案二：按照购买产品和租用门店分开签订合同。

训练要求：请对两套方案涉及的印花税进行计算并进行纳税筹划。

模块 5　企业利润核算阶段的纳税筹划

项目 19

利用税前扣除项目的企业所得税筹划

【学习目标】

[能力目标]

1. 能够有效利用税前扣除项目，进行纳税筹划。
2. 能够准确计算不同纳税方案下的企业应纳税额。
3. 能够独立分析不同方案的筹划风险点，并选择企业利益最大化的纳税方案。

[知识目标]

1. 掌握企业所得税的概念及特征。
2. 掌握企业所得税应纳税所得额的具体内容。
3. 掌握企业所得税限制性扣除项目的法律规定。

[素质目标]

1. 培养自主学习意识及能力。
2. 培养费用控制意识及风险防控意识。
3. 提高分析判断能力。
4. 加强交流沟通能力和团队合作精神。

【思政指引】

关键词：风险意识　未雨绸缪　合法为矩

企业所得税税前扣除项目多、内容广、扣除凭证杂、政策理解难度大，纳税人日常管理和纳税筹划都存在巨大风险。纳税人应树立全局观念，增强风险意识，形成管理制度，做到未雨绸缪，事前管控。

【项目引例】

　　某软件企业每年都要召集其客户定期召开销售座谈会，一年的会议费开支 1 000 万元，其中向客户收取会议费 800 万元，企业支付 200 万元。该企业目前做以下财务处理，在列支会议费费用时记入管理费用科目。该企业把向客户收取的会议费 800 万元作为价外费用处理，补提增值税 116.24 万元，补提城市维护建设税及教育费附加 11.62 万元。

　　对于该软件公司的会议费用，企业应如何做纳税筹划？

19.1　相　关　法　规

19.1.1　企业所得税的概念

　　企业所得税是指以企业取得的生产经营所得和其他所得为计税依据而征收的一种所得税。除依照中国法律、行政法规成立的个人独资企业、合伙企业不适用企业所得税外，在中华人民共和国境内，企业和其他取得收入的组织为企业所得税的纳税人，依法缴纳企业所得税。

　　企业所得税采取收入来源地管辖权和居民管辖权相结合的双重管辖权，把企业分为居民企业和非居民企业，分别确定不同的纳税义务。

19.1.2　企业所得税的特征

　　企业所得税具有以下五个特征。

1. 企业所得税的课税对象是纳税人的生产经营所得和其他所得

　　根据《企业所得税法》的相关规定，企业若有生产经营所得和其他所得，无论所得是经常性的还是偶然性的，都必须依法纳税。

2. 企业所得税是直接税，其纳税人与负税人一致

　　企业所得税纳税人的负担不能转嫁，这体现了税收对社会收入分配的调节作用。

3. 企业所得税体现了公平纳税原则

　　企业所得税的税收基础是企业和其他经济组织的生产经营所得和其他所得。所得多，则纳税多；所得少，则纳税少；无所得，则不纳税。将所得税的高低与纳税人所得的多少直接联系起来，充分体现了税收公平的原则。

4. 企业所得税是企业的一项费用

　　企业有所得即有收入，就相应地有所耗费，企业缴纳给国家的企业所得税可以理解为是一项与所得额配比的费用支出。

5. 所得税会计独立于企业财务会计体系

　　《企业所得税法》对于纳税人的收入总额、准予扣除的项目等都有详细的规定。因此，应纳税所得额与会计上的利润总额既有联系又有区别。纳税人在计算缴纳企业所得税时必

高职高专互联网＋新形态教材 · 财会系列

须按照《企业所得税法》的相关规定处理。

19.1.3 企业所得税的计税依据

按照《企业所得税法》的解释，企业"所得"包括销售商品所得、提供劳务所得、转让财产所得、股息红利所得、利息所得、租金所得、特许权使用费所得、接受捐赠所得和其他所得。

企业所得税的计税依据是应纳税所得额。"应纳税所得额"是指企业每一纳税年度的收入总额，减去不征税收入、免税收入、各项扣除以及允许弥补的以前年度的亏损后的余额。其计算公式为

应纳税所得额=收入总额-不征税收入-免税收入-各项扣除-允许弥补的以前年度亏损

应纳税所得额的计算以权责发生制为原则，即凡是属于当期的收入和费用，不论款项是否收付，均作为当期的收入和费用；凡是不属于当期的收入和费用，即使款项已经在当期收付，均不作为当期的收入和费用。应纳税所得额的正确计算直接关系到国家财政收入和企业的税收负担，并且同成本、费用核算关系密切。因此，《企业所得税法》对应纳税所得额计算作了明确规定。

1. 收入总额

企业的收入总额包括以货币形式和非货币形式从各种来源取得的收入。具体包括以下内容。

计算企业所得税之
收入总额的确定

(1) 销售商品收入。销售商品收入是指企业销售商品、产品、原材料、周转材料以及其他存货取得的收入。一般按照交易活动发生地确认该收入。

(2) 提供劳务收入。提供劳务收入是指企业从事建筑安装、修理修配、交通运输、金融保险、咨询经纪、邮电通信、文化体育、教育培训、科学研究、技术服务、餐饮住宿、中介代理、卫生保健、社区服务、娱乐、旅游、加工以及其他劳务服务活动取得的收入。企业在各个纳税期末，提供劳务交易的结果能够可靠估计的，应采用完工进度(百分比)法确认提供劳务收入，一般按照劳务发生地确认该收入。

(3) 转让财产所得。转让财产所得是指企业转让固定资产、生物资产、无形资产、股权、债权等财产取得的收入。其中，不动产转让所得按照不动产所在地确认，动产转让所得按照转让动产的企业或机构、场所所在地确认，股权转让所得按照被投资企业所在地确认。转让财产收入应当按照财产受让方已收或应收的合同或协议价款确认收入。

(4) 股息、红利等权益性投资收益。股息、红利等权益性投资收益是指企业因权益性投资从被投资企业取得的收入。除国务院财政、税务主管部门另有规定外，股息、红利等权益性投资收益按照被投资企业作出利润分配决定的日期确认收入的实现，按照分配所得的企业所在地确认股息、红利等权益性投资收益。

(5) 利息收入。利息收入是指企业将资金提供给他人使用但不构成权益性投资，或因他人占用本企业资金而取得的收入，包括贷款利息、存款利息、债券利息等。利息收入按照合同约定的债务人应付利息的日期确认收入的实现。

(6) 租金收入。租金收入是指企业提供固定资产、包装物等有形资产的使用权而取得的收入。租金收入按照合同约定的承租人应付租金的日期确认收入的实现。如果交易合同

或协议中规定租赁期限跨年度，且租金提前一次性支付的，出租人可对上述已确认的收入，在租赁期内，分期均匀计入相关年度收入。

(7) 特许权使用费收入。特许权使用费收入是指企业提供专利权、非专利技术、著作权等特许权的使用权取得的收入。该收入按照合同约定的使用人应付特许权使用费的日期确认收入的实现。

(8) 接受捐赠收入。接受捐赠收入是指企业接受的来自其他企业、组织或个人等无偿给予的货币性及非货币性资产。接受捐赠收入，按照实际收到捐赠资产的日期确认收入的实现。

(9) 其他收入。其他收入是指企业取得的除上述收入外的其他收入，包括企业资产溢余收入、逾期未退包装物押金收入、确实无法偿付的应付款项、已作坏账损失处理后又收回的应收款项等。

2. 不征税收入

不征税收入主要包括以下三类。

(1) 财政拨款。

(2) 依法收取并纳入财政管理的行政事业性收费、政府性基金。

(3) 国务院规定的其他不征税收入。国务院规定的其他不征税收入，是指企业取得的，由国务院财政、税务主管部门规定专项用途并经国务院批准的财政性资金。

县级以上人民政府将国有资产无偿划入企业，凡指定专门用途并按规定进行管理的，企业可作为不征税收入进行企业所得税处理。其中，该项资产属于非货币资产的，应按政府确定的接收价值计算不征税收入。

2018 年 9 月 10 日起，对全国社会保障基金取得的直接股权投资收益、股权投资基金收益，作为企业所得税不征税收入。

2018 年 9 月 20 日起，对全国社会保障基金理事会及基本养老保险基金投资管理机构在国务院批准的投资范围内，运用养老基金投资取得的归属于养老基金的投资收入，作为企业所得税不征税收入。

3. 免税收入

免税收入是指属于企业的应税所得，但是按照《企业所得税法》的规定免予征收企业所得税的收入。企业的免税收入主要包括以下四类。

(1) 国债利息收入是指企业持有国务院财政部门发行的国债取得的利息收入。

(2) 符合条件的居民企业之间的股息、红利等权益性投资收益是指居民直接投资于其他居民企业取得的投资收益。

(3) 在中国境内设立机构、场所的非居民企业从居民企业取得与该机构、场所有实际联系的股息、红利等权益性投资收益。不包括连续持有居民企业公开发行并上市流通的股票不足 12 个月取得的投资收益。

(4) 符合条件的非营利性组织的收入。符合条件的非营利性组织，是指同时符合下列条件的组织：①依法履行非营利性组织登记手续；②从事公益性或者非营利性活动；③取得的收入除用于与该组织有关的、合理的支出外，全部用于登记核定或者章程规定的公益性或者非营利性事业；④财产及其孳息不用于分配；⑤按照登记核定或者章程规定，该组织注销后的剩余财产用于公益性或者非营利性目的，或者由登记管理机关转赠给与该组织性质、宗旨相同的组织，并向社会公告；⑥投入人员工资福利开支控制在规定的比例内，不变相分配该组织的财产；⑦股权分置改革中，上市公司因股权分置改革而接受的非流通股股东作为对价注入资产和被非流通股股东豁免债务，上市公司应增加注册资本或资本公积，不征收企业所得税。

4. 各项扣除

计算企业所得税之各项扣除

《企业所得税法》规定，企业实际发生的与取得收入有关的、合理的支出，包括成本、费用、税金、损失和其他支出，准予在计算应纳税所得额时扣除。合理的支出，是指符合正常的生产经营活动，应当计入当期损益或者有关资产成本的必要和正常的支出。除另有规定外，企业实际发生的成本、费用、税金、损失和其他支出，不得重复扣除。

在实际业务中，计算应纳税所得额时要注意以下三方面：①企业发生的支出应区分收益性支出和资本性支出。收益性支出在发生当期直接扣除；资本性支出应当分期扣除或计入有关资产成本，不得在发生当期直接扣除。②企业的不征税收入用于支出所形成的费用或财产，不得扣除或计算对应的折旧、摊销扣除。③除《企业所得税法》和《中华人民共和国企业所得税法实施条例》另有规定外，企业发生的成本、费用、税金、损失和其他支出，不得重复扣除。

有关支出扣除的基本规定如下。

(1) 成本是指企业在生产经营活动中发生的销售成本、销货成本、业务支出以及其他耗费，即企业销售商品、提供劳务、转让固定资产和无形资产的成本。

(2) 费用是指企业在生产经营活动中发生的销售费用、管理费用和财务费用，已经计入成本的费用除外。

(3) 税金是指企业发生的除企业所得税和允许抵扣的增值税以外的各种税金及其附加。

(4) 损失是指企业在生产经营活动中发生的固定资产和存货的盘亏、毁损、报废损失，转让财产损失，呆账损失，坏账损失，自然灾害等不可抗力因素造成的损失以及其他损失。

企业发生的损失，减去责任人赔偿和保险赔款后的余额，依照国务院财政、税务主管部门的规定扣除。企业已经作为损失处理的资产，在以后纳税年度又全部收回或者部分收回时，应当计入当期收入。

(5) 其他支出是指除成本、费用、税金、损失外，企业在生产经营活动中发生的与生产经营活动有关的、合理的支出。

5. 居民企业准予扣除的项目及具体扣除标准

(1) 工资、薪金支出。企业发生的合理的工资、薪金支出准予据实扣除。工资、薪金支出是企业每一纳税年度内支付给在本企业任职或与其有雇佣关系的员工的所有现金或非现金形式的劳动报酬，包括基本工资、奖金、津贴、补贴、年终加薪、加班工资，以及与任职或受雇有关的其他支出。

计算企业所得税之准予扣除项目及各项扣除标准

(2) 职工福利费、工会经费、职工教育经费。企业发生的职工福利费、工会经费、职工教育经费按标准扣除，未超过标准的按实际数额扣除，超过标准的只能按标准扣除。其中：企业发生的职工福利费支出，不超过工资、薪金总额 14%的部分准予扣除；企业拨缴的工会经费，不超过工资、薪金总额 2%的部分准予扣除；除国务院财政、税务主管部门另有规定外，企业发生的职工教育经费支出，不超过工资、薪金总额 2.5%的部分准予扣除，超过部分准予结转以后纳税年度扣除。

(3) 社会保险费。企业依照国务院有关主管部门或省级人民政府的规定范围和标准为职工缴纳的基本养老保险费、基本医疗保险费、失业保险费、工伤保险费、生育保险费等基本社会保险费和住房公积金，准予扣除。

自 2008 年 1 月 1 日起，企业根据国家有关政策规定，为在本企业任职或者受雇的全体员工支付的补充养老保险费、补充医疗保险费，分别在不超过职工工资总额 5%标准内的部分，在计算应纳税所得额时准予扣除；超过的部分，不予扣除。

(4) 利息费用。企业在生产经营活动中发生的利息费用，按下列规定扣除：非金融企业向金融企业借款的利息支出、金融企业的各项存款利息支出和同业拆借利息支出、企业经批准发行债券的利息支出可以据实扣除；非金融企业向非金融企业借款的利息支出，不超过按照金融企业同期同类贷款利率计算的数额的部分可据实扣除，超过部分不予扣除。

凡企业投资者在规定期限内未缴足其应缴资本额的，该企业对外借款所发生的利息，相当于投资者实缴资本额与在规定期限内应缴资本额的差额应计付的利息，其不属于企业合理的支出，应由企业投资者负担，不得在计算企业应纳税所得额时扣除。

企业向股东或其他与企业有关联关系的自然人借款的利息支出，应根据《企业所得税法》及《财政部 国家税务总局 关于企业关联方利息支出税前扣除标准有关税收政策问题的通知》规定的条件，计算企业所得税的扣除额。

企业向除股东或其他与企业有关联关系的自然人以外的内部职工或其他人员借款的利息支出，其借款情况同时符合以下条件的，其利息支出在不超过按照金融企业同期同类贷款利率计算的数额的部分，准予扣除。①企业与个人之间的借贷是真实、合法、有效的，并且不具有非法集资目的或其他违反法律、法规的行为；②企业与个人之间签订了借款合同。

(5) 借款费用。企业在生产经营活动中发生的合理的不需要资本化的借款费用，准予扣除；企业为购置、建造固定资产、无形资产和经过 12 个月以上的建造才能达到预定可销售状态的存货发生借款的，在有关资产购置、建造期间发生的合理的借款费用，应予以资本化，作为资本性支出计入有关资产的成本，有关资产交付使用后发生的借款费用，可在发生当期扣除。企业通过发行债券、取得贷款、吸收保户储金等方式融资而发生的合理的费用支出，符合资本化条件的，应计入相关资产成本；不符合资本化条件的，应作为财务费用，准予在企业所得税前据实扣除。

(6) 汇兑损失。企业在货币交易中以及纳税年度终了时将人民币以外的货币性资产、负债按照期末即期人民币汇率中间价折算为人民币时产生的汇兑损失，除已经计入有关资产成本及与向所有者进行利润分配有关的部分外，准予扣除。

(7) 业务招待费。企业发生的与生产经营活动有关的业务招待费，按照发生额的 60%扣除，但最高不得超过当年销售收入(营业收入)的 5‰。

企业在筹建期间，发生的与筹建活动有关的业务招待费支出，可按实际发生额的 60%计入企业筹建费，并按有关规定在税前扣除。

对从事股权投资业务的企业(包括集团公司总部、创业投资企业等)，其从被投资企业所分配的股息、红利以及股权转让收入，可以按规定的比例计算业务招待费扣除限额。

(8) 广告费和业务宣传费。企业发生的符合条件的广告费和业务宣传费支出，除国务院财政、税务主管部门另有规定外，不超过当年销售收入(营业收入)15%的部分，准予扣除；超过部分，准予结转以后纳税年度扣除。企业在筹建期内，发生的广告费和业务宣传费，可按实际发生额计入企业筹建费，并按有关规定在税前扣除。

自 2016 年 1 月 1 日起至 2025 年 12 月 31 日止，对化妆品制造或销售、医药制造和饮料制造(不含酒类制造)企业发生的广告费和业务宣传费支出，不超过当年销售收入 30%的部分，准予扣除；超过部分，准予在以后纳税年度结转扣除。

烟草企业的烟草广告费和业务宣传费支出，一律不得在计算应纳税所得额时扣除。

签订分摊协议的关联企业，广告费和业务宣传费可以在本公司扣除，也可以将其中的部分或者全部集中至另一方扣除。

(9) 环境保护专项资金。企业依照法律、法规有关规定提取的用于环境保护、生态恢复等方面的专项资金，准予扣除。上述专项资金提取后改变用途的，不得扣除。

(10) 租赁费。企业根据生产经营活动的需要租入固定资产支付的租赁费，按照以下方法扣除：以经营租赁方式租入固定资产发生的租赁费支出，按照租赁期限均匀扣除；以融资租赁方式租入固定资产发生的租赁费支出，按照规定构成融资租入固定资产价值的部分应当提取折旧费用，分期扣除。

6. 不得扣除的项目

在计算应纳税所得额时，下列支出不得扣除。

(1) 向投资者支付的股息、红利等权益性投资收益款项。

(2) 企业所得税税款。

(3) 税收滞纳金。

(4) 罚金、罚款和被没收财物的损失。

(5) 年度利润总额 12%以外的公益性捐赠支出。

(6) 赞助支出，是指企业发生的与生产经营活动无关的各种非广告性质支出。

(7) 未经核定的准备金支出。

(8) 企业之间支付的管理费、企业内营业机构之间支付的租金和特许权使用费以及非银行企业内营业机构之间支付的利息。

(9) 与取得收入无关的其他支出。

19.1.4 对限定条件扣除的纳税筹划思路

1. 借款费用的纳税筹划

企业在生产经营过程中，会经常发生向金融机构或关联企业借款的情况。税法规定，纳税人向各类金融机构借款发生的利息支出，可以按实际发生数扣除。纳税人向非银行金融机构借款发生的利息支出，符合中国人民银行规定的浮动利率以内的部分，准予扣除；超过浮动利率的部分不允许扣除。对于纳税人为购置、建造和生产固定资产、无形资产而发生的借款，在有关资产购置期间发生的借款费用，应作为资本化支出计入有关资产的成本；有关资产交付使用后发生的借款费用，可在发生当期扣除。一般情况下，筹划思路是纳税人应尽可能向银行借款以保证利息费用在税前列支，向非银行金融机构借款应尽可能使利息在规定的浮动范围内。

2. 业务招待费、广告费和业务宣传费的纳税筹划

《中华人民共和国企业所得税法》规定，业务招待费支出按照发生额的 60% 扣除，但最高不得超过当年销售(营业)收入的 5‰。《企业所得税法实施条例》第四十四条规定：企业发生的符合条件的广告费和业务宣传费支出，除国务院财政、税务主管部门另有规定外，不超过当年销售(营业)收入 15% 的部分，准予扣除；超过部分，准予在以后纳税年度结转扣除。在实际中，有些企业的业务招待费、广告费和业务宣传费经常超过税法规定的扣除限额，导致不能在税前全额扣除，加重了税负。

企业进行纳税筹划的基本原则：在遵循税法与会计准则的前提下，尽可能加大据实扣除费用的额度，对于有扣除限额的费用应该用够标准，直到规定的上限。在日常财务工作中，可以从以下四个方面进行纳税筹划。

(1) 设立独立核算的销售公司，提高扣除费用额度。按规定，"三费"都是以营业收入作为基础计算扣除限额的。如果将企业的销售部门设立成一个独立核算的销售公司，将企业的产品销售给销售公司，再由销售公司对外销售，这样就增加了一次营业收入，在整个企业的利润总额并未改变的前提下，费用扣除限额的标准可同时获得提高。

(2) 业务招待费与会务费、差旅费分别核算。在核算业务招待费时，企业应将会务费(会议费)、差旅费等项目与业务招待费等严格区分，不能将会务费、差旅费等计入业务招待费。因为税法规定，纳税人发生的与其经营活动有关的合理的差旅费、会务费、董事费，只要能够提供证明其真实性的合法凭证，均可据实在税前全额扣除。同时，税法也规定绝对不可以故意将业务招待费混入会务费、差旅费中核算，否则，属于偷税行为。

(3) 合理转换"三费"。在核算业务招待费时，企业除应将会务费(会议费)、差旅费等项目与业务招待费等严格区分外，还应当严格区分业务招待费和业务宣传费，提前做好预算，以利于两者间的合理转换，从而进行纳税筹划。

(4) 利用关联企业分摊广告费和业务宣传费。有效利用关联企业的分摊协议，确保广告费和业务宣传费可以最大比例在本公司扣除，同时将多余部分移至另一方扣除。

3. 工资、薪金及附加费的纳税筹划

按照现行税法的规定，允许企业将合理的工资、薪金在税前扣除。纳税人在进行纳税筹划时应尽可能用足这些限定条件，同时，积极创造条件力争符合优惠政策要求。企业在制定工资政策时，要尽可能提高实际工资，使职工实际得到的薪酬和福利高于税法的限定。限额内应提取的工资附加费要全额提取，最大限度地保障职工的医疗、工会活动和受教育等方面的福利，如适当调整用工组合，增加雇用残疾人员的比例，可以增加扣除比例。

4. 企业研究开发费用的纳税筹划

企业在经营中进行"新技术、新产品、新工艺"的研究和开发，是企业提高产品科技含量、增强市场竞争力的重要手段。

《财政部 国家税务总局 科技部 关于完善研究开发费用税前加计扣除政策的通知》(财税〔2015〕119 号)、《财政部 税务总局 科技部 关于企业委托境外研究开发费用税前加计扣除有关政策问题的通知》(财税〔2018〕64 号)、《财政部 税务总局 科技部 关于提高研究开发费用税前加计扣除比例的通知》(财税〔2018〕99 号)、《财政部 税务总局 关于进一步完善研发费用税前加计扣除政策的公告》(2021 年第 13 号)、《财政部 税务总局 关于延

高职高专互联网＋新形态教材·财会系列

长部分税收优惠政策执行期限的公告》(2021 年第 6 号)等税收政策规定如下。

除制造业以外的企业，且不属于烟草制造业、住宿和餐饮业、批发和零售业、房地产业、租赁和商务服务业、娱乐业。企业开展研发活动中实际发生的研发费用，未形成无形资产计入当期损益的，在 2023 年 12 月 31 日前，在按规定据实扣除的基础上，再按照实际发生额的 75%在税前加计扣除；形成无形资产的，在上述期间按照无形资产成本的 175%在税前摊销。

制造业企业开展研发活动中实际发生的研发费用，未形成无形资产计入当期损益的，在按规定据实扣除的基础上，自 2021 年 1 月 1 日起，按照实际发生额的 100%在税前加计扣除；形成无形资产的，自 2021 年 1 月 1 日起，按照无形资产成本的 200%在税前摊销。

根据税法规定，纳税筹划时应注意两方面的问题：一是合理、均衡控制企业的盈利水平，尽量避免当年利润不够 75%或 100%的抵扣；二是日常会计核算应注意划分技术研究开发费用与管理费用和其他费用的区别，尽量避免将技术研究开发费计入其他费用项目。

19.2　利用税前扣除项目的企业所得税筹划任务

19.2.1　限制性费用税前扣除的纳税筹划

限制性费用税前
扣除的纳税筹划

【任务案例】

红星商贸有限公司预计 2021 年全年销售(营业)收入为 10 000 万元，预计广告费为 600万元，业务宣传费为 400 万元，业务招待费为 200 万元，其他可税前扣除的支出为 8 000 万元。请对其进行纳税筹划。

【筹划思路】

企业在经营年度内应将业务招待费的 60%控制在当年销售(营业)收入的 5‰之内，以充分使用业务招待费的扣除限额，同时减少纳税调整事项。在不影响经营效益的前提下，企业一般可以通过在调低业务招待费的同时，调高广告费和业务宣传费来进行纳税筹划。

【法规依据】

《中华人民共和国企业所得税法》规定，企业的广告费和业务宣传费支出不超过当年销售(营业)收入 15%的部分，可以据实扣除，超过比例的部分可结转到以后年度扣除。

企业发生的与生产经营活动有关的业务招待费，按照发生额的 60%扣除，且扣除总额全年最高不得超过当年销售(营业)收入的 5‰。

【解析方案】

方案一：按企业实际经营状况计算。

广告费和业务宣传费支出的扣除限额=10 000×15%=1 500(万元)

广告费和业务宣传费支出的实际发生额=600+400=1 000(万元)

因扣除限额 1 500 万元>实际发生额 1 000 万元，因此可据实扣除。

业务招待费的扣除限额=10 000×5‰=50(万元)

业务招待费的 60%=200×60%=120(万元)

按照税法规定的孰低选择的判断原则，业务招待费扣除限额为 50 万元。

因业务招待费实际发生额 200 万元＞扣除限额 50 万元，需调增应纳税所得额=200-50=150(万元)。

应交企业所得税=(10 000-600-400-200+150-8 000)×25%=237.5(万元)

净利润=10 000-600-400-200-8 000-237.5=562.5(万元)

方案二：在不影响经营效益的前提下，将业务招待费调减至 80 万元，同时调增广告费至 700 万元，业务宣传费调增至 420 万元。

广告费和业务宣传费支出的扣除限额=10 000×15%=1 500(万元)

广告费和业务宣传费支出的实际发生额=700+420=1 120(万元)

因扣除限额 1 500 万元＞实际发生额 1 120 万元，因此可据实扣除。

业务招待费的扣除限额=10 000×5‰=50(万元)

业务招待费的 60%=80×60%=48(万元)

按照税法规定的孰低选择的判断原则，业务招待费的扣除限额为 48 万元，因业务招待费实际发生额 80 万元＞扣除限额 48 万元，需调增应纳税所得额=80-48=32(万元)。

应交企业所得税=(10 000-700-420-80+32-8 000)×25%=208(万元)

净利润=10 000-700-420-80-8 000-208=592(万元)

由此可见，方案二比方案一少缴企业所得税=237.5-208=29.5(万元)，多获净利润=592-562.5= 29.5(万元)，因此应当选择方案二。

【筹划点评】

如果将业务招待费调减至扣除限额，则不需要进行任何的纳税调整，因此企业缴纳的企业所得税以及实现的净利润将达到最大化，但应该考虑到，企业大幅度调减业务招待费的同时调增广告费，可能会影响企业经营效益，因此在一定程度上会限制这种方法的使用。

19.2.2　利用借款费用变其他支出的纳税筹划

【任务案例】

龙堂水产有限公司职工人数为 1 000 人，人均月工资 4 000 元。因融资业务需要，企业 2020 年向每位职工集资 10 000 元，年利率为 10%，假设同期同类银行贷款利率为年利率 6%，假设该公司 2020 年应税所得额为 6 000 万元(未扣除利息支出)，请对该公司进行纳税筹划。

【筹划思路】

当企业支付的利息超过允许扣除的数额时，企业可以考虑将超额的利息部分转为其他可扣除支出，如工资、奖金、劳务报酬等，从而降低应纳税所得额，达到纳税筹划的目的。

【法规依据】

《中华人民共和国企业所得税法》规定，非金融企业向非金融企业借款的利息支出，不超过按照金融企业同期同类贷款利率计算的数额的部分，准予扣除，超过部分不能扣除。

企业向股东或其他与企业有关联关系的自然人借款的利息支出，根据《中华人民共和国企业所得税法》第四十六条及《财政部 国家税务总局 关于企业关联方利息支出税前扣除标准有关税收政策问题的通知》(财税〔2008〕121 号)规定的条件，计算企业所得税扣除额。

高职高专互联网＋新形态教材·财会系列

企业向上述规定以外的内部职工或其他人员借款的利息支出，其借款情况同时符合以下条件的。

(1) 企业与个人之间的借贷是真实、合法、有效的，并且不具有非法集资目的或其他违反法律、法规的行为。

(2) 企业与个人之间签订了借款合同。其利息支出在不超过按照金融企业同期同类贷款利率计算的数额的部分，根据《中华人民共和国企业所得税法》第八条和《中华人民共和国企业所得税法实施条例》第二十七条规定，准予扣除。

【解析方案】

方案一：按原方案进行集资。

向职工集资应支付的利息支出=1×1 000 ×10%=100(万元)

按同期同类银行贷款利率计算的利息支出限额=1×1 000 ×6%=60(万元)

应调增企业应纳税所得额=100-60=40(万元)

应纳企业所得税额=(6 000-100+40)×25%=1 575(万元)

代扣代缴个人所得税=1×10%×20%×1 000=20(万元)

方案二：将集资利率降低为 6%，同时每月职工工资增加 33.33 元。

向职工集资应支付的利息支出=1×1 000 ×6%=60(万元)

按同期同类银行贷款利率计算的利息支出限额=1×1 000×6%=60(万元)

因集资支付的利息支出不高于同期同类银行贷款利率计算的利息限额，所以集资支付的利息支出可以在税前全额扣除。

因调高职工工资，年职工工资支出应调增=33.33×1 000 ×12=39.996(万元)

应纳企业所得税额=(6 000-60-39.996)×25%=1 475.001(万元)

每月职工工资增加 33.33 元，则每位职工的月工资为 4 033.33 元，没有超过《中华人民共和国个人所得税法》所规定的扣除额月工资 5 000 元，所以职工不需要为此缴纳个人所得税。

企业代扣代缴个人所得税额=1×6%×20%×1 000=12(万元)

方案二与方案一相比，该企业少缴纳企业所得税=1 575-1 475.001=99.999(万元)，方案二与方案一相比，该企业代扣代缴个人所得额少缴=20-12=8(万元)，因此应当选择方案二。

【筹划点评】

通过将集资利率调整到与同期同类贷款利率相同，将职工的利息损失通过调高工资的方式进行补偿，这样不仅企业所支付的集资利息可以在税前全额扣除，调高的工资薪金支出也可以在税前全额扣除，并且职工的税后收益得到提高，可以说一举两得。

19.2.3 技术研究开发费用税前列支的纳税筹划

技术研究开发费用税前列支的纳税筹划

【任务案例】

蓝地科技有限公司 2018 年发生了技术研究开发费用 300 万元，且研究技术的同时生产了与该技术配套的设备硬件(属于电子设备)。企业适用的所得税税率为 25%，未来 10 年的利润总额均为 1 200 万元(未扣除开发费用)，假设折现率为 6%。请为该公司进行纳税筹划。

【筹划思路】

研究开发未形成无形资产的与研究开发形成无形资产的，其研究开发费用的摊销方法不同。

【法规依据】

我国企业所得税相关政策规定，研究开发费用的加计扣除，除制造业以外的企业，且不属于烟草制造业、住宿和餐饮业、批发和零售业、房地产业、租赁和商务服务业、娱乐业，未形成无形资产计入当期损益的，在按照规定据实扣除的基础上，按照研究开发费用的 75%加计扣除；形成无形资产的，按照无形资产成本的 175%摊销。

《企业所得税法实施条例》规定，无形资产按照直线法计算的摊销费用，准予扣除。无形资产的摊销年限不得低于 10 年。作为投资或者受让的无形资产，有关法律规定或者合同约定了使用年限的，可以按照规定或者约定的使用年限分期摊销。条例同时规定，电子设备计算折旧的最低年限为 3 年。

【解析方案】

方案一：研究开发未形成无形资产。

研究开发费用当期按发生额的 75%加计扣除，税前列支。

2018 年应纳企业所得税=(1 200−300×175%)×25%=168.75(万元)

2019—2027 年应纳企业所得税=1 200×25%=300(万元)

企业所得税折合到 2018 年年初现值=168.75×(P/A,6%,1)+300×[(P/A,6%,10)−(P/A,6%,1)]

=168.75×0.943 4+300×(7.360 1−0.943 4)=159.198 75+1 925.01=2 084.208 8(万元)

方案二：研究开发形成无形资产，摊销年限为 10 年。

2018—2027 年每年应纳企业所得税=(1 200−300×175%÷10)×25%=286.875(万元)

2018—2027 年每年应纳企业所得税折合到 2018 年年初的现值合计=286.875×(P/A,6%,10)=286.875×7.360 1=2 111.428 7 (万元)

方案三：将研究开发形成的无形资产作为电子设备(固定资产)的一部分，通过折旧的方式税前列支，且折旧年限为 3 年。

2018—2020 年每年应纳企业所得税=(1 200−300÷3)×25%=275(万元)

2021—2027 年每年应纳企业所得税=1 200×25%=300(万元)

2018—2027 年每年应纳企业所得税折合到 2018 年年初的现值

=275×(P/A,6%,3)+300×[(P/A,6%,10)−(P/A,6%,3)]

=275×2.673 0+300×4.687 1=2 141.205(万元)

方案一与方案二相比，该企业缴纳企业所得税的现值少=2 111.428 7−2 084.208 8=27.219 9(万元)；方案一与方案三相比，该企业缴纳企业所得税的现值少=2 141.205−2 084.208 8=56.996 2(万元)，因此应当选择方案一。

【筹划点评】

通过规划研究开发费用的税前扣除涉及金额，合理调节企业利润，进而调节企业所得税税负。

高职高专互联网＋新形态教材·财会系列

合理安排收支的
纳税筹划

19.2.4　合理安排收支的纳税筹划

【任务案例】

美麟食品有限公司资产总额为 2 900 万元，有职工 80 人。该企业在 2020 年年底前预测全年将实现应纳税所得额 100.1 万元。请为该公司进行纳税筹划。

【筹划思路】

企业所得税税率的差异，为纳税人提供了充分的筹划空间，在纳税人可以预测到应纳税所得额刚好超过临界点 100 万元时，可以事先增加一些合理的费用支出，从而使得应纳税所得额不超过 100 万元，从而减轻纳税人的税收负担。

【法规依据】

根据《财政部　税务总局　关于进一步扩大小型微利企业所得税优惠政策范围的通知》(财税〔2018〕77 号)第一条、第二条规定：自 2018 年 1 月 1 日至 2020 年 12 月 31 日，将小型微利企业的年应纳税所得额上限由 50 万元提高至 100 万元，对年应纳税所得额低于 100 万元(含 100 万元)的小型微利企业，其所得减按 50%计入应纳税所得额，按 20%的税率缴纳企业所得税。

【解析方案】

方案一：不做任何调整。

2020 年应纳企业所得税=100.1×25%=25.025(万元)

2020 年实现净利润=100.1-25.025=75.075(万元)

方案二：在 2020 年 12 月 31 日前安排支付一笔 0.1 万元的费用。

2020 年应纳税所得额=100.1-0.1=100(万元)

2020 年应纳企业所得税=100×50%×20%=10(万元)

2020 年实现净利润=100-10=90(万元)

方案二与方案一相比，该企业少缴纳企业所得税=25.025-10=15.025(万元)，多获取净利润=90-75.075=14.925(万元)，因此应当选择方案二。

【筹划点评】

现实中，小微企业应纳税所得额正好在 100 万元左右的情况毕竟是少数，但案例提供的通过合理收支避开临界点进行纳税筹划的思路是值得借鉴的。

19.2.5　合理增加研发费用加计扣除额的纳税筹划

【任务案例】

南星医学技术有限公司 2019 年发生研发支出共计 3 000 万元，其中，研究阶段支出为 500 万元，开发阶段符合资本化条件前发生的支出为 600 万元，符合资本化条件后至达到预计用途前发生的支出为 1 900 万元(其中有 500 万元可以费用化)，开发形成的无形资产在 2019 年 12 月已达到预定用途，摊销期限为 10 年。请为该公司进行纳税筹划。

【筹划思路】

纳税人在进行内部研究开发时，存在无形资产研究费用费用化与无形资产开发费用资本化交叉的情况，纳税人可以有意识地将部分开发费用作为研究费用，这样可以增加当期税前扣除金额，从而减轻企业所得税税负。

【法规依据】

《财政部　税务总局　科技部　关于提高研究开发费用税前加计扣除比例的通知》(财税〔2018〕99 号)规定：企业开展研发活动中实际发生的研发费用，未形成无形资产计入当期损益的，在按规定据实扣除的基础上，在 2018 年 1 月 1 日至 2020 年 12 月 31 日期间，再按照实际发生额的 75%在税前加计扣除；形成无形资产的，在上述期间按照无形资产成本的 175%在税前摊销。

《财政部　税务总局　关于进一步完善研发费用税前加计扣除政策的公告》(2021 年第 13 号)规定：制造业企业开展研发活动中实际发生的研发费用，未形成无形资产计入当期损益的，在按规定据实扣除的基础上，自 2021 年 1 月 1 日起，再按照实际发生额的 100% 在税前加计扣除；形成无形资产的，自 2021 年 1 月 1 日起，按照无形资产成本的 200% 在税前摊销。

《财政部　税务总局　关于延长部分税收优惠政策执行期限的公告》(2021 年第 6 号)等税收政策规定：除制造业以外的企业，且不属于烟草制造业、住宿和餐饮业、批发和零售业、房地产业、租赁和商务服务业、娱乐业，企业开展研发活动中实际发生的研发费用，未形成无形资产计入当期损益的，在 2023 年 12 月 31 日前，在按规定据实扣除的基础上，再按照实际发生额的 75% 在税前加计扣除；形成无形资产的，在上述期间按照无形资产成本的 175% 在税前摊销。

【解析方案】

方案一：该公司当期发生的 3 000 万元研发支出中，根据《企业会计准则》的规定，应当费用化的金额为=500+600=1 100 万元，形成的无形资产账面价值为 1 900 万元。

可在税前扣除的金额=1 100×175%=1 925(万元)

2019 年加计扣除的部分可减少的企业所得税额=1 100×75%×25%=206.25(万元)

形成的无形资产成本全部摊销额=1 900×175%=3 325(万元)

每年可摊销无形资产成本=3 325÷10=3 32.5(万元)

在 10 年摊销期内，每年少缴纳企业所得税=1 900×75%×1/10×25%=35.625(万元)

因为 2019 年度形成的无形资产成本只有 12 月可以摊销：

2019 年度摊销无形资产成本少缴纳企业所得税=35.625÷12=2.968 75(万元)

2019 年度少缴纳企业所得税合计=206.25+2.968 75=209.218 75(万元)

方案二：形成无形资产的 1 900 万元的支出中，把可费用化的 500 万元计入研究费用，则研究费用变为=500+600+500=1 600(万元)，相应的无形资产账面价值变为=1 900−500=1 400(万元)。

在税前扣除的金额=1 600×175%=2 800(万元)

2019 年加计扣除的部分可减少的企业所得税额=1 600×75%×25%=300(万元)

形成无形资产成本全部摊销额=1 400×175%=2 450(万元)

高职高专互联网＋新形态教材·财会系列

每年可摊销的无形资产成本=2 450÷10=245(万元)

在 10 年摊销期内，每年可以少缴纳企业所得税=1 400×75%×1/10×25%=26.25(万元)

因为 2019 年度形成的无形资产成本只有 12 月可摊销：

2019 年度摊销无形资产成本少缴纳企业所得税=26.25÷12=2.187 5(万元)

2019 年度少缴纳企业所得税合计=300+2.187 5=302.187 5(万元)

方案二与方案一相比，该公司少缴纳所得税=302.187 5-209.218 75=92.968 75(万元)，因此应当选择方案二。

【筹划点评】

我们应注意到，方案二会使企业无形资产的账面价值变小，对将来的处置带来负面影响(将来会多缴企业所得税)。

19.2.6　通过分立销售公司加大限制性费用扣除的纳税筹划

【任务案例】

海悦红酒有限责任公司尚未设立独立的销售公司，假定 2019 年预计实现的销售收入为 8 000 万元，预计广告费支出、业务宣传费支出共计 1 800 万元，其他可税前扣除的成本费用为 3 500 万元。请为该公司进行纳税筹划。

【筹划思路】

很多生产企业存在广告费和业务宣传费超支而不能在税前全部扣除的现象。若把其销售部门分立出去，成立独立核算的销售公司，可以以新成立企业的名义列支上述费用，这样原本超额不能在当年税前列支的费用就可以在销售公司列支了，从而起到延期纳税的作用。

【法规依据】

我国《企业所得税法实施条例》第四十四条规定，广告费和业务宣传费支出不超过当年销售收入 15% 的部分，可以据实扣除，超过部分可结转到以后年度扣除。

【解析方案】

方案一：不设立销售公司。

该公司广告费和业务宣传费扣除限额=8 000×15%=1 200(万元)

实际发生的广告费和业务宣传费超支=1 800-1 200=600(万元)，这部分只能在以后年度才能扣除。

因此当年按照 1 200 万元进行税前扣除。

2019 年应纳企业所得税=(8 000-3 500-1 200)×25%=825(万元)

税后净利润=8 000-3 500-1 800-825=1 875(万元)

方案二：该公司把销售部门分立出来，设立独立核算的销售公司。假设该公司以 6 000 万元的价格先把产品销售给销售公司，销售公司再以 8 000 万元的价格对外销售。该公司负担广告费支出、业务宣传费支出 800 万元，销售公司负担广告费支出、业务宣传费支出 1 000 万元。

海悦公司广告费和业务宣传费扣除限额=6 000×15%=900(万元)

其销售公司广告费和业务宣传费扣除限额=8 000×15%=1 200(万元)

因此，海悦公司及其销售公司发生的广告费和业务宣传费在当年均可全部税前扣除。

同时，因海悦公司和销售公司之间构成销售关系

需缴纳印花税=6 000×0.000 3×2=3.6(万元)。

应纳企业所得税=(8 000-3 500-800-1 000-3.6)×25%=674.1(万元)

税后净利润=8 000-3 500-800-1 000-3.6-674.1=2 022.3(万元)

方案二与方案一相比，当年可少缴纳企业所得税=825-674.1=150.9(万元)，多获取净利润=2 022.3-1 875=147.3(万元)，因此应当选择方案二。

【筹划点评】

从当年看，方案二的税负较低。但从长远看，以上两种方案下企业所承担的税负是相同的，只不过是税款缴纳时间有区别。设立销售公司可使企业延期纳税，节约现金流出量，有效利用资金的时间价值，但企业应综合考虑设立销售公司所发生的开办费用及后续的管理费用，权衡利弊，再做出合理决策。

项 目 训 练

一、理论训练

利用企业所得税的税前扣除项目进行纳税筹划的思路是什么？

二、操作训练

【训练一】

训练资料：春晖公司计划 2020 年度的业务招待费支出为 150 万元，业务宣传费支出为 120 万元，广告费支出为 480 万元。该公司 2020 年度的预计销售额为 8 000 万元。

训练要求：请为该公司进行纳税筹划。

【训练二】

训练资料：某企业职工人数为 1 000 人，人均月工资为 1 300 元。该企业 2019 年度向职工集资，人均 10 000 元，年利率为 10%，同期同类银行贷款利率为年利率 7%。当年企业税前会计利润为 30 万元(利息支出全额扣除)，当年企业缴纳企业所得税为 150 000 元，代扣代缴企业职工个人所得税 200 000 元。

训练要求：请为该企业进行纳税筹划。

高职高专互联网+新形态教材·财会系列

项目 20

企业核算方法选择的企业所得税筹划

【学习目标】

[能力目标]

1. 能够利用不同会计核算方法进行纳税筹划。
2. 能够独立分析不同方案的筹划风险点，并选择企业利益最大化的纳税方案。

[知识目标]

1. 掌握成本核算方法、存货计价方法。
2. 掌握低值易耗品摊销及无形资产摊销方法。
3. 掌握固定资产折旧年限确定办法。

[素质目标]

1. 培养自主学习意识及能力。
2. 培养企业核算方法选择的意识及风险防控意识。
3. 提高分析判断能力。
4. 加强交流沟通能力和团队合作精神。

【思政指引】

关键词：坚守准则　　法治思维　　节约意识　　诚实守信

在实践中，企业核算的方法有多种选择，不同的方法下企业的利益会有所差别，而纳税人要有节约的意识。对于核算方法的选择，在不损害国家利益的前提下，必须坚持诚实守信、依法依规的原则。

【项目引例】

某企业有一台价值为 150 万元的设备，残值按原价的 4%估算，估计使用年限为 8 年，该企业适用 25%的企业所得税税率，资金成本率为 8%，请对该企业所得税税负水平及货币时间价值进行比较，设计纳税筹划方案。

20.1　相　关　法　规

20.1.1　资产计价与会计核算方法

1. 不同企业存货计价方法的选择思路

发出存货的计价可以按照实际成本核算，也可以按照计划成本核算。根据《企业会计准则》的规定，按照实际成本核算的，应当采用先进先出法、加权平均法、个别计价法确定其实际成本。由于不同的存货成本计价方法可以改变销售成本，继而影响应纳税所得额，所以纳税人可以根据自己的实际情况选择使本期发出存货成本最有利于纳税筹划的存货计价方法。在不同企业或企业处于不同的盈亏状态下，应选择不同的计价方法。

(1) 盈利企业。由于盈利企业的存货成本可最大限度地在计算本期所得税时进行税前抵扣，因此，应选择能使本期成本最大化的计价方法。在发生通货膨胀、材料价格不断上涨时，加权平均法、移动加权平均法可以使计入本期成本的费用增高；反之，在通货紧缩、物价下跌时，应选择先进先出法。

(2) 亏损企业。亏损企业选择计价方法时应与弥补亏损相结合。所选择的计价方法必须使不能得到或不能完全得到税前弥补的亏损年度的成本费用降低，使成本费用延迟到以后能够完全得到弥补的时期，保证成本费用的抵税效果最好。

(3) 享受税收优惠的企业。如果企业正处于企业所得税的免税期或减税期，就意味着企业获得的利润越多，其得到的减免税额越多，应选择减免税优惠期间内存货成本最小化的计价方法，减少存货费用的当期摊入，扩大当期利润。相反，处于非税收优惠期间时，应选择使得存货最大化的计价方法，将当期的存货费用尽量扩大，以达到减少当期利润、推迟纳税期的目的。

2. 固定资产计价与折旧方法的选择思路

(1) 固定资产计价。固定资产价值是通过折旧形式转移到成本费用中

固定资产折旧方法

的，折旧额的多少取决于固定资产的计价、折旧年限和折旧方法等因素。由于折旧是在未来较长时间内陆续计提的，为降低本期税负，新增固定资产的入账价值要尽可能低。对于在建工程，要尽可能早地转入固定资产，以便尽早提取折旧。

(2) 应当提取折旧的固定资产。应当提取折旧的固定资产包括：房屋、建筑物；在用的机器设备、运输车辆、器具、工具；季节性停用和大修理停用的机器设备；以经营租赁租出的固定资产；经融资方式租入的固定资产；财政部规定的其他应当计提折旧的固定资产。

(3) 不得提取折旧的固定资产。不得提取折旧的固定资产包括：房屋、建筑物以外未投入使用的固定资产；以经营租赁方式租入的固定资产；以融资租赁方式租出的固定资产；

高职高专互联网+新形态教材·财会系列

已足额提取折旧仍继续使用的固定资产；与经营活动无关的固定资产；单独估价作为固定资产入账的土地；财政部规定的其他不得计算折旧的固定资产。

(4) 固定资产折旧年限和折旧方法的规定。

① 固定资产计算折旧的年限。除国务院、税务主管部门另有规定外，固定资产计算折旧的最低年限为：房屋、建筑物为20年；飞机、火车、轮船、机器、机械和其他生产设备为10年；与生产经营活动有关的器具、工具、家具等为5年；飞机、火车、轮船以外的运输工具为4年；电子设备为3年。

② 固定资产折旧方法。固定资产一般应当按照直线法计提折旧，由于技术进步等原因，确需加速折旧的，对技术进步、产品更新换代较快或常年处于强震动、高腐蚀状态的固定资产可以缩短折旧年限或者采取双倍余额递减法或者年数总和法，最低折旧年限不得低于规定折旧年限的60%。

固定资产折旧年限取决于固定资产能够使用的年限，是一个估计的经验值，包含了人为成分，这为纳税筹划提供了可能。采用缩短折旧年限的方法，有利于加速成本的收回，可以使后期的成本费用前移，从而使前期会计利润发生后移。根据会计准则的规定，企业可以选择平均年限法、工作量法、双倍余额递减法和年数总和法提取折旧。由于对同一固定资产采用不同的折旧方法会使企业所得税提前或拖后实现，从而产生不同的货币时间价值。但税法规定，一般情况下，纳税人可以扣除的固定资产折旧的计算应当采用直线法。只有当企业的固定资产由于技术进步等原因，需加速折旧的，才可以缩短折旧年限或采用加速折旧的方法。纳税人应尽可能创造条件使固定资产达到符合加速折旧法的要求。

3. 固定资产改良和修理

固定资产改良与修理都是固定资产的后续支出，两者的具体操作非常相似，但在列支方法上是完全不同的，对企业所得税的影响也差别巨大。

按照税法规定，纳税人的固定资产改良支出，如有关固定资产尚未提足折旧，可增加固定资产价值；如有关固定资产已提足折旧，可作为递延费用，在不少于五年的期间内平均摊销。而纳税人的固定资产日常修理支出可在发生当期直接扣除，大修理支出可作为长期待摊费用在规定的期限内摊销。《企业所得税法》中所说的固定资产的大修理支出，是指同时满足两个条件的支出：修理支出达到取得固定资产时的计税基础50%以上；修理后固定资产的使用年限延长2年以上。

4. 不同类型企业资产计价及会计核算方法的综合运用

(1) 盈利企业。盈利企业的当期费用能够从当年的应税所得额中税前扣除，费用的增加有利于减少企业当年应纳所得税。购置固定资产时，购买费用中能够分解计入当期费用的项目，应尽可能计入当期费用而不宜通过扩大固定资产原值推迟到以后各期。折旧年限应尽可能短一些，适宜采用加速折旧方法提高当期折旧费相对降低纳税人当前应缴纳的企业所得税。

(2) 亏损企业。由于亏损企业费用的扩大不能在当前的企业所得税前得到扣除，即使延期扣除也有五年时间的限定。因此，企业在亏损期间购置固定资产，应尽可能多将相关费用计入固定资产原值，使这些费用通过折旧的方式在以后年度实现。折旧年限适当长一些，亏损期购买的固定资产不适宜采用加速折旧法。

（3）享受企业所得税优惠政策的企业。处于减免所得税优惠期间的企业，由于减免税期内的各种费用的增加会导致应税所得额的减少，从而导致享受的税收优惠减少，因此，企业在享受所得税优惠政策期间购买的固定资产，应尽可能将相关费用计入固定资产原值，使其能够在优惠期结束后的税前利润中扣除。折旧年限要尽可能长一些，折旧方法上应选择减免税期折旧少、非减免税期折旧多的折旧方法。

一般来说，在税率不变的情况下，选择加速折旧法可以使企业延期纳税，初期较大的折旧额会使企业初期缴纳的企业所得税降低，相当于获得了一笔无息贷款。

采用加速折旧法计提折旧的节税效果较采用直线法明显，尤其是采用双倍余额递减法节税在通货膨胀的环境下更为有效。但应该注意，企业应在国家有关折旧规定范围内选择合适的折旧方法，合法地减少税款，增加税后利润。此外，如果企业在创办初期享有减免税优惠待遇时，可以考虑采用延长资产折旧年限的办法，将计提的折旧递延到减免期后计入成本，从而达到节税的目的。

20.1.2　无形资产摊销及摊销处理办法

1．无形资产提取折旧的法律依据

无形资产按照直线法计算的摊销费用准予扣除，摊销期限不得低于 10 年；作为投资或受让的无形资产，有关法律规定或合同约定了使用年限的，可以按照规定或者约定的使用年限分期摊销；外购商誉的支出，在企业整体转让或者清算时，准予扣除。

2．不得计算摊销费用的无形资产

不得计算摊销费用的无形资产包括：自行开发的支出已在计算应纳税所得额时扣除的无形资产；自创商誉；与经营活动无关的无形资产；其他不得计算摊销费用扣除的无形资产。

3．无形资产摊销年限

根据企业会计准则的规定：无形资产应当自取得当月起在预计使用年限内分期平均摊销，计入损益。如果预计使用年限超过了相关合同规定的受益年限或法律规定的有效年限，则该无形资产的摊销年限按以下原则确定。

（1）合同规定受益年限但法律没有规定有效年限的，摊销年限不应超过合同规定的受益年限。

（2）合同没有规定受益年限但法律规定有效年限的，摊销年限不应超过法律规定的有效年限。

（3）合同规定了受益年限，法律也规定了有效年限的，摊销年限不应超过受益年限和有效年限两者之中较短者；如果合同没有规定受益年限，法律也没有规定有效年限的，摊销年限不应超过 10 年。

20.1.3　低值易耗品及摊销办法

1．低值易耗品及特征

低值易耗品是指不作为固定资产核算的各种用具物品，如工具、管理用具、玻璃器皿以及在经营过程中使用的包装容器等。

无形资产的摊销方法

低值易耗品累计
摊销办法

高职高专互联网＋新形态教材·财会系列

按其在生产过程所起的作用来看，低值易耗品属于劳动资料，它可以多次参加周转并不改变其原有的实物形态，在使用过程中需要进行维护、修理、报废时也有一定的残值。但在实际工作中，由于低值易耗品价值较低，且易于损坏，需经常进行更换，其购入和领用业务较频繁，为便于核算和管理，在会计上把它归入存货类，视同存货进行实物管理。而在核算上，由于其本身的特点，决定了低值易耗品的核算既有与材料核算相似之处，又有与固定资产核算相似之处。

采用这种方法是在低值易耗品领用时，将其价值一次转作生产费用或有关支出，计入当期损益，作为当期收入的抵减数。实际这是一种简便核算方法，低值易耗品的价值是在使用过程中逐渐消耗的，并不是使用一次就消耗了全部价值。

2. 低值易耗品摊销办法

(1) 一次摊销法。一次摊销法是指在低值易耗品领用时，将其全部价值一次转入"管理费用—低值易耗品摊销"账户的摊销方法。适用于价值较低，使用期短，一次领用不多的物品。

(2) 分次摊销法。分次摊销法是指在低值易耗品领用时，按预计的使用时间，分次将平均价值摊入费用的摊销方法。这种摊销方法费用负担比较均衡，适用于单位价值较高，使用期限较长的物品。

(3) 五五摊销法。五五摊销法即五成摊销法，是指在领用低值易耗品时摊销一半，废弃时再摊销一半的摊销方法。这种方法，计算简便，但在报废时的摊销额较大，均衡性较差。

20.2　企业核算方法选择的企业所得税筹划任务

20.2.1　成本核算方法选择的纳税筹划

成本核算方法
选择的纳税筹划

【任务案例】

红星汽车有限责任公司生产 A 型汽车，2020 年 1 月完工 1 500 辆，在产品为 600 辆，平均完工程度为 50%，发生生产费用共计 5 000 万元。公司完工产品当月全部出售，取得收入 15 000 万元(不含税)。假设该公司现有以下三种成本结转方法可供选择：一是不计算在产品成本法；二是约当产量法；三是在产品按完工产品计算法。请为该公司进行纳税筹划。

【筹划思路】

由于"月初在产品成本+本月发生的生产费用-月末在产品成本=本月完工产品成本"，因此在产品的成本如何确认将直接影响完工产品成本。完工产品成本又分为已销产品成本(记入"主营业务成本"科目)和未销产品成本(记入"库存商品"科目)。已销产品成本将直接影响企业利润和企业所得税；未销产品成本将决定企业库存商品金额的大小，库存商品在未来期间对外销售时，将转入"主营业务成本"科目，进而又会影响未来期间的企业利润和企业所得税。

【法规依据】

完工产品和在产品的成本分配方法主要有不计算在产品成本法、约当产量法、在产品按固定成本计价法、在产品按所耗直接材料成本计价法、在产品按完工产品计算法、在产品按定额成本计价法、定额比例法等。由于不同的成本分配方法对完工产品成本的结转影响很大，进而会影响企业的利润总额和企业所得税，因此企业应根据实际情况选择适当的纳税筹划方法。

【解析方案】

方案一：采用不计算在产品成本法。

完工产品成本=5 000(万元)

在产品成本=0 元

销货成本=5 000 万元

应纳企业所得税=(15 000−5 000)×25%=2 500(万元)

税后利润=15 000−5 000−2 500=7 500(万元)

方案二：采用约当产量法。

费用分配率=5 000÷(1 500+600×50%)=2.777 8(万元)

完工产品成本=1 500×2.777 8=4 166.7(万元)

在产品成本=600×50%×2.777 8=833.34(万元)

销货成本=4 166.7+833.34=5 000.04(万元)

应纳企业所得税=(15 000−5 000.04)×25%=2 499.99(万元)

税后利润=15 000−5 000.04−2 499.99=7 499.97(万元)

方案三：采用在产品完工产品计算法。

费用分配率=5 000÷(1 500+600)=2.380 9(万元)

完工产品成本=1 500×2.380 9=3 571.35(万元)

在产品成本=5 000−3 571.35=1 428.65(万元)

销货成本=3 571.35 万元

应纳企业所得税=(15 000−3 571.35)×25%=2 857.162 5(万元)

税后利润=15 000−3 571.35−2 857.162 5=8 571.487 5(万元)

方案二与方案一相比，企业少缴纳企业所得税=2 500−2 499.99=0.01(万元)，方案二与方案三相比，企业少缴纳企业所得税=2 857.162 5−2 500=357.162 5(万元)，因此企业若以税负最小化为目标，应选择方案二。方案三与方案一相比，企业多获取税后利润=8 571.487 5−7 500=1 071.487 5(万元)，方案三与方案二相比，企业多获取税后利润=8 571.487 5−7 499.97=1 071.517 5 (万元)，因此企业若以税后利润最大化为目标，则应选择方案三。

【筹划点评】

成本结转的处理方法一经确定，一般情况下不能更改。若需要更改，企业应向当地主管税务部门申请下一年度的成本结转处理方法。否则，税务机关有权进行纳税调整。

20.2.2　存货计价方法选择的纳税筹划

【任务案例】

宏伟商业有限公司于 2019 年 1 月和 11 月先后购进数量和品种相同的两批货物，进货价格分别为 1 500 万元和 1 000 万元，假设此前该公司库存没有这种货物。

存货计价方法
选择的纳税筹划

该公司在 2019 年 12 月和 2020 年 3 月各出售购进货物的一半,出售价格分别为 1 800 万元和 1 400 万元。假设该公司 2019 和 2020 年均处于非减免税期间,且处于盈利年度,假设折现率为 10%。请为该公司进行纳税筹划。

【筹划思路】

不同的存货计价方法,在一定的纳税年度中反映的存货成本是不同的,计价方法的选择应以尽量发挥成本费用的抵税效应为标准。

在不同期间应选择不同计价方法,以达到降低企业所得税税负的目的。

第一,减免税期间。由于在减免税期间,成本费用的抵税效应会部分或全部地被减免优惠抵消。因此,应在减免税期间选择使成本少的存货计价方法,在非减免税期间选择使成本多的存货计价方法。

第二,盈利期间。由于存货成本能从应税所得额中税前扣除,即存货成本的抵税效应能够完全发挥。因此,在选择计价方法时,应着眼于使成本费用的抵税效应尽可能早地发挥作用,即选择前期成本较大的计价方法。具体来说,在通货膨胀时期,可选择加权平均法;在通货紧缩时期,可选择先进先出法。

第三,亏损期间。选择计价方法时应同企业亏损弥补情况相结合。选择的计价方法必须使不能得到或不能完全得到税前弥补的亏损年度的成本费用降低,保证成本费用的抵税效应得到最大限度的发挥。

具体方案的比较如表 20-1 所示。

表 20-1 不同存货计价方法下相关项目的比较

项 目	加权平均法			先进先出法		
	2019 年	2020 年	合计	2019 年	2020 年	合计
销售收入/万元	1 800	1 400	3 200	1 800	1 400	3 200
销售成本/万元	1 250	1 250	2 500	1 500	1 000	2 500
税前利润/万元	550	150	700	300	400	700
所得税/万元	137.5	37.5	175	75	100	175
复利现值系数	0.909 1	0.826 4		0.909 1	0.826 4	
税金支出现值/万元	125	30.99	155.99	68.18	82.64	150.82

【法规依据】

《企业会计准则第 1 号——存货》规定,企业应当采用先进先出法、移动加减平均法、月末一次加权平均法和个别计价法确定发出存货的实际成本。

我国《企业所得税法》规定,企业使用或者销售的存货的成本计算方法,可以在先进先出法、加权平均法、个别计价法三者中选用一种。计价方法一经选用,不得随意变更。

【解析方案】

方案一:采用加权平均法。

存货的加权平均成本=(1 500+1 000)÷2=1 250(万元)

2019 年应缴企业所得税=(1 800-1 250)×25%=137.5(万元)

2020 年应缴企业所得税=(1 400-1 250)×25%=37.5(万元)

2019—2020 年缴纳企业所得税支出折现到 2019 年年初的现值=137.5×(P/F,10%,1)+37.5×(P/F,10%,2) =137.5×0.909 1+37.5×0.826 4=155.99(万元)

方案二：采用先进先出法。

2019 年应缴企业所得税=(1 800-1 500)×25%=75(万元)

2020 年应缴企业所得税=(1 400-1 000)×25%=100(万元)

2019—2020 年缴纳企业所得税支出折现到 2019 年年初的现值=75×(P/F,10%,1)+100×(P/F,10%,2) =75×0.909 1+100×0.826 4=150.82(万元)

方案二与方案一相比，该公司缴纳的企业所得税现值少=155.99-150.82=5.17(万元)，因此应当选择方案二。

【筹划点评】

由于存货计价方法一经选用，不得随意更改，因此限制了此类筹划方法的运用。尤其是存货价格上升或下降趋势与预计相反时，会导致筹划结果事与愿违。

20.2.3　低值易耗品摊销的纳税筹划

低值易耗品摊销
的纳税筹划

【任务案例】

凯利皮制品有限公司于 2019 年 1 月购进并领用一批低值易耗品 50 件，每件价值 1 200 元，预计 2020 年 7 月报废，对其摊销可以采用一次转销法或者五五摊销法。预计每年税前未扣除低值易耗品摊销额前的会计利润为 150 000 元，且没有纳税调整项目。假设折现率为 10%，且报废时无残值。请为该公司进行纳税筹划。

【筹划思路】

采用不同的摊销方法，当期会产生数额不同的成本费用，从而影响企业当期的应纳税所得额，进而影响企业当期的企业所得税。摊销方法的选择应立足于使折旧费用的抵税效应得到最充分或最快的发挥。

【法规依据】

《企业会计准则第 1 号——存货》第二十条规定，企业应当采用一次转销法或者五五摊销法对低值易耗品进行摊销，计入相关资产的成本或者当期损益。

【解析方案】

方案一：采用五五摊销法。

2019 年应纳企业所得税=(150 000-50×1 200÷2)×25%=30 000(元)

2020 年应纳企业所得税=(150 000-50×1 200÷2)×25%=30 000(元)

企业所得税支出折现到2019年年初的现值=3×(P/F,10%,1)+3×(P/F,10%,2)=3×0.909 1+3×0.826 4=5.206 5(万元)

方案二：采用一次转销法。

2019 年应纳企业所得税=(150 000-50×1200)×25%=22 500(元)

2020 年应纳企业所得税=150 000×25%=37 500(元)

企业所得税支出折现到 2019 年年初的现值 =2.25×(P/F,10%,1)+3.75×(P/F,10%,2)= 2.25×0.909 1+3.75×0.826 4=5.144 5(万元)

方案二与方案一相比，该公司少缴纳企业所得税的现值为=5.206 5-5.144 5=0.062(万元)，因此，应当选择方案二。

【筹划点评】

采用一次转销法的节税思路是基于企业正常经营年度为前提，如果摊销的第一年正好处于减免税期间的最后一年，则另当别论。

20.2.4　无形资产摊销的纳税筹划

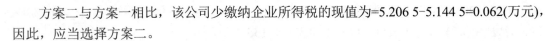

无形资产摊销的
纳税筹划

【任务案例】

蓝天科技有限公司于2020年年初接受乙企业投资的一项价值为1 200万元的无形资产。预计该公司获取该项投资后，每年的利润将达到1 000万元(未扣除摊销额)。假设该公司的投资报酬率为10%。请为该公司进行纳税筹划。

【筹划思路】

如果企业在合同中约定了无形资产的使用年限，则可以按约定的年限进行摊销。因此，企业可以通过合同约定控制摊销年限，从而调整利润和企业所得税税负。

【法规依据】

我国《企业所得税实施条例》第六十七条规定，无形资产的摊销年限不得低于10年。作为投资者或者受让的无形资产，有关法律规定或者合同约定了使用年限的，可以按照规定或者约定的使用年限分期摊销。

【解析方案】

方案一：蓝天科技有限公司与乙企业在合同中未约定无形资产的使用期限，则按税法规定的10年来摊销无形资产。

10 年间该公司应缴纳的企业所得税现值合计=(1 000-1 200÷10)×25%×(P/A,10%,10)=880×25%×6.144 6=1 351.812(万元)

方案二：蓝天科技有限公司在接受投资时双方在合同中约定无形资产的使用期限为5年，则蓝天科技有限公司可按5年来摊销无形资产。

10 年间该公司应缴纳的企业所得税现值合计=(1 000-1 200÷5)×25%×(P/A,10%,5)+1 000×25%×[(P/A,10%,10)-(P/A,10%,5)]=190×3.790 8+250×(6.144 6-3.790 8)=1 308.702(万元)

方案二与方案一相比，该企业10年间缴纳企业所得税的现值共少=1 351.812-1 308.702=43.11(万元)，因此应当选择方案二。

【筹划点评】

若企业处于减免期间，则应当尽量延长摊销期限，以更多地获取减免税带来的好处。

20.2.5　固定资产折旧年限选择的纳税筹划

固定资产折旧年限
选择的纳税筹划

【任务案例】

利明电子有限公司2016 年12 月购入价值为500 万元(不含增值税)的电子设备，残值率为5%，预计可以使用3～5 年，按税法规定，最低可以采用3 年折旧，按照直线折旧法计提折旧。假设该公司处于盈利期间，从 2016 年起，5 年内每年未扣除折旧前的利润为 1 500 万元，且没有企业所得税纳税调整项目。假设折现率为 10%，请为其进行纳税筹划。

【筹划思路】

折旧作为非付现成本，具有抵减企业所得税的作用。也就是说，折旧年数越短，则年折旧额就越大，从而使得利润越低，企业应纳所得税额也就越小。因此在盈利期间，企业应尽量按照上述规定的最低年限对固定资产进行折旧；反之，在减免税期间，则应尽量采用较长的折旧年数对固定资产进行折旧。

【法规依据】

除国务院财政、税务主管部门另有规定外，固定资产计算折旧的最低年限如下。

(1) 房屋、建筑物，为 20 年。

(2) 飞机、火车、轮船、机器、机械和其他生产设备，为 10 年。

(3) 与生产经营活动有关的器具、工具、家具等，为 5 年。

(4) 飞机、火车、轮船以外的运输工具，为 4 年。

(5) 电子设备，为 3 年。

【解析方案】

方案一：按 5 年计提折旧。

每年计提折旧额=500×(1−5%)/5=95(万元)

每年应缴纳企业所得税=(1 500−95)×25%=351.25(万元)

5 年间缴纳企业所得税支出折合到 2016 年年初的现值=351.25×(P/A,10%,5)=351.25×3.087 9=1 084.62(万元)

方案二：按 3 年计提折旧。

前 3 年每年计提折旧额=500×(1−5%)/3 =158.33(万元)

前 3 年每年应纳企业所得税=(1 500−158.33)×25%=335.42(万元)

后 2 年每年应纳企业所得税=1 500×25%=375(万元)

5 年间缴纳企业所得税支出折合到 2016 年年初的现值 =158.33×(P/A,10%,3)+375×[(P/A,10%,5)−(P/A,10%,3)]=158.33×2.486 9+375×(3.087 9−2.486 9)=619.13(万元)

由此可见，方案二比方案一企业所得税支出现值共少缴纳=1 084.62−619.13=465.49(万元)，因此应当选择方案二。

【筹划点评】

由于未来期间盈利或亏损具有一定的不确定性，因此在一定程度上会限制此类筹划方法的运用。

项 目 训 练

一、理论训练

1. 存货作价的选择对节税有什么作用？

高职高专互联网＋新形态教材·财会系列

2. 融资性租赁与经营性租赁有何异同？

3. 无形资产摊销年限的选择对纳税筹划会产生什么影响？

二、操作训练

【训练一】

训练资料：某企业购进一台新设备，原值为 50 万元，预计净残值率为 5%，经税务机关核定其折旧年限为 5 年。由于该设备属于高新技术产品生产设备，更新换代快，税务机关批准可以采用双倍余额递减法计提折旧，企业按年限平均法折旧与按双倍余额递减法折旧情况如表 20-2 所示(假定每年未扣除折旧的税前会计利润均为 49.5 万元，企业所得税税率为 20%)。

表 20-2　按年限平均法与双倍余额递减法计算的年折旧额与税前利润表

单位：元

年　限	年限平均法		双倍余额递减法	
	折旧额	税前利润	折旧额	税前利润
第一年	95 000	400 000	200 000	295 000
第二年	95 000	400 000	120 000	375 000
第三年	95 000	400 000	72 000	423 000
第四年	95 000	400 000	41 500	453 500
第五年	95 000	400 000	41 500	453 500
合　计	475 000	2 000 000	475 000	2 000 000

训练要求：根据上述资料，分析企业在采用不同的折旧方法下缴纳所得税的情况，从而进行纳税筹划方案设计。

【训练二】

训练资料：某企业 2018 年 5 月和 10 月先后购进数量和品种相同的两批货物，进货价格分别为 600 万元和 900 万元。该企业在 2018 年和 2019 年各出售购进货物的 1/2，出售价格分别为 1 000 万元和 1 300 万元。

训练要求：假设企业所得税税率为 25%，不考虑其他因素影响，试分析加权平均法与先进先出法等不同存货计价方法对所得税的影响，并进行纳税筹划方案设计。

项目 21
捐赠的企业所得税筹划

【学习目标】

[能力目标]

1. 能够利用企业捐赠与个人捐赠的税收政策进行纳税筹划。
2. 能够利用公益性捐赠、扶贫捐赠与直接捐赠的差异进行纳税筹划。

[知识目标]

1. 掌握企业捐赠与个人捐赠的税收政策规定。
2. 掌握企业进行扶贫捐赠的税收政策规定。
3. 掌握直接捐赠与公益性捐赠的纳税处理差异。

[素质目标]

1. 培养自主学习的意识及能力。
2. 培养进行捐赠方式选择时的纳税防控意识。
3. 提高分析判断能力。
4. 加强交流沟通能力和团队合作精神。

【思政指引】

关键词：凝心聚力　扶危助困

捐赠是对受赠者施以同情、仁慈的帮扶行为，是应当鼓励和倡导的公益善举。公益性捐赠税收优惠政策扶危助困，有利于凝心聚力，减轻社会及公民负担，有利于社会经济的发展。

【项目引例】

某企业 2018 年实现净利润 1 000 万元，财务估算预计 2019 年利润可达 1 500 万元。企业职工人数为 600 人，2018 年人均每月工资为 4 500 元。企业拟于 2019 年年底直接向贫困地区捐赠 80 万元，请为其进行纳税筹划。

21.1 相 关 法 规

企业捐赠支出税前
扣除标准

捐赠支出是企业对外捐赠的各种财产的支出。企业可以货币资产也可以非货币性资产对外进行捐赠，无论是货币捐赠还是实物捐赠，在涉及企业所得税税前扣除的问题时，要区分非公益性捐赠和公益性捐赠两种情况分别进行处理。

21.1.1 公益性捐赠的税收规定

现行企业所得税规定允许扣除的公益性捐赠，是指纳税人通过中国境内非营利的社会团体、国家机关向教育、民政等公益事业和遭受自然灾害的地区、贫困地区的捐赠。

根据《企业所得税法》第八条规定：企业实际发生的与取得收入有关的、合理的支出，包括成本、费用、税金、损失和其他支出，准予在计算应纳税所得额时扣除。对于一个正常经营的企业，目的是通过开展经营来获取收益，捐赠支出一般来说是不属于与取得收入直接有关的、合理的支出，原则上不能在税前扣除。但是，为了弥补政府职能的缺位，调动企业积极参与社会公共事业发展的积极性，促进我国公益性事业的发展，《企业所得税法》第九条规定：企业发生的公益性捐赠支出，在年度利润总额 12% 以内的部分，准予在计算应纳税所得额时扣除；超过年度利润 12% 的部分，准予结转以后三年内在计算应纳税所得额时扣除。企业在对公益性捐赠支出计算扣除时，应先扣除以前年度结转的捐赠支出，再扣除当年发生的捐赠支出。

但企业一个纳税年度的捐赠支出，属于非公益性捐赠的，不允许在税前扣除，在企业所得税年度汇算清缴时应该做纳税调增。

21.1.2 公益性捐赠的具体范围

公益性捐赠具体范围包括：①救助灾害、救济贫困、扶助残疾人等困难的社会群体和个人的活动；②教育、科学、文化、卫生、体育事业；③环境保护、社会公共设施建设；④促进社会发展和进步的其他社会公共和福利事业。

21.1.3 公益性捐赠的法律界定

公益性捐赠是指企业通过公益性社会团体或者县级以上人民政府及其部门，用于《中华人民共和国公益事业捐赠法》规定的公益事业的捐赠。公益性社会团体是指同时符合下列条件的基金会、慈善组织等社会团体：①依法登记，具有法人资格；②以发展公益事业为宗旨，且不以营利为目的；③全部资产及其增值为该法人所有；④收益和营运结余主要用于符合该法人设立目的的事业；⑤终止后的剩余财产不归属任何个人或者营利性组织；

⑥不经营与其设立目的无关的业务；⑦有健全的财务会计制度；⑧捐赠者不以任何形式参与社会团体财产的分配；⑨国务院财政、税务主管部门会同国务院民政部门等登记管理部门规定的其他条件。

21.1.4　公益性捐赠的特殊规定

1. 向红十字事业捐赠

《关于企业等社会力量向红十字事业捐赠有关所得税政策问题的通知》(财税〔2000〕30 号)规定：从 2000 年 1 月 1 日起，企业、事业单位、社会团体和个人等社会力量，通过非营利性的社会团体和国家机关(包括中国红十字会)向红十字事业的捐赠，在计算缴纳企业所得税和个人所得税时准予全额扣除。

2. 向老年服务机构的捐赠

《关于对老年服务机构有关税收政策问题的通知》(财税〔2000〕97 号)规定：从 2000 年 10 月 1 日起，对企事业单位、社会团体和个人等社会力量，通过非营利性的社会团体和政府部门向福利性、非营利性的老年服务机构的捐赠，在缴纳企业所得税和个人所得税前准予全额扣除。这里所称老年服务机构，是指专门为老年人提供生活照料、文化、护理、健身等多方面服务的福利性、非营利性的机构，主要包括老年社会福利院、敬老院(养老院)、老年服务中心、老年公寓(含老年护理院、康复中心、托老所)等。

3. 向农村义务教育的捐赠

《关于纳税人向农村义务教育捐赠有关所得税政策的通知》(财税〔2001〕103 号)规定：从 2001 年 7 月 1 日起，企事业单位、社会团体和个人等社会力量通过非营利性的社会团体和国家机关向农村义务教育的捐赠，准予在缴纳企业所得税和个人所得税前的所得额中全额扣除。

这里所称农村义务教育的范围，是指政府和社会力量举办的农村乡镇(不含县和县级市政府所在地的镇)、村的小学和初中以及属于这一阶段的特殊教育学校。纳税人对农村义务教育与高中在一起的学校的捐赠，也享受本通知规定的所得税前扣除政策。

4. 向公益性青少年活动场所的捐赠

《关于对青少年活动场所电子游戏厅有关所得税和营业税政策问题的通知》(财税〔2000〕21 号)规定：从 2000 年 1 月 1 日起，对公益性青少年活动场所暂免征收企业所得税；对企事业单位、社会团体和个人等社会力量，通过非营利性的社会团体和国家机关对公益性青少年活动场所(其中包括新建)的捐赠，在缴纳企业所得税和个人所得税前准予全额扣除。

5. 向中华健康快车基金会等 5 家单位的捐赠

《财政部 国家税务总局 关于向中华健康快车基金会等 5 家单位的捐赠所得税税前扣除问题的通知》(财税〔2003〕204 号)规定：自 2003 年 1 月 1 日起，对企业、事业单位、社会团体和个人等社会力量，向中华健康快车基金会和孙冶方经济科学基金会、中华慈善总会、中国法律援助基金会和中华见义勇为基金会的捐赠，准予在缴纳企业所得税和个人所得税前全额扣除。

高职高专互联网＋新形态教材·财会系列

6. 向农村寄宿制学校建设工程的捐赠

《财政部 国家税务总局 关于企业向农村寄宿制学校建设工程捐赠企业所得税税前扣除问题的通知》(财税〔2005〕13号)规定：对企业以提供免费服务的形式，通过非营利性的社会团体和国家机关向"寄宿制学校建设工程"进行的捐赠，准予在缴纳企业所得税前全额扣除。

7. 向宋庆龄基金会等6家单位的捐赠

《财政部 国家税务总局 关于向宋庆龄基金会等6家单位捐赠所得税政策问题的通知》(财税〔2004〕172号)规定：自2004年1月1日起，对企业、事业单位、社会团体和个人等社会力量，通过宋庆龄基金会、中国福利会、中国残疾人福利基金会、中国扶贫基金会、中国煤矿尘肺病治疗基金会、中华环境保护基金会用于公益救济性的捐赠，准予在缴纳企业所得税和个人所得税前全额扣除。

8. 向老龄事业发展基金会等8家单位的捐赠

《财政部 国家税务总局 关于中国老龄事业发展基金会等8家单位捐赠所得税政策问题的通知》(财税〔2006〕66号)规定：自2006年1月1日起，对企业、事业单位、社会团体和个人等社会力量，通过中国老龄事业发展基金会、中国华文教育基金会、中国绿化基金会、中国妇女发展基金会、中国关心下一代健康体育基金会、中国生物多样性保护基金会、中国儿童少年基金会和中国光彩事业基金会用于公益救济性捐赠，准予在缴纳企业所得税和个人所得税前全额扣除。

9. 向中国医药卫生事业发展基金会的捐赠

《财政部 国家税务总局 关于中国医药卫生事业发展基金会捐赠所得税政策问题的通知》(财税〔2006〕67号)规定：自2006年1月1日起，对企业、事业单位、社会团体和个人等社会力量，通过中国医药卫生事业发展基金会用于公益救济性捐赠，准予在缴纳企业所得税和个人所得税前全额扣除。

10. 向中国教育发展基金会的捐赠

《财政部 国家税务总局 关于中国教育发展基金会捐赠所得税政策问题的通知》(财税〔2006〕68号)规定：自2006年1月1日起，对企业、事业单位、社会团体和个人等社会力量，通过中国教育发展基金会用于公益救济性捐赠，准予在缴纳企业所得税和个人所得税前全额扣除。

21.1.5　扶贫捐赠的税法规定

1. 扶贫捐赠免征增值税的法律规定

自2019年1月1日起至2022年12月31日止，对单位或者个体工商户将自产、委托加工或购买的货物通过公益性社会组织、县级及以上人民政府及其组成部门和直属机构，或直接无偿捐赠给目标脱贫地区的单位和个人，免征增值税。在政策执行期限内，目标脱贫地区实现脱贫的，可继续适用上述政策。"目标脱贫地区"包括832个国家扶贫开发工作重点县、集中连片特困地区县(新疆阿克苏地区6县1市享受片区政策)和建档立卡贫困村。

在2015年1月1日至2018年12月31日期间已发生的符合上述条件的扶贫货物捐赠，

可追溯执行上述增值税政策。在《财政部　税务总局　国务院扶贫办　关于扶贫货物捐赠免征增值税政策的公告》(2019 年第 55 号)发布之前已征收入库的按上述规定应予免征的增值税税款，可抵减纳税人以后月份应缴纳的增值税税款或者办理税款退库。已向购买方开具增值税专用发票的，应将专用发票追回后方可办理免税。无法追回专用发票的，不予免税。

2. 扶贫捐赠免征企业所得税的税法规定

企业发生的公益性捐赠支出准予按年度利润总额的 12% 在税前扣除，超过部分准予结转以后三年内扣除。其中企业发生的符合条件的扶贫捐赠支出准予据实扣除。企业同时发生扶贫捐赠支出和其他公益性捐赠支出时，符合条件的扶贫捐赠支出不计算在公益性捐赠支出的年度扣除限额内。

《财政部　税务总局　人力资源社会保障部　国务院扶贫办　关于进一步支持和促进重点群体创业就业有关税收政策的通知》(财税〔2019〕22 号)、《财政部　税务总局　国务院扶贫办　关于企业扶贫捐赠所得税税前扣除政策的公告》(财政部　国家税务总局　国务院扶贫办公告 2019 年第 49 号)、《财政部　税务总局　国务院扶贫办　关于扶贫货物捐赠免征增值税政策的公告》(财政部　税务总局　国务院扶贫办公告 2019 年第 55 号)中规定的税收优惠政策，执行期限延长至 2025 年 12 月 31 日。

21.1.6　准予扣除的公益性捐赠的限额计算方法

企业在对公益性捐赠支出计算扣除时，应先扣除以前年度结转的捐赠支出，再扣除当年发生的捐赠支出。

准予扣除的公益性捐赠，有规定比例的，其限额的计算方法如下。

$$允许扣除的公益性捐赠扣除限额=年度利润总额×12\%$$
$$实际捐赠支出总额=营业外支出中列支的全部捐赠支出$$

捐赠支出纳税调整额=实际捐赠支出总额-实际允许扣除的公益救济性捐赠限额

未抵扣完的公益性捐赠支出，可结转下年度继续抵扣，结转抵扣期为三年。

21.1.7　公益性捐赠支出相关费用的扣除

企业在非货币性资产捐赠过程中发生的运费、保险费、人工费用等相关支出，凡纳入国家机关、公益性社会组织开具的公益捐赠票据记载的数额中的，作为公益性捐赠支出按照规定在税前扣除；上述费用未纳入公益性捐赠票据记载的数额中的，作为企业相关费用按照规定在税前扣除。

21.2　捐赠的企业所得税筹划任务

21.2.1　变企业捐赠为员工捐赠的纳税筹划

变企业捐赠为员工
捐赠的纳税筹划

【任务案例】

2019 年 3 月，海马水产有限公司通过公益性社会团体和政府部门向灾区捐赠现金 1 200 万元。该公司 2019 年未扣除捐赠额的利润总额为 10 000 万元。该公司拥有员工 12 500 人，

高职高专互联网+新形态教材·财会系列

工资薪金为每人每年 6 万元,工资总额为 75 000 万元。全年估计实际使用职工福利费 10 600 万元。该公司适用的企业所得税税率为 25%。请为该公司进行纳税筹划。

【筹划思路】

有些情况下,企业的公益性捐赠支出不能在税前全部扣除或部分扣除,需要结转以后年度扣除。此时,企业可以采用变企业捐赠为员工捐赠的方式,即企业把欲对灾区的捐赠额先以奖金的形式平均发放给员工,然后员工再以个人的名义通过公益性社会团体或者政府部门捐赠给灾区。这样,一方面,对企业而言,企业发生的合理的工资薪金支出准予扣除;另一方面,对个人而言,由于捐赠款应纳税所得额 30% 的部分可以在个人所得税税前扣除,只要把个人捐赠额控制在其应纳税所得额的 30% 以内,则先发奖金后捐赠的个人所得税不变,个人收入亦不受影响。

【法规依据】

《中华人民共和国企业所得税法》规定,企业发生的公益性捐赠支出,在年度利润总额 12% 以内的部分,准予在计算应纳税所得额时扣除;超过年度利润总额 12% 的部分,准予结转以后三年内在计算应纳税所得额时扣除。

我国《个人所得税法实施条例》第二十四条规定,个人将其所得对教育事业和其他公益事业的捐赠,捐赠额未超过纳税义务人申报的应纳税所得额 30% 的部分,可以从其应纳税所得额中扣除。

《国家税务总局关于企业工资薪金及职工福利费扣除问题的通知》(国税函〔2009〕3 号)规定,企业发生的合理的工资薪金支出,准予扣除。

我国《企业所得税法实施条例》第四十条规定,企业发生的职工福利费支出,不超过工资薪金总额 14% 的部分,准予扣除。

【解析方案】

方案一:企业通过公益性社会团体或者政府部门向灾区捐赠。

扣除捐赠额后的利润总额=10 000-1 200=8 800(万元)

企业公益性扣除限额=8 800×12%=1 056(万元)

企业向灾区捐赠支出额本年度扣除额为 1 056 万元,有 1 200-1 056=144(万元)本年度不能税前扣除,需结转下年度扣除。

2019 年应纳企业所得税=(10 000-1 056)×25%=2 236(万元)

每人应纳个人所得税=(60 000-60 000)=0(元)

个人所得税总计=0 万元

方案二:变企业捐赠为员工捐赠,且仍通过公益性社会团体或者政府部门向灾区捐赠。

将上述企业捐赠行为改为员工捐赠行为,捐赠金额不变,仍为 1 200 万元(人均 960 元),即企业把欲对灾区的捐赠额先以奖金的形式按人均 960 元发放给员工,然后员工以个人的名义通过公益性社会团体或者政府部门捐赠给灾区。

由于(60 000+960)×30%=18 288(元)＞960(元),因此人均 960 元捐赠款可以在个人所得税税前全额扣除。

在企业先发放奖金,个人再捐赠的情况下:

每人应纳个人所得税=[(60 000+960)-60 000]×3%-0=28.8(元)

个人所得税总计=28.8×1.25=36(万元)

　　企业上述用于捐赠的奖金 1 200 万元计入工资薪金总额后，准予扣除。同时，由于用于捐赠的奖金 1 200 万元计入工资薪金总额后，职工福利费的扣除限额为(75 000+1 200)×14%=10 668(万元)＞10 600(万元)，使得原来超额使用的职工福利费 10 600-75 000×14%=100(万元)可税前扣除，不必进行纳税调整。

　　应纳企业所得税=(10 000-1 200-100)×25%=2 175(万元)

　　方案二与方案一相比，变企业捐赠为员工捐赠后，虽然应纳个人所得税总额增加 36 万元，但企业所得税少了 2 236-2 175=61(万元)，因此应当选择方案二。

　　【筹划点评】

　　值得注意的是，企业不应单纯地为了节税而减少捐赠额。在捐赠与节税产生冲突时，企业应当更多地考虑回馈社会。

21.2.2　变直接捐赠为公益性捐赠的纳税筹划

变直接捐赠为公益
性捐赠的纳税筹划

　　【任务案例】

　　海景生物制药有限责任公司实行按季预缴企业所得税，年终汇算清缴。2020 年 6 月，公司向发生洪涝灾害的广东灾区捐赠人民币 400 万元。该公司预计 2020 年实现会计利润 2 500 万元，假设没有其他纳税调整事项。2020 年 1 至 4 季度累计缴纳企业所得税 625 万元。该公司适用 25%的企业所得税税率。请为该公司进行纳税筹划。

　　【筹划思路】

　　企业在选择捐赠对象的时候，优先选择通过公益性社会团体或者县级以上人民政府及其部门进行公益性捐赠；其次选择向受赠人直接捐赠。

　　【法规依据】

　　企业直接向受赠人的捐赠不允许在企业所得税前扣除。

　　我国《企业所得税法》第九条规定，企业发生的公益性捐赠支出，在年度利润总额 12%以内的部分，准予在计算应纳税所得额时扣除。超过年度利润总额 12% 的部分，准予结转以后三年内在计算应纳税所得额时扣除。其中，公益性捐赠是指企业通过公益性社会团体或者县级以上人民政府及其部门，用于《中华人民共和国公益事业捐赠法》规定的公益事业的捐赠。

　　【解析方案】

　　方案一：直接向广东灾区捐赠 400 万元。

　　根据税法相关规定，400 万元捐赠额不能在企业所得税税前扣除，需要进行纳税调整。

　　海景生物制药有限责任公司 2020 年应纳企业所得税额=(2 500 + 400)×25%=725 (万元)

　　减去已累计缴纳的企业所得税 625 万元，该公司 2020 年度汇算清缴应补缴企业所得税=725-625=100(万元)。

　　方案二：通过公益性社会团体或者县级以上人民政府及其部门向广东灾区捐赠 400 万元。

　　该公司 2020 年可在税前扣除的公益性捐赠=2 500×12%=300(万元)

　　该公司 2020 年发生公益性捐赠 400 万元＞300 万元(当年税前可扣除的公益性捐赠额)

高职高专互联网＋新形态教材·财会系列

因此 2020 年该公司税前可扣除的公益性捐赠 300 万元，超过部分 400-300=100(万元)结转下年度扣除。

该公司 2020 年应纳企业所得税额=(2 500+100)×25%=650(万元)

减去已累计缴纳的企业所得税 625 万元，该公司 2020 年度汇算清缴应补缴企业所得税=650-625=25(万元)。

方案二与方案一相比，该公司少缴纳企业所得税=725-650=75(万元)，因此应当选择方案二。

【筹划点评】

有些时候，若通过公益性捐赠可能会影响捐赠效果，此时应另当别论。

21.2.3　通过捐赠变为小型微利企业的纳税筹划

通过捐赠变为小型
微利企业的纳税筹划

【任务案例】

富强有限责任公司是一工业企业，从业人数 280 人，资产总额 4 500 万元。2020 全年度未扣除捐款前的利润总额为 336.1 万元(假设没有纳税调整项目，即利润总额=应纳税所得额)，公司欲向当地红十字会捐赠 40 万元给灾区。请为其进行纳税筹划。

【筹划思路】

对于符合上述其他条件，但年度应纳税所得额略超过 300 万元的企业，可通过捐赠变为小型微利企业，从而充分利用小型微利企业的低税率的税收优惠。

【法规依据】

根据《关于实施小微企业普惠性税收减免政策的通知》(财税〔2019〕13 号)的规定，自 2019 年 1 月 1 日至 2021 年 12 月 31 日，对小型微利企业年应纳税所得额不超过 100 万元的部分，减按 25%计入应纳税所得额，按 20%的税率缴纳企业所得税；对年应纳税所得额超过 100 万元但不超过 300 万元的部分，减按 50%计入应纳税所得额，按 20%的税率缴纳企业所得税。上述小型微利企业是指从事国家非限制和禁止行业，且同时符合年度应纳税所得额不超过 300 万元、从业人数不超过 300 人、资产总额不超过 5 000 万元等三个条件的企业。

【解析方案】

方案一：向灾区捐款 40 万元。

捐赠支出限额=(336.1-40)×12%=35.532(万元)

该公司 2020 年发生的公益性捐赠 40 万元>35.532 万元，因此可以在当年税前扣除额为 35.532 万元，而超过部分 40-35.532=4.468(万元)须结转下年度税前抵扣。

2020 年该公司应纳税所得额=336.1-40+4.468=300.568(万元)

由于企业应纳税所得额超过 300 万元，不符合小型微利企业的条件，因此适用企业所得税税率应为 25%。

该公司 2020 年应纳企业所得税额=300.568×25%=75.142(万元)

该公司 2020 年税后净利润=336.1-40-75.142=220.958(万元)

方案二：增加 0.1 万元的费用支出，同时向灾区捐款调整为 36 万元。

捐赠支出限额=(336.1-0.1-36)×12%=36(万元)

该公司 2020 年发生的公益性捐赠 36 万元，可以在当年税前全部扣除。

2020 年应纳税所得额=336.1-0.1-36=300(万元)，符合小型微利企业的条件，因此，适用企业所得税税率应为 20%。

该公司 2020 年应纳企业所得税额=100×25%×20%+(300-100)×50%×20%=25(万元)

该公司 2020 年税后净利润=336.1-0.1-36-25=275(万元)

由此可见，方案二比方案一不仅少缴企业所得税=75.142-25=50.142(万元)，而且多获税后净利润=275-220.958=54.042(万元)，因此应当选择方案二。

【筹划点评】

处于小型微利企业年应纳税所得额临界点处的情况不多见，所以限制了此类捐赠筹划方法的运用，但至少给企业提供了一种筹划思路。

21.2.4　通过扶贫捐赠等全额扣除进行的纳税筹划

【任务案例】

惠荣科技有限公司 2020 年度的利润总额为 1 500 万元，当年度发生符合条件的扶贫方面的公益性捐赠 55 万元，发生符合条件的公益性捐赠 200 万元，2019 年发生的公益性捐赠支出尚有 15 万元未曾抵扣，请为该公司进行纳税筹划。

【筹划思路】

由于企业发生的公益性捐赠支出不能在税前全部扣除或部分扣除，需要结转以后年度扣除。但企业发生的符合条件的扶贫捐赠支出准予据实扣除，并且扶贫捐赠支出不计算在公益性捐赠支出的年度扣除限额内，因此企业在进行捐赠时，可以考虑增加扶贫捐赠支出的份额，减少公益性捐赠支出的额度，从而较大程度地增大年度可扣除捐赠支出金额。

【法规依据】

我国《企业所得税法》第九条规定，企业发生的公益性捐赠支出，在年度利润总额 12%以内的部分，准予在计算应纳税所得额时扣除。超过年度利润总额 12%的部分，准予结转以后三年内在计算应纳税所得额时扣除。其中企业发生的符合条件的扶贫捐赠支出准予据实扣除。企业同时发生扶贫捐赠支出和其他公益性捐赠支出时，符合条件的扶贫捐赠支出不计算在公益性捐赠支出的年度扣除限额内。

【筹划方案】

方案一：按企业实际发生的捐赠进行筹划。

2020 年度该企业的公益性捐赠支出税前扣除限额=1 500×12%=180(万元)

企业本年度实际发生的公益性捐赠支出 200 万元>180 万元

捐赠支出纳税调整额=200-180=20(万元)，准予结转以后三年内在计算应纳税所得额时扣除。

扶贫捐赠无须考虑税前扣除限额，准予全额税前据实扣除。

2020 年该企业应纳企业所得税额=(1 500-15+20)×25%=376.25(万元)

方案二：企业当年发生的捐赠支出总额不变，将扶贫捐赠支出调整为 85 万元，其他公益性捐赠支出变为 170 万元。

高职高专互联网+新形态教材·财会系列

2020 年度该企业的公益性捐赠支出税前扣除限额=1 500×12%=180(万元)

企业本年度实际发生的公益性捐赠支出 170 万元＜180 万元

由于公益性捐赠支出实际发生额小于扣除限额，无须调整，因此可以在计算应纳税所得额时全额扣除。

扶贫捐赠无须考虑税前扣除限额，准予全额税前据实扣除。

2020 年该企业应纳企业所得税额=(1 500-15)×25%=371.25(万元)

由此可见，方案二比方案一该公司当年不仅少缴企业所得税=376.25-371.25=5(万元)，而且发生的全部公益性捐赠支出均可以在当年税前扣除，无须结转下年度扣除，无形中就会增加企业捐赠资金的时间价值，因此应当选择方案二。

【筹划点评】

要对国家扶贫捐赠等相关捐赠支出可以进行全额扣除的税收政策进行全面的了解和掌握，充分使用好这些政策，既达到企业进行捐赠的目的，同时可以最大限度地减少企业的税负。

项 目 训 练

一、理论训练

1. 简述公益性捐赠、救济性捐赠与直接捐赠的税收政策差异。

2. 简述企业与个人公益性捐赠、救济性捐赠的扣除标准。

3. 目前，我国扶贫捐赠的税收政策是如何规定的？

二、操作训练

训练资料：某企业 2020 年预计未调整捐赠前的会计利润为 1 000 万元，企业所得税税率为 25%。该企业为提高其产品知名度及竞争力，决定向贫困地区捐赠 50 万元，向灾区捐赠 130 万元。现有两种方案：一是 2020 年直接捐赠给某贫困地区和灾区；二是 2020 年通过省级民政部门捐赠给贫困地区和灾区。

训练要求：请为其进行纳税筹划。

项目 22

企业所得税税收优惠的纳税筹划

【学习目标】

[能力目标]

1. 能够利用不同纳税人的税率差异进行纳税筹划。
2. 能够有效利用小型微利企业税收优惠进行纳税筹划。
3. 能够利用企业技术转让等相关规定进行纳税筹划。

[知识目标]

1. 掌握企业所得税不同纳税人及适用税率的税收规定。
2. 掌握小型微利企业与一般企业间的区别。
3. 掌握企业技术转让与亏损弥补的税收规定。

[素质目标]

1. 培养自主学习意识及能力。
2. 培养利用企业所得税税收优惠进行纳税筹划时的风险防控意识。
3. 提高分析判断能力。
4. 加强交流沟通能力和团队合作精神。

【思政指引】

关键词：创新创业　税收自信

企业所得税以产业优惠为主，地区优惠为辅，体现了国家对高新技术产业、技术研发阶段的鼓励，是企业创新研发的底气。对小型微利企业的优惠力度更是持续提振市场主体发展的信心。

【项目引例】

某软件生产企业 2019 年决定支出 500 万元作为职工福利,企业会计利润为 6 000 万元(未扣除上述 500 万元的支出项目),企业没有其他企业所得税纳税调整事项,发放职工工资总额为 2 000 万元。现有两种方案可供选择。

方案一: 将 500 万元全部作为职工福利发放给职工;

方案二: 将 280 万元作为职工福利,其余 220 万元作为职工培训费用。

请对上述方案进行纳税筹划。

22.1 相 关 法 规

22.1.1 不同纳税人与适用的税率的税法规定

1. 居民企业的税法规定

居民企业是指依法在中国境内成立,或者依照外国(地区)法律成立但实际管理机构在中国境内的企业,包括国有企业、集体企业、私营企业、联营企业、股份制企业、外商投资企业、外国企业以及有生产、经营所得和其他所得的其他组织。居民企业应当就其来源于我国境内、境外的所得缴纳企业所得税,适用税率为 25%。

2. 非居民企业的税法规定

非居民企业是指按照外国(地区)法律成立且实际管理机构不在中国境内,但在中国境内设立机构、场所的,或者在中国境内未设立机构、场所,但有来源于中国境内所得的企业。

非居民企业在我国境内设立机构、场所的,应当就其所设立的机构、场所的来源于中国境内的所得,以及发生在境外但与其所设机构、场所有实际联系的所得,缴纳企业所得税。非居民企业缴纳企业所得税的适用税率为 25%。

非居民企业在境内未设立机构、场所,或虽设立机构、场所但取得的所得与其所设立的机构、场所没有实际联系的,应当就其来源于中国境内的所得按照 20%的税率征收企业所得税,但在实际征税时适用 10%的税率。

3. 不同企业的优惠税率规定

(1) 小型微利企业的优惠税率规定。根据《财政部 税务总局 关于实施小微企业普惠性税收减免政策的通知》(财税〔2019〕13 号)的规定,自 2019 年 1 月 1 日至 2021 年 12 月 31 日,对小型微利企业年应纳税所得额不超过 100 万元的部分,减按 25%计入应纳税所得额,按 20%的税率缴纳企业所得税;对年应纳税所得额超过 100 万元但不超过 300 万元的部分,减按 50%计入应纳税所得额,按 20%的税率缴纳企业所得税。上述小型微利企业是指从事国家非限制和禁止行业,且同时符合年度应纳税所得额不超过 300 万元、从业人数不超过 300 人、资产总额不超过 5 000 万元等三个条件的企业。

根据 2017 年 6 月 6 日发布的《财政部 税务总局 关于扩大小型微利企业所得税优惠政策范围的通知》(财税〔2017〕43 号)的规定,所称小型微利企业,是指从事国家非限制和禁止行业，并符合下列条件的企业：①工业企业，年度应纳税所得额不超过 50 万元，从业人数不超过 100 人，资产总额不超过 3 000 万元；②其他企业，年度应纳税所得额不超过 50 万元，从业人数不超过 80 人，资产总额不超过 1 000 万元。

根据 2018 年 7 月 11 日发布的《财政部　税务总局　关于进一步扩大小型微利企业所得税优惠政策范围的通知》(财税〔2018〕77 号)的规定，自 2018 年 1 月 1 日至 2020 年 12 月 31 日，将小型微利企业的年应纳税所得额上限由 50 万元提高至 100 万元，对年应纳税所得额低于 100 万元(含 100 万元)的小型微利企业，其所得减按 50%计入应纳税所得额，按 20%的税率缴纳企业所得税。

前款所称小型微利企业，是指从事国家非限制和禁止行业，并符合下列条件的企业：①工业企业，年度应纳税所得额不超过 100 万元，从业人数不超过 100 人，资产总额不超过 3 000 万元；②其他企业，年度应纳税所得额不超过 100 万元，从业人数不超过 80 人，资产总额不超过 1 000 万元。

根据 2019 年 1 月 17 日出台的《财政部　税务总局　关于实施小微企业普惠性税收减免政策的通知》(财税〔2019〕13 号)的规定，所谓小型微利企业，是指从事国家非限制和禁止行业，且同时符合年度应纳税所得额不超过 300 万元、从业人数不超过 300 人、资产总额不超过 5 000 万元等三个条件的企业。

小型微利企业无论按查账征收方式或核定征收方式缴纳企业所得税，均可享受上述优惠政策。

(2) 高新技术企业的优惠税率规定。国家需要重点扶持的高新技术企业，减按 15%的税率征收企业所得税。国家需要重点扶持的高新技术企业，是指拥有核心自主知识产权，并同时符合下列条件的企业：①注册成立一年以上。②企业获得对其主要产品(服务)在技术上发挥核心支持作用的知识产权的所有权。③属于《国家重点支持的高新技术领域》规定的范围。④科技人员占企业当年职工总数的比例符合规定，不低于 10%。⑤近三个会计年度研究开发费用占同期销售收入比例符合规定，即最近一年销售收入小于 5 000 万元(含)的企业，比例不低于 5%；最近一年销售收入在 5 000 万元至 2 亿元(含)的企业，比例不低于 4%；最近一年销售收入在 2 亿元以上的企业，比例不低于 3%；在中国境内发生的研究开发费用总额占全部研究开发费用总额的比例不低于 60%。⑥近一年高新技术产品收入占企业同期总收入的比例符合规定，不低于 60%。⑦企业创新能力评价应达到相应要求。⑧申请认定前一年内未发生重大安全、重大质量事故或严重环境违法行为。⑨自 2016 年 1 月 1 日起实施《高新技术企业认定管理办法》。

(3) 技术先进型服务企业的优惠税率规定。技术先进型服务企业自 2017 年 1 月 1 日起，在全国范围内实行 15%优惠税率。技术先进型服务企业应符合以下条件：①在中国境内注册的法人企业(不包括港、澳、台地区)；②从事《技术先进型服务业务认定范围(试行)》中的一种或多种技术先进型服务业务；③具有大专以上学历的员工占企业职工总数的比例符合规定，在 50%以上；④从事技术先进型服务业取得的收入占企业当年总收入比例符合规定，在 50%以上；⑤离岸服务外包业务取得收入比例符合规定，不低于企业当年总收入的 35%。

(4) 现代服务业合作区的鼓励类产业企业的优惠税率规定。现代服务业合作区的鼓励类产业企业自 2014 年 1 月 1 日至 2020 年 12 月 31 日减按 15%税率征收。具体范围为广东

高职高专互联网+新形态教材·财会系列

横琴综合新区、福建平潭综合实验区、深圳前海深港现代服务业合作区。

(5) 西部地区鼓励类产业的优惠税率规定。自 2021 年 1 月 1 日至 2030 年 12 月 31 日西部地区鼓励类产业减按 15%税率征收。企业以《西部地区鼓励类产业目录》中规定的产业项目为主营业务，且主营业务收入占企业收入总额符合规定，在 60%以上。当前执行政策为财税〔2011〕58 号，截至 2020 年 12 月 31 日，主营业务收入要求占比 70%以上。

(6) 集成电路生产企业的优惠税率规定。国家鼓励的集成电路线宽小于 28 纳米(含)，且经营期在 15 年以上的集成电路生产企业或项目，第 1 年至第 10 年免征企业所得税；国家鼓励的集成电路线宽小于 65 纳米(含)，且经营期在 15 年以上的集成电路生产企业或项目，第 1 年至第 5 年免征企业所得税，第 6 年至第 10 年按照 25%的法定税率减半征收企业所得税；国家鼓励的集成电路线宽小于 130 纳米(含)，且经营期在 10 年以上的集成电路生产企业或项目，第 1 年至第 2 年免征企业所得税，第 3 年至第 5 年按照 25%的法定税率减半征收企业所得税。

国家鼓励的集成电路设计、装备、材料、封装、测试企业和软件企业，自获利年度起，第 1 年至第 2 年免征企业所得税，第 3 年至第 5 年按照 25%的法定税率减半征收企业所得税。

国家鼓励的重点集成电路设计企业和软件企业，自获利年度起，第 1 年至第 5 年免征企业所得税，接续年度减按 10%的税率征收企业所得税。

(7) 10%的优惠税率规定。10%的优惠税率：①在中国境内未设立机构、场所的，或者虽设立机构、场所但取得的所得与其所设机构、场所没有实际联系的，应当就其来源于中国境内的所得，减按 15%的税率征收企业所得税；②中国居民企业向境外 H 股非居民企业股东派发 2008 年及以后年度股息时，统一按 10%的税率代扣代缴企业所得税；③境外机构投资者取得来源于中国境内的股息、红利和利息收入，应当按照企业所得税法的规定缴纳 10%的企业所得税。

根据《企业所得税法》的规定，我国居民企业的判定标准是"注册地标准"和"实际管理机构标准"相结合。选择非居民身份，享受有限纳税义务，不仅需要在中国境外注册，还需要保证实际管理机构不在中国境内。非居民企业在中国境内未设立机构、场所的，或虽设立机构、场所，但所得与其所设机构、场所没有实际联系的，应当就其来源于中国境内的所得缴纳企业所得税，而且该所得税适用 20%的税率，并可以减征、免征。《企业所得税法实施条例》还明确规定，对此类所得，减按 10%的税率征收企业所得税。因此，减少所得与所设机构、场所之间的联系，也可以享受到税收优惠。

小型微利企业与一般企业划分的标准是企业所得税税负变化的临界点，在临界点附近会出现应缴税金增长大于应纳税所得额增长的税负陡增的情况。小企业应当在平时的会计核算上充分考虑上述规定，通过会计核算和业务安排将应纳税所得额控制在临界点以下。

22.1.2　符合条件的环境保护、节能节水项目所得的税法规定

(1) 环境保护、节能节水项目所得。环境保护、节能节水项目所得，自项目取得第一笔生产经营收入所属纳税年度起，第 1 年至第 3 年免征企业所得税，第 4 年至第 6 年减半征收企业所得税。符合条件的环境保护、节能节水项目，包括公共污水处理、公共垃圾处理、沼气综合开发利用、节能减排技术改造、海水淡化等。项目的具体条件和范围由国务院财政、税务主管部门制定，报国务院批准后公布执行。

(2) 企业用于购置环境保护、节能节水、安全生产等专用设备的投资额。企业用于购

置环境保护、节能节水、安全生产等专用设备的投资额，可以按一定比例实行税额减免。税额减免是指企业购置并实际使用《环境保护专用设备企业所得税优惠目录》《节能节水专用设备企业所得税优惠目录》和《安全生产专用设备企业所得税优惠目录》规定的环境保护、节能节水、安全生产等专用设备的，该专用设备的投资额的10%可以从企业当年的应纳税额中抵免；当年不足抵免的，可以在以后5个纳税年度结转抵免。享受上述规定的企业所得税优惠的企业，应当实际购置并自身实际投入使用上述规定的专用设备；企业购置上述专用设备在5年内转让、出租的，应当停止享受企业所得税优惠，并补缴已经抵免的企业所得税税款。

22.1.3 企业综合利用资源的税法规定

企业综合利用资源，生产符合国家产业政策规定的产品所取得的收入，可以在计算应纳税所得额时减计收入。减计收入，是指企业以《资源综合利用企业所得税优惠目录》规定的资源作为主要原材料，生产国家非限制和禁止并符合国家和行业相关标准的产品取得的收入，减按90%计入收入总额。

22.1.4 符合条件的技术转让所得的税法规定

《企业所得税法》中符合条件的技术转让所得免税、减征企业所得税，是指在一个纳税年度内，居民企业转让技术所有权所得不超过500万元的部分，免征企业所得税；超过500万元的部分，减半征收企业所得税。

享受减免企业所得税优惠的技术转让应当符合下列条件：①享受优惠的技术转让主体是企业所得税法规定的居民企业；②技术转让属于财政部、国家税务总局规定的范围；③境内技术转让经省级以上科技部门认定；④向境外转让技术经省级以上商务部门认定；⑤国务院税务主管部门规定的其他条件。

22.1.5 加计扣除的相关规定

加计扣除是指纳税人的某些支出项目按照税法规定在计算应纳税所得额时，可以加计税前扣除的一种优惠方式。企业可以充分利用这种优惠方式，适当考虑增加税前加计扣除的额度，从而达到节税的目的。

1. 为开发新技术、新产品、新工艺发生的研究开发费用加计扣除的税法规定

《财政部 国家税务总局 科技部 关于完善研究开发费用税前加计扣除政策的通知》(财税〔2015〕119号)、《财政部 税务总局 科技部 关于企业委托境外研究开发费用税前加计扣除有关政策问题的通知》(财税〔2018〕64号)、《财政部 税务总局 科技部 关于提高研究开发费用税前加计扣除比例的通知》(财税〔2018〕99号)、《财政部 税务总局 关于进一步完善研发费用税前加计扣除政策的公告》(2021年第13号)、《财政部 税务总局 关于延长部分税收优惠政策执行期限的公告》(2021年第6号)等税收政策规定如下。

(1) 除制造业以外的企业，且不属于烟草制造业、住宿和餐饮业、批发和零售业、房地产业、租赁和商务服务业、娱乐业。企业开展研发活动中实际发生的研发费用，未形成无形资产计入当期损益的，在2023年12月31日前，在按规定据实扣除的基础上，再按照

高职高专互联网＋新形态教材·财会系列

实际发生额的75%在税前加计扣除；形成无形资产的，在上述期间按照无形资产成本的175%在税前摊销。

(2) 制造业企业开展研发活动中实际发生的研发费用，未形成无形资产计入当期损益的，在按规定据实扣除的基础上，自2021年1月1日起，再按照实际发生额的100%在税前加计扣除；形成无形资产的，自2021年1月1日起，按照无形资产成本的200%在税前摊销。

针对企业为开发新技术、新产品、新工艺发生的研究开发费用进行纳税筹划时，可以考虑利用研究与开发活动的交叉性与边界的模糊性，恰当掌握研发费用与形成无形资产之间的比例，即资本化的资金额度，通过提前加计扣除的办法，获取企业资金的时间价值。

2. 安置特殊就业人员加计税前扣除工资费用的优惠

为了进一步完善促进就业的税收政策，税法规定企业在按照支付给残疾职工工资据实扣除的基础上，按照支付给残疾职工工资的100%加计扣除。企业安置国家鼓励安置的其他就业人员所支付的工资加计扣除办法，按国务院规定执行。

22.1.6　允许弥补以前年度亏损的税法规定

弥补以前年度亏损是指企业按税收规定可以在税前弥补的以前年度亏损额，即会计亏损按税法规定调整后的应纳税所得额仍为负数的金额。企业某一年度发生的亏损可以用下一年度的所得弥补；下一年度的所得不足以弥补的，可以逐年延续弥补，但最长不超过5年。亏损弥补应注意的问题主要有以下三个方面。

(1) 亏损弥补期应连续计算，不得间断，不论弥补亏损的5年中是否盈利或亏损。

(2) 连续发生亏损，其亏损弥补期应按每个年度分别计算，按先亏先补的顺序弥补，不能将每个亏损年度的亏损弥补期相加。

(3) 企业境外业务之间的盈亏可以互相弥补，但企业境外投资除合并、撤销、依法清算外形成的亏损不得用境内盈利弥补。

亏损既然是企业依照企业所得税法的规定，将每一纳税年度的收入总额扣除不征税收入、免税收入和各项扣除后小于零的数额，表明该企业的成本大于收入，因而存在亏损，因此不仅没有可缴纳企业所得税的收入，还需要将亏损在今后五年的利润中予以结转扣除。

22.2　企业所得税税收优惠的纳税筹划任务

22.2.1　选择企业纳税人身份的纳税筹划

选择纳税人身份的
纳税筹划

【任务案例】

东方股份有限公司现有两种运营方式：一是依照境外法律成立但使其实际管理机构在中国境内；二是依照境外法律成立且使其实际管理机构不在中国境内，且在中国境内不设立机构、场所。假设两种方式下每年来源于中国境内的应纳税所得额均为1 500万元，且没有来源于中国境外的所得。请为其进行纳税筹划。

【筹划思路】

居民企业和非居民企业根据不同情况适用企业所得税税率是不同的，企业可以通过选择不同的企业运营方式来适用低税率，从而降低企业所得税税负。

【法规依据】

居民企业应当就其来源于中国境内、境外的所得缴纳企业所得税。非居民企业在中国境内设立机构、场所的，应当就其所设机构、场所取得的来源于中国境内的所得，以及发生在中国境外但与其所设机构、场所有实际联系的所得，缴纳企业所得税。非居民企业在中国境内未设立机构、场所的，或者虽设立机构、场所但取得的所得与其所设机构、场所没有实际联系的，应当就其来源于中国境内的所得缴纳企业所得税，即预提所得税。

企业所得税基本税率为25%，适用于居民企业和在中国境内设有机构、场所且所得与机构、场所有关联的非居民企业；低税率为20%，适用于在中国境内未设立机构、场所的，或者虽设立机构、场所但取得的所得与其所设机构、场所没有实际联系的非居民企业(实际征税时适用10%的税率)。

【解析方案】

方案一：依照境外法律成立但使其实际管理机构在中国境内，即成为居民纳税义务人的一种。

应纳企业所得税=1 500×25%=375(万元)

方案二：依照境外法律成立且实际管理机构不在中国境内，且在中国境内不设立机构、场所，即成为非居民纳税义务人的一种。

应纳企业所得税=1 500×10 %=150(万元)

由此可见，方案二比方案一少缴纳企业所得税=375-150=225(万元)，因此应当选择方案二。

【筹划点评】

依照境外法律成立且实际管理机构不在中国境内，且在中国境内不设立机构、场所，虽然会降低企业所得税税率，但必然会降低来源于中国境内的所得，企业应当权衡利弊，综合进行考虑，最终选择合适的运营方式。

22.2.2　一般企业转化为小型微利企业的纳税筹划

【任务案例】

隆祥商场共有两个相对独立的超市，2020 年预计应纳税所得额为550 万元，假设没有纳税调整项目，即税前利润正好等于应纳税所得额。而这两个超市税前利润以及相应的应纳税所得额都为 275 万元，从业人数 270 人，资产总额 2 400 万元。请为其进行纳税筹划。

一般企业转化为小型微利企业的纳税筹划

【筹划思路】

企业可以根据自身经营规模和盈利水平的预测，可将有限的盈利水平控制在限额以下，从而成为小型微利企业，以期适用较低的税率。另外，将大企业分立为小型微利企业，也可达到适用低税率的目的。

高职高专互联网＋新形态教材·财会系列

【法规依据】

企业所得税税率统一为 25%，小型微利企业为 20%。

根据 2019 年 1 月 17 日出台的《关于实施小微企业普惠性税收减免政策的通知》(财税〔2019〕13 号)，所谓小型微利企业，是指从事国家非限制和禁止行业，且同时符合年度应纳税所得额不超过 300 万元、从业人数不超过 300 人、资产总额不超过 5 000 万元等三个条件的企业。

自 2019 年 1 月 1 日至 2021 年 12 月 31 日，对小型微利企业年应纳税所得额不超过 100 万元的部分，减按 25% 计入应纳税所得额，按 20% 的税率缴纳企业所得税；对年应纳税所得额超过 100 万元但不超过 300 万元的部分，减按 50% 计入应纳税所得额，按 20% 的税率缴纳企业所得税。

【解析方案】

方案一：维持原状。

应纳企业所得税=550×25%=137.5(万元)

方案二：将隆祥商场按照门市部分立为两个独立的企业 A 和企业 B。

A 企业应纳企业所得税额=100×25%×20%+(275-100)×50%×20%=22.5(万元)

B 企业应纳企业所得税额=100×25%×20%+(275-100)×50%×20%=22.5(万元)

企业集团应纳企业所得税总额=22.5+22.5=45(万元)

由此可见，方案二比方案一少缴企业所得税=137.5-45=92.5(万元)，因此应当选择方案二。

【筹划点评】

隆祥商场按照门市部分立为两个独立的企业，必然要耗费一定的费用，也有可能会影响正常的经营，也不利于今后规模的扩大，因此在进行纳税筹划时还需权衡利弊。

22.2.3 企业招聘残疾人员的纳税筹划

招聘残疾人的
纳税筹划

【任务案例】

双塔食品有限公司因生产规模扩大，需招聘 20 名新员工，新增加的 20 名员工的每年工资为 30 万元，2020 年该公司预计实现未扣除工资前的应纳税所得额为 300 万元。请为双塔公司进行纳税筹划。

【筹划思路】

企业应当充分利用支付残疾人员工资税前加计扣除的优惠政策，降低企业所得税税负。

【法规依据】

我国《企业所得税法实施条例》第九十六条规定：企业在安置残疾人员及国家鼓励安置的其他就业人员所支付的工资，可以在计算应纳税所得额时加计 100% 扣除。

【解析方案】

方案一：招聘 20 名身体健全人员作为新员工。

应纳企业所得税=(300-30)×25%=67.5(万元)

方案二：在不影响企业正常生产经营的情况下，招聘 20 名残疾人员作为新员工。

应纳企业所得税=[300-30×(1+100%)]×25%=60(万元)

方案一与方案二相比，双塔食品有限公司少缴纳企业所得税=67.5-60=7.5(万元)，因此应当选择方案二。

【筹划点评】

企业在不影响正常生产经营的前提下，招聘部分残疾人员，一方面可以关爱社会弱势群体；另一方面可以加大企业所得税税前扣除金额，进而降低企业所得税税负。

22.2.4　技术转让所得的纳税筹划

技术转让所得的
纳税筹划

【任务案例】

2019 年 12 月 15 日，捷诚股份有限公司以 1 600 万元的价款转让某项技术，技术转让成本和相关税费为 600 万元，则技术转让所得=1600-600=1 000(万元)。请为该公司进行纳税筹划。

【筹划思路】

对于预计当年度技术转让所得超过 500 万元的情况，可以采取递延技术转让所得的方式。具体操作方法如下：通过采用分期收款方式，将超过 500 万元的所得分摊到以后年度，从而可以完全利用免征企业所得税的优惠。

【法规依据】

我国《企业所得税法实施条例》第九十条规定，一个纳税年度内，居民企业技术转让所得不超过 500 万元的部分，免征企业所得税；超过 500 万元的部分，减半征收企业所得税。其中，技术转让所得=技术转让收入-技术转让成本-相关税费。

我国《企业所得税法实施条例》第二十三条规定，以分期收款方式销售货物，按照合同约定的收款日期确认收入的实现。

【解析方案】

方案一：2019 年 12 月 15 日签订直接收款的技术转让合同，则：

2019 年应纳税所得额=1 600-600-500 = 500 (万元)

2019 年应纳企业所得税=(1 600-600-500)×25%×50%=62.5(万元)

方案二：签订分期收款合同，合同约定 2019 年 12 月 15 日收取 800 万元，2020 年 1 月 15 日再收取 800 万元，则 600 万元的技术转让成本与相关税费也相应地在两个年度平均分配。

2019 年应纳税所得额=800-300-500=0(万元)

2019 年应纳企业所得税=0 (万元)

2020 年应纳税所得额=800-300-500=0(万元)

2020 年应纳企业所得税=0(万元)

方案二与方案一相比，少缴纳企业所得税 62.5 万元，因此应当选择方案二。

【筹划点评】

分期确认转让技术收入的好处在于将技术转让所得分摊在不同的年度，在各年度分别充分享受税收优惠政策，避免一个年度享受不完的情况产生。

高职高专互联网+新形态教材·财会系列

22.2.5　亏损弥补的纳税筹划

亏损弥补的
纳税筹划

【任务案例】

辉华股份有限公司 2014—2018 年的应纳税所得额分别为-300 万元、80 万元、40 万元、30 万元、50 万元。假设 2019 年 12 月 20 日，该公司已实现应纳税所得额 60 万元，同时，该公司还有一项销售意向，打算于 2020 年 1 月 1 日实现销售，预计实现销售利润 40 万元，此外，2020 年还可获取其他利润 130 万元。请为该公司进行纳税筹划。

【筹划思路】

弥补以前年度亏损的年限是五年，若存在五年内亏损未弥补完的情况，则会加重企业所得税税负。因此，企业应尽量将弥补时限以外的所得在弥补期限内实现。具体可以通过与购货方议定合适的结算方式，或通过促销方式来增加亏损弥补期应确认的收入，最大限度地使亏损在弥补期内被弥补完，避免不必要的损失。

【法规依据】

根据《中华人民共和国企业所得税法》第五条规定，企业每一纳税年度的收入总额，减除不征税收入、免税收入、各项扣除以及允许弥补的以前年度亏损后的余额，为应纳税所得额。

《中华人民共和国企业所得税法》第十八条规定，企业纳税年度发生的亏损，准予向以后年度结转，用以后年度的所得弥补，但结转年限最长不得超过五年。

【解析方案】

方案一：将该笔销售利润为 40 万元的业务放在次年，即在 2020 年实现并确认收入。

则 2019 年的应纳税所得额为 60 万元，2020 年的应纳税所得额=130+40=170(万元)。

经计算，2019 年实现的应纳税所得额全部用于弥补亏损后，还有 40 万元尚未弥补，即未弥补亏损=-300+80+40+30+50+60=-40(万元)，因超过五年亏损弥补时限，故 2019 年不能弥补。

2020 年应纳企业所得税=(40+130)×25%=170×25%=42.5(万元)

方案二：在 2019 年 12 月 31 日以前，将该笔销售利润为 40 万元的业务通过合理的手段促使销售实现，确认收入和利润。

则 2019 年实现的应纳税所得额=60+40=100(万元)，2020 年的应纳税所得额为 130 万元。

经计算，-300+80+40+30+50+(60+40)=0(万元)，也就是说，五年内 300 万元的亏损全部被盈利弥补完，由于该笔销售利润为 40 万元的业务确认在 2019 年，因此，2020 年不必针对该笔业务缴纳企业所得税。

2020 年应纳企业所得税=130×25%=32.5 (万元)

方案二与方案一相比，该公司 2020 年少缴纳企业所得税=42.5-32.5=10(万元)，因此应当选择方案二。

【筹划点评】

通过合理的方法与手段，提前实现利润，保证在亏损弥补期内最大限度地弥补亏损，从而避免或降低因亏损不予弥补完而产生的损失。

项 目 训 练

一、理论训练

1. 简述居民企业和非居民企业所适用的税收政策。

2. 简述运用企业所得税优惠政策进行纳税筹划的类别与方法。

二、操作训练

【训练一】

训练资料：某汽车零部件制造有限责任公司成立于 2010 年，注册资本为 500 万元。在职人员 50 人，其中符合残疾人就业政策的残疾人员 15 人，依法与安置的每位残疾人员签订了 3 年的劳动合同。该公司每年支付给每位残疾人员的工资为 1.2 万元。假定公司所得税税率为 25%，公司 2018 年申报缴纳增值税 100 万元，不考虑城市维护建设税和教育费附加的利润总额为 60 万元。

训练要求：试分析公司安置 15 名残疾人员是否对自己有利？请进行纳税筹划方案设计。

【训练二】

训练资料：某居民企业转让技术，与受让方签订了两年的协议，共需收取 900 万元的技术转让费。对于转让费的收取方式有两种方案：一是两年平均收取技术转让费，即每年收取 450 万元；二是第一年收取 800 万元，第二年收取 100 万元。

训练要求：请计算比较两种方案下各自缴纳企业所得税情况，并做出纳税筹划选择。

模块 6　企业重组的纳税筹划

项目 23

企业合并的纳税筹划

【学习目标】

[能力目标]

1. 能够根据企业合并的实际情况进行合理的纳税筹划。

2. 能够综合运用税法的相关知识，针对企业实际需要，制定企业合并的全面纳税筹划策略。

[知识目标]

1. 熟悉国家相关税收政策。

2. 掌握企业合并的税务处理。

3. 掌握企业合并的纳税筹划方法。

[素质目标]

1. 具备对企业合并相关事宜进行筹划的能力。

2. 具备分析问题、解决问题及团结协作的能力。

【思政指引】

关键词：兼容并包　宽容大度

企业合并后可以共享技术，提高产品质量和市场占有率，但企业文化差异需要长时间融合，为避免因文化差异而产生的经营风险，需要合并各方树立兼容并包的思想观念，做到宽容大度。

【项目引例】

甲公司计划于 2019 年年底吸收合并乙公司，合并日乙公司净资产的账面价值和计税成本均为 6 000 万元，公允价值为 8 000 万元，未弥补亏损额为 500 万元。现有两套方案可供选择。方案一：现金收购。甲公司向乙公司支付的收购价款中包含 8 000 万元的现金。方案二：甲公司将公允价值为 8 000 万元的股票分给乙公司的股东以实现合并。

请对两个方案进行比较分析。

23.1　相　关　法　规

23.1.1　企业合并的概念及分类

企业合并是将两个或两个以上单独的企业依照法律规定或合同约定，合并形成一个企业的法律行为。企业合并按照合并方式，可分为控股合并、吸收合并和新设合并。

1. 控股合并

合并方通过企业合并交易或事项取得被合并方的控制权，企业合并后能够通过所取得的股权等主导被合并方的生产经营决策并自被合并方的生产经营活动中获益，被合并方在企业合并后仍维持其独立法人资格继续经营。

2. 吸收合并

合并方在企业合并中取得被合并方的全部净资产，并将有关资产、负债并入合并方自身的账簿和报表进行核算。企业合并后，注销被合并方的法人资格，也就是所谓的企业兼并。

3. 新设合并

参与合并的各方在企业合并后法人资格均被注销，重新注册成立一家新的企业，由新注册成立的企业持有参与合并各企业的资产、负债，在新的基础上经营。

23.1.2　企业合并的税务处理

1. 企业合并的流转税处理

《国家税务总局　关于纳税人资产重组有关增值税问题的公告》(国家税务总局公告 2013 年第 66 号)规定：纳税人在资产重组过程中，通过合并、分立、出售、置换等方式，将全部或者部分实物资产以及与其相关联的债权、负债经多次转让后，最终的受让方与劳动力接收方为同一单位和个人的，仍适用《国家税务总局关于纳税人资产重组有关增值税问题的公告》(国家税务总局公告 2011 年第 13 号)的相关规定，其中货物的多次转让行为均不征收增值税。资产的出让方需将资产重组方案等文件资料报其主管税务机关。

2. 企业合并的土地增值税处理

《财政部　国家税务总局　关于土地增值税一些具体问题规定的通知》(财税字〔1995〕48 号)规定：在企业兼并中，对被兼并企业将房地产转让到兼并企业中的，暂免征收土地增值税。

《关于企业改制重组有关土地增值税政策的通知》(财税〔2015〕5 号)规定：按照法律规定或者合同约定，两个或两个以上企业合并为一个企业，且原企业投资主体存续的，对原企业将国有土地、房屋权属转移、变更到合并后的企业，暂不征土地增值税。

3. 企业合并的契税处理

《关于进一步支持企业事业单位改制重组有关契税政策的通知》(财税〔2015〕37 号)规定：两个或两个以上的公司，依照法律规定、合同约定，合并为一个公司，且原投资主体存续的，对合并后公司承受原合并各方土地、房屋权属，免征契税。

4. 企业合并的个人所得税处理

如果企业股东为自然人，或者为个人独资企业或合伙企业，则涉及个人所得税。

根据《财政部 国家税务总局 关于企业重组业务企业所得税处理若干问题的通知》(财税〔2009〕59 号)、《企业重组业务企业所得税管理办法》(国家税务总局公告 2010 年第 4 号)规定，符合特殊性税务处理条件的，被合并方不需要进行清算。在会计账务处理中，被合并方资产、负债、所有者权益中有关数据，基本上按原账面数额移植到合并方企业，在此过程中"未分配利润"没有发生分配行为，不需征收个人所得税；如果在免税重组过程中，合并方账务处理时对"未分配利润"做了转增股本处理，则需要征收个人所得税。

5. 企业合并的企业所得税处理

企业合并分为一般性税务处理和特殊性税务处理两种情况。

1) 一般性税务处理

合并企业应按公允价值确定接受被合并企业各项资产和负债的计税基础。被合并企业的亏损不得在合并企业结转弥补。被合并企业及其股东都应按清算进行所得税处理。

具体来说，企业全部资产的可变现价值或交易价格减除清算费用，职工的工资、社会保险费用和法定补偿金，结清清算所得税、以前年度欠税等税款、清偿企业债务，按规定计算可以向所有者分配的剩余资产。被清算企业的股东分得的剩余资产的金额，其中相当于被清算企业累计未分配利润和累计盈余公积中按该股东所占股份比例计算的部分，应确认为股息所得；剩余资产减除股息所得后的余额，超过或低于股东投资成本的部分，应确认为股东的投资转让所得或损失。被收购方应确认资产转让所得或损失；收购方取得资产的计税基础应以公允价值为基础确定；被收购企业的相关所得税事项原则上保持不变。

2) 特殊性税务处理

(1) 特殊性税务处理的适用条件：第一，具有合理的商业目的，且不以减少、免除或者推迟缴纳税款为主要目的；第二，企业重组后的连续 12 个月内不改变重组资产原来的实质性经营活动；第三，企业重组中取得股权支付的原主要股东，在重组后连续 12 个月内，不得转让所取得的股权；第四，企业股东在该企业合并发生时取得的股权支付金额不低于其交易支付总额的 85%，以及同一控制下且不需要支付对价的企业合并。

(2) 特殊性税务处理方法：第一，合并企业接受被合并企业资产和负债的计税基础，以被合并企业的原有计税基础确定；第二，被合并企业合并前的相关所得税事项由合并企业承继。其中，对税收优惠政策承继处理问题，凡属于依照《税法》第五十七条规定中就企业整体(即全部生产经营所得)享受税收优惠过渡政策的，合并或分立后的企业性质及适用税收优惠条件未发生改变的，可以继续享受合并前各企业或分立前被分立企业剩余期限的税收优惠；第三，可由合并企业弥补的被合并企业亏损限额=被合并企业净资产公允价值×截至合并业务发生当年年末国家发行的最长期限的国债利率；第四，被合并企业股东取得合并企业股权的计税基础，以其原持有的被合并企业股权的计税基础确定。

23.1.3　企业合并中的纳税筹划思路

我国《公司法》规定，公司合并时，合并各方的债权债务，应当由合并后存续的公司或新设的公司承担。企业合并的纳税筹划主要包括两个方面：一是合并中产权交换支付方式选择的纳税筹划；二是合并后存续公司的纳税筹划。

1. 合并中产权交换支付方式选择的纳税筹划

合并按照出资方式可分为以现金购买被合并公司股票、以股票换取被合并公司股票、以信用债券换取被合并公司股票、以股票加现金换取被合并公司股票四种。这四种产权交换方式对被合并公司的股东来说，有的属于应税交易，有的则属于免税交易。

(1) 免税合并。一个公司以股票按一定比例换取被合并公司的股票的方式进行，被合并公司的股东没有收到合并公司的现金。这种情况下，股票转换不视为资产转让，被合并公司的股东没有实现资本利得，这一合并所得在股东出售其股票时才计算损益作为资本利得缴纳所得税。

(2) 应税合并。合并企业采用以现金或无表决权的证券购买被合并公司股票的方式，属于应税合并。这种情况下，被合并公司股东收到合并公司的现金和债券，被视为转让其股票的收入，产生资本利得，被合并公司的股东要就其资本利得缴纳所得税。

(3) 部分应税合并。合并公司采用以股票加现金换取被合并公司的股票的方式，属于部分应税合并。这种情况下，被合并公司股东换取合并公司的股票视为免税交易，而收到的合并公司的现金则视为处置其部分股票的收入，要计算其处置利得，就其利得缴纳所得税。

2. 合并后存续公司的纳税筹划

《财政部　国家税务总局　关于企业重组业务企业所得税处理若干问题的通知》(财税〔2009〕59 号)第九条第一款规定，在企业吸收合并中，合并后的存续企业性质及适用税收优惠的条件未发生改变的，可以继续享受合并前该企业剩余期限的税收优惠，其优惠金额按存续企业合并前一年的应纳税所得额(亏损计为零)计算。

23.2　企业合并的纳税筹划任务

23.2.1　合并转换增值税纳税人身份的纳税筹划

【任务案例】

张先生经营小商品批发，名下有两家企业，均属于小规模纳税人，适用 3%的增值税征收率，2019 年各自年应税销售额为 400 万元，其增值税税率为 6%，即进项税抵扣额占 94%，请为其进行纳税筹划。

合并转换增值税
纳税人身份的
纳税筹划

高职高专互联网＋新形态教材·财会系列

【筹划思路】

由于一般纳税人可抵扣进项税额,因而小规模纳税人的税负往往重于一般纳税人。若小规模纳税人自身不具备转换为一般纳税人的条件(主要是年应税销售额未达标准),则可以考虑通过合并其他小规模纳税人的方式来转换为一般纳税人,从而享有一般纳税人可以抵扣进项税额的税收待遇。

【法规依据】

一般纳税人应纳增值税税额=销项税额-进项税额,其中销项税额=销售额×税率(13%、9%或6%),进项税额=可抵扣的购进项目金额×税率(13%、9%或6%);小规模纳税人应纳增值税税额=销售额×征收率(3%)。

【解析方案】

方案一:按目前方案不变。

两企业合计应纳增值税=400×2×3%=24(万元)

方案二:合并名下的两家企业,合并申请为一般纳税人。

合并后的企业应纳增值税=(400+400)×13%-800×94%×13%=6.24(万元)

方案二与方案一相比,本年少缴纳增值税=24-6.24=17.76(万元),因此应当选择方案二。

【筹划点评】

小规模纳税人通过合并一旦转换为一般纳税人,就不能再恢复为小规模纳税人了。如果企业的销售客户大都是小规模纳税人,则企业本身是不适合作为一般纳税人的。因此,通过合并变"小规模纳税人"为"一般纳税人",不能单纯考虑税负因素。

23.2.2 通过合并目标企业抵扣增值税进项税的纳税筹划

通过合并来抵扣
增值税进项税的
纳税筹划

【任务案例】

亚波塑料制品有限公司本期销售商品1 500万元,本期发生的进项税额为80万元。欧路塑料品生产企业经营不善,资产额与负债额相等,即净资产额为零。但其原有库存尚有存货价值600万元,其进项税额为78万元。假设亚波公司有机会合并欧路公司,并且是否合并欧路公司对自身经营基本没有影响。请为其进行纳税筹划。

【筹划思路】

如果目标企业有大量的期初存货可以用于抵扣进项税额,则合并企业在合并当期的应纳增值税额就会减少,从而充分利用了货币的时间价值。

【法规依据】

应交增值税=销项税额-进项税额。增值税进项税额可从本期的销项税额中抵扣,不足抵扣的部分可结转下期继续抵扣。

【解析方案】

方案一:亚波公司不合并欧路公司。

亚波公司应纳增值税=1 500×13%-80=115(万元)

欧路公司本期不缴增值税,78万元的增值税进项税留待下期抵扣。

两公司共应纳增值税=115+0=115(万元)

方案二：亚波公司合并欧路公司。

合并后的集团公司应纳增值税=1 500×13%-80-78=37(万元)

由此可见，方案二比方案一本期少缴增值税=115-37=78(万元)，因此应当采取合并的方式。

【筹划点评】

使用该方法进行纳税筹划时，必须全面考虑"零价收购"给企业带来的全面影响，即被合并企业的原有债务会因此转移给合并企业。如果实施合并的企业原账面资产质量不高，不足以承担其原有债务时，同时选择合并应充分考虑到合并成本、合并后的发展前景、职工安置等各方面的因素，不能单纯考虑税负因素，则通过合并进行纳税筹划的效果就不会明显，甚至会影响纳税筹划方案的可行性。

23.2.3　通过合并变销售不动产为转让企业产权的纳税筹划

通过合并变销售
不动产为转让企业
产权的纳税筹划

【任务案例】

高科股份有限公司 2019 年 12 月 31 日，账面资产总额 12 000 万元(其中不动产 6 000万元)，负债 15 000 万元，净资产-3 000 万元。该公司股东会决定清算并终止企业经营。智创有限责任公司为扩大规模，决定出资 12 000 万元购买高科公司全部资产，高科公司将资产出售收入全部用于偿还债务和缴纳欠税，然后将公司解散。高科股份有限公司在该交易中涉及销售不动产 6 000 万元。请为其进行纳税筹划。

【筹划思路】

企业合并可以改变企业的组织形式及内部股权关系，通过企业合并，可以实现关联性企业或上下游企业流通环节的减少，合理规避流转税，这是企业合并的优势所在。以股权或者产权交易代替不动产交易，可以规避销售不动产环节的高额税负。通过"合并"变"销售不动产"为"转让企业产权"，便能达到这样的节税效果。

【法规依据】

转让企业产权是整体转让企业资产、债权、债务及劳动力的行为，根据《国家税务总局关于纳税人资产重组有关增值税问题的公告》(国家税务总局公告 2011 年第 13 号)规定：纳税人在资产重组过程中，通过合并、分立、出售、置换等方式，将全部或者部分实物资产以及与其相关联的债权、债务和劳动力一并转让给其他单位和个人，不属于增值税的征税范围，其中涉及的货物转让，不征收增值税。

【解析方案】

方案一：高科股份有限公司把不动产销售给智创有限责任公司。

该公司应纳增值税=6 000×9%=540(万元)

城市维护建设税及教育费附加=540×(7%+3%)=54(万元)

方案二：高科股份有限公司将企业产权整体转让给智创有限责任公司。

高科公司转让企业产权，不必缴纳增值税和相应的城市维护建设税及教育费附加。

高职高专互联网+新形态教材·财会系列

由此可见,方案二比方案一少缴增值税和相应的城市维护建设税及教育费附加=540+54=594(万元),因此应当采取合并的方式。

【筹划点评】

企业是否选择合并应充分考虑到合并成本、合并后对被合并方负债的承担、职工安置等各方面的因素,不能单纯考虑税负因素。

项 目 训 练

一、理论训练

1. 企业合并时和合并后应如何进行纳税筹划?

2. 企业合并有哪几种形式?

二、操作训练

【训练一】

训练资料: 甲、乙两公司的股本均为 65 000 万元。现甲公司计划并购乙公司,经双方协商,甲公司发行新股换取乙公司股东手中持有的部分乙公司股票;其余部分乙公司股票由甲公司以直接支付现金的方式购买。

训练要求: 请问企业应当如何确定支付现金和新股换旧股的比例才能最大限度节税? 请为其进行纳税筹划。

【训练二】

训练资料: 甲公司计划于 2020 年年底吸收合并乙公司,合并日乙公司净资产的账面价值和计税成本均为 8 000 万元,公允价值为 10 000 万元,未弥补亏损额为 800 万元。现有两套方案可供选择。

方案一: 现金收购。甲公司向乙公司支付的收购价款中包含 10 000 万元的现金。

方案二: 甲公司将公允价值为 10 000 万元的股票分给乙公司的股东以实现合并。

训练要求: 从节税的角度,甲公司应当如何选择? 请对两个方案进行比较分析。

项目 **24**

企业分立的纳税筹划

【学习目标】

[能力目标]

1. 能够根据企业分立的实际情况进行合理纳税筹划。

2. 能够综合运用税法的相关知识，针对企业实际需要，制定企业分立的全面纳税筹划策略。

[知识目标]

1. 熟悉国家相关税收政策。

2. 掌握企业分立纳税筹划的具体内容。

3. 掌握企业分立的纳税筹划方法。

[素质目标]

1. 具备对企业分立相关事宜的纳税筹划能力。

2. 具备分析问题、解决问题及团结协作的能力。

【思政指引】

关键词：公开　公平　公正

企业适应战略发展进行合并或分立，会带来利益分配的调整，会产生观念碰撞、思想波动。为此，合并过程中各项政策法规的执行必须在"公开、公平、公正"的环境中进行，保证信息沟通渠道畅通，正面宣传。只有达成了共识，才能在挑战中赢得机遇。

【项目引例】

　　某装饰公司有两个部门，一个部门负责经营销售装修材料，另一个部门负责装饰装修工程，该公司资产总额为 6 000 万元，企业职工人数为 200 人，2020 年企业应纳税所得额为 600 万元，请为该公司进行纳税筹划。

24.1　相　关　法　规

　　企业分立是指一个企业依照法律的规定，将部分或全部业务分离出去，分化成两个或两个以上新企业的法律行为。它或者是原企业解散而成立两个或两个以上的新企业，或者是原企业将部分子公司、部门、产品生产线、资产等剥离出来，组成一个或几个新公司，而原企业在法律上仍然存在。企业分立是企业产权重组的一种重要类型。企业分立的动因很多，包括提高管理效率、提高资源利用效率、突出企业的主营业务、获取税收方面的利益等。

24.1.1　利用分立规避高税率的税法规定

　　我国现行企业所得税税率为 25%，但考虑到一些利润低或规模小的企业税负会增加，且我国目前这类企业的大量存在以及一些投产初期的企业利润较少的实际情况，《财政部税务总局关于实施小微企业普惠性税收减免政策的通知》(财税〔2019〕13 号)规定：对年应纳税所得额不超过 300 万元的小型微利企业，按应纳税所得额分为两段计算：一是对年应纳税所得额不超过 100 万元的部分，减按 25% 计入应纳税所得额，并按 20% 的税率计算缴纳企业所得税，实际税负为 5%；二是对年应纳税所得额超过 100 万元但不超过 300 万元的部分，减按 50% 计入应纳税所得额，并按 20% 的税率计算缴纳企业所得税，实际税负为 10%。

　　因而当企业所得税采用累进税率的情况下，通过分立使原本适用高税率的企业分化成两个或两个以上适用低税率的企业，使整体税负得以减轻。这种方法可称为化整为零法，它同样适用于个人所得税等适用累进税率或起征点的税种。

24.1.2　分离特定生产部门以享受优惠的税法规定

　　我国现行税制对增值税纳税人的兼营行为有以下规定：纳税人兼营免税项目或非应税项目(不包括固定资产、在建工程)而无法准确划分不得抵扣的进项税额时，按下面的公式计算不得抵扣的进项税额。

　　不得抵扣的进项税额=当月全部进项税额×当月免税项目销售额、非应税项目营业额/
当月全部销售额、营业额合计

　　这就是说，免税产品的进项税额越大，其全部可抵扣的进项税额越小，对合并经营者越不利；反之，免税产品的进项税额越小，对合并经营者越有利。这里有一个临界点，通过计算推导，得出下面的结论。

　　当免税产品进项税额/全部进项税额＞免税产品销售额/全部销售额时，采用合并经营法比较有利；当免税产品进项税额/全部进项税额＜免税产品销售额/全部销售额时，则应将生产免税产品的特定生产部门分立为独立的企业，以期获得流转税的税负降低。

分立企业的方法除适用于兼营行为外，还适用于混合销售行为。税法规定，一项销售行为如果既涉及服务又涉及货物，为混合销售。《关于全面推开营业税改征增值税试点的通知》(财税〔2016〕36 号)规定：从事货物的生产、批发或者零售的单位和个体工商户的混合销售行为，按照销售货物缴纳增值税；其他单位和个体工商户的混合销售行为，按照销售服务缴纳增值税。企业为达到节税的目的，可以将从事交通运输、建筑、金融保险、邮电通信、文化体育、服务等原来缴纳营业税的部门，设为一个独立自负盈亏的子公司，从而实现适用低税率减轻税收负担。

24.2　企业分立的纳税筹划任务

24.2.1　通过分立享受农产品增值税免税政策的纳税筹划

【任务案例】

甲公司为增值税一般纳税人，以亚麻为原料生产纺织品，生产原料主要由本公司的种植园提供。甲公司预计 2020 年纺织品实现销售收入 6 300 万元，种植园自产亚麻的成本为 2 000 万元，种植园购置原料取得的增值税专用发票相应的进项税额很少，仅有 10 万元。另外，甲公司外购其他原材料成本为 1 000 万元，取得增值税专用发票，相应的进项税额为 130 万元。请为甲公司进行纳税筹划。

【筹划思路】

对农业生产者销售的自产农产品(如亚麻)免征增值税,但以自产农产品(如亚麻) 为原料加工后的产品并不属于农产品免税范围。企业要想享受销售自产农产品免税的政策，可以考虑把种植园和纺织厂分立为两个独立法人，采取纺织厂购买种植园亚麻的经营模式。一方面，种植园可以享受销售自产农产品免征增值税的政策；另一方面，纺织厂还可以按采购亚麻金额的 9% 抵扣进项税额。

【法规依据】

我国《增值税暂行条例实施细则》规定，我国《增值税暂行条例》第十五条所列免税项目的第一项所称的"农业生产者销售的自产农业产品"，是指直接从事植物的种植、收割和动物的饲养、捕捞的单位和个人销售的注释所列的自产农业产品；对上述单位和个人销售的外购的农业产品，以及单位和个人外购农业产品生产、加工后销售的仍然属于注释所列的农业产品，不属于免税的范围，应当按照规定税率征收增值税。

我国《增值税暂行条例》第八条规定，一般纳税人购进农产品，除取得增值税专用发票或者海关进口增值税专用缴款书外，按照农产品收购发票或者销售发票上注明的农产品买价和 11% 的扣除率计算进项税额。进项税额的计算公式为

$$进项税额 = 买价 \times 扣除率$$

所谓买价，是指纳税人在购进农产品时，在农产品收购发票或者销售发票上注明的价款和按规定缴纳的烟叶税。

【解析方案】

方案一：甲公司把种植园和纺织厂作为一个独立法人。

2020 年应纳增值税=6 300×13%-10-130=679(万元)

方案二：甲公司把种植园和纺织厂分立为两个独立法人，种植园将自己生产的亚麻以公允价 2 400 万元直接销售给纺织厂。

(1) 2020 年种植园实现销售收入 2 400 万元，由于其自产自销未经加工的亚麻符合农业生产者自产自销农产品的条件，因而可以享受免税待遇，税负为零，相应的进项税额 10 万元也不予抵扣。

(2) 纺织厂购进亚麻。

2020 年应纳增值税=6 300×13%-2 400×9%-130 = 473 (万元)

方案二与方案一相比，甲公司少缴纳增值税=679-473=206(万元)，因此应当选择方案二。

【筹划点评】

甲公司把种植园和纺织厂分立为两个独立法人，办理工商登记和税务登记，必然要多支出一部分开办费用及其他费用。但这笔费用与省下来的增值税相比要少很多，所以采用方案二是非常划算的。

24.2.2 企业分立中企业所得税的纳税筹划

【任务案例】

甲企业为一家工业企业，2019 年发生亏损 180 万元，2020 年全年预计实现利润总额为 360 万元，资产总额为 1 000 万元，员工人数为 120 人。该企业具备分立为两个企业的条件，假设分立为 A、B 两个企业，其资产比例为 6∶4，A 企业实现的税前利润为 216 万元，B 企业实现的税前利润为 144 万元，并且被分立企业所有股东按原持股比例取得分立企业的股权，分立企业和被分立企业均不改变原来的实质经营活动，且被分立企业股东在该企业分立发生时取得的股权支付金额不低于其交易支付总额的 85%。请为甲企业进行纳税筹划。

【筹划思路】

如果把亏损企业分立为几个小型微利企业，使其适用的企业所得税税率为 20%，在一定程度上会减轻企业所得税税负。

【法规依据】

《财政部 国家税务总局 关于企业重组业务企业所得税处理若干问题的通知》(财税〔2009〕59 号)规定，企业分立，被分立企业所有股东按原持股比例取得分立企业的股权，分立企业和被分立企业均不改变原来的实质经营活动，且被分立企业股东在该企业分立发生时取得的股权支付金额不低于其交易支付总额的 85%，可以选择按以下规定处理。

(1) 分立企业接受被分立企业资产和负债的计税基础，以被分立企业的原有计税基础确定。

(2) 被分立企业已分立出去资产相应的所得税事项由分立企业承继。

(3) 被分立企业未超过法定弥补期限的亏损额可按分立资产占全部资产的比例进行分

配，由分立企业继续弥补。

(4) 被分立企业的股东取得分立企业的股权(以下简称新股)，如需部分或全部放弃原持有的被分立企业的股权(以下简称旧股)，新股的计税基础应以放弃旧股的计税基础确定。如不需放弃旧股，则其取得新股的计税基础可从以下两种方法中选择确定：直接将新股的计税基础确定为零；或者以被分立企业分立出去的净资产占被分立企业全部净资产的比例先调减原持有的旧股的计税基础，再将调减的计税基础平均分配到新股上。

《关于实施小微企业普惠性税收减免政策的通知》(财税〔2019〕13号)规定，所谓小型微利企业，是指从事国家非限制和禁止行业，且同时符合年度应纳税所得额不超过300万元、从业人数不超过300人、资产总额不超过5 000万元等三个条件的企业。

依据《财政部 税务总局发布的关于扩大小型微利企业所得税优惠政策范围的通知》(财税〔2017〕43号)规定：自2019年1月1日至2021年12月31日，对小型微利企业年应纳税所得额不超过100万元的部分，减按25%计入应纳税所得额，按20%的税率缴纳企业所得税；对年应纳税所得额超过100万元但不超过300万元的部分，减按50%计入应纳税所得额，按20%的税率缴纳企业所得税。

【解析方案】

方案一：不进行分立。

甲企业应纳企业所得税=(360-180)×25% = 45(万元)

方案二：甲企业在2020年年初分立成A、B两个小企业。

按资产比例，A企业2020年可税前弥补亏损=180×6 ÷(6 + 4)=108(万元)；B企业2020年可税前弥补亏损=180×4÷(6+4)=72(万元)。

A企业的应纳税所得额=216-108=108(万元)，符合小型微利企业条件，年应纳税所得额不超过100万元的部分，减按25%计入应纳税所得额，适用企业所得税税率为20%，对年应纳税所得额超过100万元但不超过300万元的部分，减按50%计入应纳税所得额，按20%的税率缴纳企业所得税。

A企业应纳企业所得税=100×25%×20%+8×50%×20%= 5+0.8=5.8(万元)

B企业的应纳税所得额=144-72=72(万元)，符合小型微利企业条件，年应纳税所得额不超过100万元的部分，减按25%计入应纳税所得额，适用企业所得税税率为20%。

B企业应纳企业所得税= 72×25%×20%=3.6(万元)

A、B企业应纳企业所得税合计=5.8+3.6=9.4(万元)

方案二与方案一相比，甲企业少缴纳企业所得税=45-9.4=35.6(万元)，因此应当选择方案二。

【筹划点评】

企业分立不应仅仅考虑税收因素，应当全面综合地考虑，最终做出合理的决策。

24.2.3 企业通过分立成为小型微利企业的纳税筹划

【任务案例】

企业分立成小型微利企业的纳税筹划

甲装修公司有四个装修队，每个装修队员工人数为10人，资产总额为800万元，每个装修队年税前利润为100万元，整个装修公司年盈利400万元，且无纳税调整项目。请为甲装修公司进行纳税筹划。

【筹划思路】

我们可将原不属于小型微利企业的企业分立出子公司，使其符合小型微利企业的标准，从而减轻税收负担。

【法规依据】

《关于实施小微企业普惠性税收减免政策的通知》(财税〔2019〕13号)规定，所谓小型微利企业，是指从事国家非限制和禁止行业，且同时符合年度应纳税所得额不超过300万元、从业人数不超过300人、资产总额不超过5 000万元等三个条件的企业。

依据《财政部 税务总局发布的关于扩大小型微利企业所得税优惠政策范围的通知》(财税〔2017〕43号)规定：自2019年1月1日至2021年12月31日，对小型微利企业年应纳税所得额不超过100万元的部分，减按25%计入应纳税所得额，按20%的税率缴纳企业所得税；对年应纳税所得额超过100万元但不超过300万元的部分，减按50%计入应纳税所得额，按20%的税率缴纳企业所得税。

【解析方案】

方案一：继续维持该装修公司原来的状态。

该装修公司应纳企业所得税=400×25%=100(万元)

方案二：将四个装修队设立为四个符合小型微利企业标准的小装修公司。

四个公司应纳企业所得税合计=100×25%×20%×4=20(万元)

方案二与方案一相比，该公司少缴纳所得税=100-20=80(万元)，因此应当选择方案二。

【筹划点评】

将一个企业分立为两个或两个以上独立的企业，必然要耗费一定的费用，也有可能会影响正常的经营，且不利于今后规模的扩大，因此企业需权衡利弊。

项 目 训 练

一、理论训练

1. 如何利用企业分立节税?

2. 企业分立中的税收筹划主要包括哪些方面?

二、操作训练

训练资料：甲公司是一家小型制药企业(小型微利企业)，属增值税一般纳税人，除生产常规药品外，还从事免税药品等项目的生产经营。该公司2020年共实现销售额100万元(不含税)，公司购进生产用料的进项税额为10万元；2020年公司应纳所得税额为13万元。经过内部大概核算，其中免税项目的销售额为30万元，购进生产用料的进项税额为2万元，应纳税所得额为2.94万元，公司因为财务管理和生产工艺等原因，未能准确划分应税项目和免税项目的进项税额、销项税额，因此，本来应免税的项目一并缴纳了增值税。

训练要求：请为其进行纳税筹划。

项目 25

企业重组清算的纳税筹划

【学习目标】

[能力目标]

1. 能够根据企业重组清算的实际情况进行合理纳税筹划。

2. 能够综合运用税法的相关知识，针对企业实际需要，制定企业重组清算的全面纳税筹划策略。

[知识目标]

1. 熟悉国家相关税收政策。

2. 掌握企业重组的纳税筹划方法。

3. 掌握企业清算的纳税筹划方法。

[素质目标]

1. 具备对企业进行重组清算时纳税筹划的能力。

2. 具备分析问题、解决问题和团结协作的能力。

【思政指引】

关键词：合法依规　公正无私

企业重组清算涉及国家、企业、个人三方利益，核算过程要公开、公平、公正，核算内容要合法依规、泾渭分明，不能侵害国家和个人的利益。

【项目引例】

某公司董事会于 2018 年 6 月 10 日向股东会提交了公司解散申请书，股东会于 6 月 15 日通过决议，决定于 6 月 30 日宣布解散，并于 7 月 1 日开始正式清算。公司在进行正式清算之前，2018 年 1 月至 6 月盈利 800 万元，企业所得税税率为 25%，预计 7 月份该公司将发生费用 200 万元，清算所得预计为-90 万元，请为其进行纳税筹划。

25.1 相 关 法 规

企业重组阶段的
纳税筹划项目引例

25.1.1 债务重组及债务重组的交易规定

1. 债务重组

根据《财政部 国家税务总局 关于企业重组业务企业所得税处理若干问题的通知》(财税〔2009〕59 号)的规定：债务重组是指债务人发生财务困难的情况下，债权人按照其与债务人达成的书面协议或者法院裁定书，就其债务人的债务做出让步的事项。也就是说，只要修改了原定债务偿还条件的，即债务重组时确定的债务偿还条件不同于原协议的，均作为债务重组。

2. 债务重组的方法

(1) 债务转移。所谓债务转移，是指负债企业将其对债权人的负债转给第三方承担的行为。负债企业的债务转移，对于债权人来讲，就是一种债权转让。在此第三方一般是负债企业的关联企业或者有意对负债企业进行重组的其他企业。该第三方愿意出资购买债权，并由其承接对负债企业的债权。作为购买债权的对价，第三方可以以现金、实物、有价证券或其他财产性权利向债权人进行支付。

(2) 债务抵销。所谓债务抵销，是指当事人就相互之间的债务，按对等数额使其相互消灭的行为。如果双方的债务数额不相等，对尚未抵销的剩余债务，债务人仍有清偿的义务。

(3) 债务豁免。债务豁免又称债务免除，是指债权人抛弃债权而免除债务人偿还义务的行为。在债务重组实践中，资金雄厚的关联企业或债务重组行动发起方通常会采取先购买债权人对负债企业的债权然后予以豁免的操作方法。

(4) 债务混同。债务混同是指债权债务归于一人的法律事实。

(5) 削债。削债又称债权打折，是指由债权人减让部分债权，在一定程度上减轻负债企业的负担。这种债务重组方式一般在企业资不抵债时较常采用。

(6) 以非现金资产清偿债务。如果负债企业无法以货币资金支付有关债务，可以与债权人协商以非现金资产清偿债务。

(7) 债务转为资本。债务转为资本也称债务资本化，通常称为"债转股"。当企业背负高额债务，且资不抵债，无法偿还时，可通过国家组建的金融管理公司，把原来银行与企业间的债权、债务关系转变成股权、产权的关系。简而言之，就是把公司债务人转变为公司股东，将债权转化为股权的过程，也是企业债务重组的一种特殊方式。

3. 债务重组的法律规定

(1)　《中华人民共和国民法典》规定了有关债权转让的相关内容。

第五百四十五条规定，债权人可以将债权的全部或者部分转让给第三人，但是有下列情形之一的除外：①根据债权性质不得转让；②按照当事人约定不得转让；③依照法律规定不得转让。

第五百四十六条规定，债权人转让债权，未通知债务人的，该转让对债务人不发生效力。

第五百四十七条规定，债权人转让债权的，受让人取得与债权有关的从权利，但是该从权利专属于债权人自身的除外。受让人取得从权利不因该从权利未办理转移登记手续或者未转移占有而受到影响。

第五百四十九条规定，有下列情形之一的，债务人可以向受让人主张抵销：①债务人接到债权转让通知时，债务人对让与人享有债权，且债务人的债权先于转让的债权到期或者同时到期；②债务人的债权与转让的债权是基于同一合同产生。

(2)　《中华人民共和国民法典》规定了有关债务转移的相关内容。

第五百五十一条规定，债务人将债务的全部或者部分转移给第三人的，应当经债权人同意。债务人或者第三人可以催告债权人在合理期限内予以同意，债权人未作表示的，视为不同意。

第五百五十二条规定第三人与债务人约定加入债务并通知债权人，或者第三人向债权人表示愿意加入债务，债权人未在合理期限内明确拒绝的，债权人可以请求第三人在其愿意承担的债务范围内和债务人承担连带债务。

第五百五十四条规定，债务人转移债务的，新债务人应当承担与主债务有关的从债务，但是该从债务专属于原债务人自身的除外。

第五百五十五条规定，当事人一方经对方同意，可以将自己在合同中的权利和义务一并转让给第三人。

第五百五十六条规定，合同的权利和义务一并转让的，适用债权转让、债务转移的有关规定。

(3)　根据《中华人民共和国民法典》第五百六十八条规定，当事人互负债务，该债务的标的物种类、品质相同的，任何一方可以将自己的债务与对方的到期债务抵销；但是，根据债务性质、按照当事人约定或者依照法律规定不得抵销的除外。

当事人主张抵销的，应当通知对方。通知自到达对方时生效。抵销不得附条件或者附期限。

(4)　根据《中华人民共和国民法典》第五百七十六条规定，债权和债务同归于一人的，债权债务终止，但是损害第三人利益的除外。

(5)　削债情况下，企业一旦破产，债权人只能收回部分债权，甚至完全收不回任何债权。这种削债重组方式在《企业会计准则——债务重组》中规定为"以低于债务账面价值的现金清偿债务"。

(6)　以非现金资产清偿债务是《企业会计准则——债务重组》规定的一种债务重组方式。用于偿债的非现金资产既可以是存货、固定资产等实物资产，也可以是知识产权、债权、股权、资产使用权等财产性权利。

(7)　2018 年 1 月 26 日，国家发改委印发了《关于市场化银行债权转股权实施中有关具体政策问题的通知》(发改财金〔2018〕152号)，为切实解决市场化银行债权转股权工作中遇到的具体问题和困难，进一步明确了十项要求。通知放宽债转股的范围，债转股主体更加多元化，债转股资金来源渠道和实施方式更加丰富。

4. 债务重组的交易规定

一般情况下，企业债务重组的相关交易应按以下规定处理。

(1) 以非货币资产清偿债务，应当分解为转让相关非货币性资产、按非货币性资产公允价值清偿债务两项业务，确认相关资产的所得或损失。

(2) 发生债权转股权的，应当分解为债务清偿和股权投资两项业务，确认有关债务清偿所得或损失。

(3) 债务人应当按照支付的债务清偿额低于债务计税基础的差额，确认债务重组所得；债权人应当按照收到的债务清偿额低于债权计税基础的差额，确认债务重组损失。

(4) 债务人的相关所得税纳税事项原则上保持不变。

25.1.2 企业债务重组的分类

企业债务重组包括特殊债务重组、免税债务重组和应税债务重组。

企业债务重组方式

1. 特殊债务重组的条件

企业债务重组确认的应纳税所得额占该企业当年应纳税所得额的50%以上，可以在5个纳税年度的期间内，均匀计入各年度的应纳税所得额。

如果企业必须采取这种方式进行债务重组，可以考虑设计条件充分享受税收优惠政策。

2. 免税债务重组的条件

企业发生债权转股权业务，对债务清偿和股权投资两项业务暂不确认有关债务清偿所得或损失，股权投资的计税基础以原债权的计税基础确定。企业的其他相关所得税事项保持不变。

企业在条件允许的情况下，应尽可能采取债权转股权的方式进行债务重组。

3. 应税债务重组的条件

在应税债务重组中，企业以非货币性资产清偿债务，应当分解为转让相关非货币性资产、按非货币性资产公允价值清偿债务两项业务，确认相关资产的所得或损失。发生债权转股权的，应当分解为债务清偿和股权投资两项业务，确认有关债务清偿所得或损失。债权人应当按照收到的债务清偿额低于债权计税基础的差额，确认债务重组损失。

4. 特殊性税务处理的条件

企业的债务重组同时符合下列条件的，才能适用特殊性税务处理规定。

(1) 具有合理的商业目的，并且不以减少、免除或者推迟缴纳税款为主要目的。

(2) 被收购、合并或分立部分的资产或股权比例符合规定的比例。

(3) 企业重组后的连续12个月内不改变重组资产原来的实质性经营活动。

(4) 重组交易对价中涉及股权支付金额符合规定比例。

(5) 企业重组中取得股权支付的原主要股东，在重组后连续12个月内，不得转让所取得的股权。

25.1.3　企业清算的税收筹划方法

企业清算的
法律程序

清算所得是指企业的全部资产可变现价值或者交易价格减去资产净值、清算费用和有关税费的结余。企业清算，是指企业在宣布停止正常经营之后，除了分立和合并的原因之外，结束企业的法律关系，注销企业的法人资格的行为。

根据我国的企业所得税法的相关规定：纳税义务人完成企业清算之后，清算所取得的收益要按照相关的法律规定缴纳企业所得税。因此企业法人的资格会在企业完成清算之后自动消失。可是少缴纳税款符合自利这一动机，在企业的清算过程中一般采取下面两种纳税筹划方法。

1. 调整企业的清算日期的税收筹划

按照企业所得税法的有关规定，在企业进行清算这一年，要划分两个纳税年度，分别是：从当年的 1 月 1 日到清算开始日是第一个纳税年度；从清算开始日到清算结束日是第二个纳税年度。选择不同的清算日期，就会产生两个纳税年度不同的应税所得，影响企业的所得税负。科学合理地调整企业的清算日期，能够减少清算期间的应税所得额。假如企业在进行清算的过程中，还存在着大量的盈利，就可以把清算日往后适当推迟，用这段时间产生的费用来抵销企业的盈利，可以减少清算所得，帮助企业少缴纳企业所得税。

2. 清算所得中资本公积的税收筹划

资本公积是指由其他单位、其他个人或者投资者的投入，其所有权应当属于投资者，可是并不构成实际收益资本的权益资本。在资本公积中，除了企业法定资产的重估增值和接受捐赠的财产之外，剩余的其他项目能够从清算所得中扣除。对于重估增值和接受捐赠而言，一经产生就应该及时计入资本公积，在清算的时候并入清算所得并且予以课税，这其实就是增值的那一部分能够延长纳税期限。目前，企业所拥有的许多资产都处于增值期(如房地产业)，所以如果其他条件不变，就能够创造更多的条件对资产进行评估，把评估增值后的资产价值当作折旧计提的基础，就能够比之前更多地计提折旧，也能够抵销更多的企业所得税，从而减轻企业的赋税压力。

25.2　企业重组清算的纳税筹划任务

25.2.1　企业债务重组的纳税筹划

企业债务重组
的纳税筹划

【任务案例】

蓝源股份有限公司欠绿地有限责任公司 9 000 万元的债务，两家公司有两个方案可供选择：一是蓝源公司将手中的一项不动产进行抵债，该项不动产原值为 7 000 万元，账面净值为 6 500 万元，公允价值为 9 000 万元；二是绿地公司将债权转为企业股权，并且遵守特殊债务重组的其他条件。请为其进行纳税筹划。

【筹划思路】

企业在条件允许的情况下，应尽可能采取债权转股权的方式并且遵守特殊债务重组的

高职高专互联网+新形态教材·财会系列

其他条件进行债务重组。

【法规依据】

企业债务重组包括应税债务重组、特殊债务重组与免税债务重组。免税债务重组的条件是企业发生债权转股权，对债务清偿和股权投资两项业务暂不确认有关债务清偿所得或损失，股权投资的计税基础以原债权的计税基础确定，企业的其他相关所得税事项保持不变。特殊债务重组的条件是企业债务重组确认的应纳税所得额占该企业当年应纳税所得额50%以上，此时，可以在5个纳税年度期间内，均匀计入各年度的应纳税所得额。

【解析方案】

方案一：将不动产进行抵债处理，不动产销售的土地增值税核定税率为3%。

蓝源公司应纳增值税=(9 000-7 000)×5%=100(万元)

蓝源公司应纳土地增值税=9 000×3%=270(万元)

蓝源公司应纳企业所得税=(9 000-6 500-270)×25%=557.5(万元)

绿地公司应纳契税=9 000×3%=270(万元)

两个公司应纳税额合计=100+270+557.5+270=1 197.5(万元)

方案二：将债权转为企业股权处理，且遵守特殊债务重组的其他条件。

两个公司不需要缴纳任何税款。在将来绿地公司将该股权另行转让时，则只需缴纳企业所得税，不再缴纳增值税、土地增值税和契税。

由此可见，方案二比方案一两公司少缴税1 197.5万元，因此应当选择方案二。

【筹划点评】

企业在选择债务重组方式时，不能单纯考虑税负的高低，还应结合可能发生的坏账损失、收账费用、资产抵债的相关费用等进行综合考虑，从而选择最佳的债务重组方案。

25.2.2　企业清算的纳税筹划

【任务案例】

企业清算的
纳税筹划

宏润股份有限公司董事会于2019年6月向股东会提交解散申请书，股东会于7月20日通过并做出决议，清算开始日定于8月1日，清算期间为两个月。该公司财务部经理在开始清算后发现，1至7月底公司预计盈利300万元(适用税率为25%)，并且公司在清算初期会发生巨额的清算支出。假定整个清算期间(8月1日至9月30日)的清算损失为200万元，其中8月1日至8月14日会发生清算支出150万元，8月15日至9月30日会发生清算支出50万元。请为其进行纳税筹划。

【筹划思路】

企业的清算日期不同，对两个纳税年度应税所得的影响不同。企业可以利用推迟或提前清算日期的方法来影响企业清算期间应税所得额，从而达到降低应纳企业所得税税负的目的。

【法规依据】

企业在清算年度，应划分为两个纳税年度，从1月1日到清算开始日为一个生产经营纳税年度，从清算开始日到清算结束日的清算期间为另一个清算纳税年度。

【解析方案】

方案一：清算开始日定于 8 月 1 日。

生产经营年度(1 月 1 日至 7 月 31 日)应纳企业所得税=300×25%=75(万元)

清算年度(8 月 1 日至 9 月 30 日)

清算所得为清算损失 200 万元，不纳企业所得税。

方案二：清算开始日定于 8 月 15 日。

生产经营年度(1 月 1 日至 8 月 14 日)应纳企业所得税=(300-150)×25%=37.5(万元)

清算年度(8 月 15 日至 9 月 30 日)

清算所得为清算损失 50 万元，不纳企业所得税。

由此可见，方案二与方案一相比，宏润股份有限公司少缴企业所得税=75-37.5=37.5(万元)，因此应当选择方案二。

【筹划点评】

企业通过改变清算开始日期，合理调整正常生产经营所得和清算所得，可以达到降低整体税负的目的。

项 目 训 练

一、理论训练

1. 企业合并重组有哪几种方式？
2. 企业在清算过程中实现纳税筹划一般采取哪几种方法？

二、操作训练

【训练一】

训练资料：振邦集团是一家生产型的企业集团，由于近期生产经营效益不错，集团预测今后几年的市场需求还有进一步扩大的趋势，于是准备扩展生产能力。离振邦集团不远的 A 公司生产的产品正好是其生产所需的原料之一，A 公司由于经营管理不善正处于严重的资不抵债状态，已经无力经营。经评估确认资产总额为 4 000 万元，负债总额为 6 000 万元，但 A 公司的一条生产线性能良好，正是振邦集团生产原料所需的生产线，其原值为 1 400 万元(不动产 800 万元，生产线 600 万元)，评估值为 2 000 万元(不动产作价 1 200 万元，生产线作价 800 万元)。

训练要求：请为振邦集团的经营进行税收筹划，从而实现振邦集团的税负最低的目的。

【训练二】

训练资料：某公司决定 6 月 30 日解散，7 月 1 日开始正常清算。当年至 6 月底止公司预计盈利 10 万元(适用税率为 25%)，公司清算期间(7 月 1 日至 7 月 31 日)共发生费用 25 万元，清算应纳税所得为 12 万元。

训练要求：请为其进行税收筹划。

模块 7　企业真实业务的纳税筹划案例

项目 26

××集团购买土地的纳税筹划

26.1 项目基本情况

甲公司是一集团公司，2015 年 1 月，以子公司 M 公司的名义在某市郊区购进一块地，成本 1 亿元，2020 年 5 月该地块升值，评估价为 50 000 万元(不含税价)，乙公司是一家房地产开发企业，想在该地块开发销售商品房。甲公司欲卖地，乙公司欲买这块地。

26.2 销售方甲公司筹划方案解析

1. 方案一，将土地直接出售

需要缴纳以下税款。

(1) 印花税，税率为 5‰，应纳印花税=50 000×5‰=250(万元)。

(2) 增值税，税率为 9%。

但企业转让 2016 年 4 月 30 日前取得的土地使用权，可以选择适用简易计税方法，以取得的全部价款和价外费用减去取得该土地使用权的原价后的余额为销售额，按照 5%的征收率计算缴纳增值税，若甲公司选择简易计税，应纳增值税=50 000×5%=2500(万元)。

(3) 城市维护建设税、教育费附加、地方教育费附加，征收率分别是增值税的 7%、3%和 2%，税金及附加=2500×(7%+3%+2%)=300(万元)。

(4) 土地增值税。

应纳税额=增值额×适用税率-扣除项目金额×速算扣除系数

增值率=土地增值额/扣除额×100%=(50 000-10 000)/[10 000+50 000×5%×(1+7%+3%+2%)]×100%=40 000/12 800×100%=312.5%

增值额超过扣除项目金额 200%的部分，税率为 60%，速算扣除系数为 35%，应纳土地增值税税额=40 000×60%-12 800×35%=19 520(万元)。

(5) 企业所得税税率为 25%。

应纳企业所得税税额=(50 000-10 000-300-19 520)×25%=5 045(万元)

企业应缴税款合计=5 045+250+2 500+300+19 520=27 615(万元)

2. 方案二，将 M 公司 100%的股份以 50 000 元卖掉

需要缴纳以下税款。

(1) 印花税税率为 5‰，应纳印花税税额=50 000×5‰=250(万元)

(2) 应纳企业所得税税额=40 000×25%=10 000(万元)

企业应缴税款合计=10 000+250=10 250(万元)

筹划结论：对卖方甲公司来说出售股权优于直接出售资产。

3. 所得税税负

甲公司卖 M 公司股权时可以留一部分股份(假设为 5%)，享受 M 公司的分红用，公司章程约定分红比例(M 公司土地增值 4 亿，可以预测将来会有 4 亿的利润)，甲公司取得 M 公司的股息红利所得时免缴企业所得税，可以化股转所得为股息红利。

26.3 购买方乙公司筹划方案解析

1. 方案一，以 50 000 万元直接购买土地

购进土地成本账面价值 50 000 万元，在开发房地产时，作为企业所得税和土地增值税的成本列支。

2. 方案二，以 50 000 万元购进 M 公司 100%股权

土地成本为 M 公司账上的土地成本 10 000 万元，乙公司根据评估报告做分录：

借：无形资产——土地使用权   40 000 万

    贷：资本公积——其他资本公积   40 000 万

但企业在进行企业所得税申报时要做纳税调增，税收上只认历史成本 10 000 万元。

40 000 万元的溢价如何消化？只能等将来 M 公司股权转让时或 M 公司清算时扣除 M 公司计税成本 50 000 万元。

但土地开发后，房地产开发销售的企业所得税额为 10 000×25%=2 500(万元)，土地增值税额为 19 520÷50 000×10 000=3 900(万元)，10 000 万元的土地成本因不能税前扣除，负担的税额为 (2 500+3 900)÷10 000×100%≈64%，因此 40 000 万元的溢价共计负担税款为 40 000×64%=25 600(万元)，相当于甲公司少缴的税递延到乙公司了。

筹划结论：对买方乙公司来说直接购买资产优于购买股权。

3. 如何解决股权溢价问题

甲公司可以设立关联建筑安装企业，定价时调高建安成本、设计成本价格，调低股权价格。对上游甲公司来说，税负不变，对下游乙公司来说，股权款不能进成本，但建筑安装款能进成本。

高职高专互联网+新形态教材·财会系列

项目 27

××财务咨询公司降低税负的纳税筹划

27.1 公司基本情况

李某从事财务咨询业务，2019年成立××财务咨询公司，为一般纳税人。2020年全年咨询费收入100万元，几乎没有支出。

27.2 纳税情况分析

该公司缴纳的税种和税金为：

应纳增值税=(100/1.06)×0.06=5.66(万元)

应纳城市维护建设税、教育费附加及地方教育费附加=5.66×(7%+3%+2%)=0.68(万元)

应纳企业所得税情况：

2020年没有发生支出，企业所得税税率为查账征收的25%

则应纳企业所得税=(100/1.06-0.68)×25% =23.41(万元)

股东分红应缴个人所得税=(100-23.41-0.68-5.66)×20%=14.05(万元)

纳税合计：23.41+14.05+5.66+0.68=43.8(万元)

综合税负43.8÷100×100%=43.8%。

27.3 纳税筹划方案解析

方案一：注销原公司，在税收洼地成立个人独资企业(个人独资企业不需缴纳企业所得税和股东分红个人所得税)只缴纳个人所得税。

查账征收需缴纳：

100/1.01×35%-6.55≈28(万元)

核定征收需缴纳：

如果能核定征收个人所得税(假定应税所得率为 10%)

100/1.01×10%×20%-1.05≈0.93(万元)

100/1.06×0.01=9.4(万元)

增值税：(100/1.06)×0.06=5.66(万元)

附加税：5.66×(7%+3%+2%)=0.68(万元)

如果核定征收个人所得税，总计纳税：5.66+0.68+0.93=7.27(万元)

综合税负 7.27%，实际节省税金 36.53 万元。

2019 年 7 月 26 日，深圳税务局发布了核定征收的文件，除娱乐业之外的企业，个人所得税的应纳税所得额为 5%，属全国最低，并且综合税负控制在 3%以内。部分税源地还会有税收返还。

成立个人独资企业的其他优势如下。

(1) 个人独资企业本身是经营实体，在年营业额超过 500 万元的时候，是可以申请成为一般纳税人的，也可以开具增值税专用发票，但是综合税率相应提高了。一般来讲，个人独资企业保持小规模的身份，可以更好地享受税收优惠政策。

(2) 个人独资企业在小规模纳税人阶段可以开具 3%的增值税专用发票，只是需要到税务大厅代开，不可以自己独立开具。成为一般纳税人后，可以开具 6%、9%、13%等其他税率的增值税专用发票。

(3) 正常经营的个人独资企业，只要是合规经营，并没有必须注销的规定。特别需要指出的是，按照核定征收方式征收个税的个人独资企业，在注销流程上简便快捷，清税特别简单，周期短、费用低。

(4) 按照核定征收方式征收个税的个人独资企业，按月缴税即可，不需要再找成本发票，规避了找票的财务风险。

(5) 财务合规和税务合规的核心是"四流合一"，即每一笔业务都需要做到业务、合同、发票和资金流一致，业务真实合理即可。由于个人独资企业业务内容和会计规范要求都比较简单，而且相比个体工商户存在的"政策争议"，个人独资企业的法律规定更清晰，因此更容易做到财税合规。

方案二：在税收洼地做总部经济分公司或者子公司模式，借助税收洼地招商引资税收返还的政策，返还比例一般可达到 30%以上，也就是说缴纳 100 万元的税会返回来 30 多万元。

高职高专互联网+新形态教材·财会系列

项目 28

甲房地产公司的纳税筹划

28.1 项目基本情况

甲公司开发某项目总占地面积 114.24 亩，总建筑面积约 170 000 平方米。该项目分两期建设完成。一期占地面积为 38 129.6 平方米，二期占地面积为 38 034.1 平方米。

项目一期于 2015 年 7 月 30 日开工，于 2018 年 4 月 25 日全部竣工交付业主使用。项目二期产品包括普通住宅、商业等非普通住宅、公建配套设施、地下建筑等，规划指标如下。

(1) 总建筑面积：169 590 平方米。

(2) 容积率：1.5。

(3) 公建配套设施面积：2 370.07 平方米。

(4) 可售面积：113 402.93 平方米，其中，①普通住宅面积 91 588.8 平方米；②非普通住宅面积 21 814.13 平方米；③停车场面积 55 344.71 平方米。

28.2 项目纳税筹划分析

28.2.1 开发准备环节的纳税筹划

在拟建项目二期的预算中，就地安置拆迁户的房屋拆迁面积达到 5 000 平方米，其中就地安置等面积偿还 4 000 平方米，其余 1 000 平方米以 7 500 元/平方米的价格给予货币补偿。已知该住宅项目的房屋市场售价 8 000 元/平方米，以协议出让方式取得的土地使用权成本为 8 000 万元，可售总面积 50 000 平方米，其中包括用于拆迁安置的房屋面积 5 000 平方米。

【分析】针对以上数据，提出以下两种契税缴纳方案。

方案一：拆迁过程中，货币补偿部分以实际支付的拆迁补偿款确定契税的计税依据，就地安置部分应以每平方米的货币补偿标准确定契税的计税依据。

回迁部分契税的计税依据为：4 000×7 500 =3 000(万元)

拆迁户货币补偿为：1 000×7 500 =750(万元)

全部契税计税依据为：3 000+8 000+750=11 750(万元)

方案二：拆迁过程中，货币补偿部分以实际支付的拆迁补偿款确定契税的计税依据，就地安置部分应以被拆迁房屋每平方米的市场价格确定契税的计税依据。

回迁部分契税的计税依据为：4 000×8 000=3 200(万元)

全部契税计税依据为：3 200+8 000+750=11 950(万元)

28.2.2　开发建设环节的纳税筹划

1. 融资方式的纳税筹划

针对项目二期，对土地增值税汇算中利息的扣除计算方法选择上进行比较分析，该项目取得土地使用权所支付的金额为 6 700 万元,开发成本为 40 000 万元,而利息支出为 1 680 万元。

【分析】

方案一：据实扣除。

扣除额=(6 700+40 000)×5%+1 680=4 015(万元)

方案二：定率扣除。

扣除额=(6 700+40 000)×10%=4 670(万元)

【结论】就项目二期而言，方案二的扣除额大于方案一，差额为 655 万元，因此方案二更划算。因此在汇算清缴时应选择方案二，那么企业就不需要合理分摊利息费用或不需要提供金融机构的证明。

2. 建房方式的纳税筹划

甲公司拟建的项目二期有一地块，其土地成本和开发成本合计为 29 000 万元，评估公司按照市价给出的评估价格为 50 000 万元。现有两个方案如下(均采用营改增后的简易计税法)。

【分析】

方案一：自建自销。

甲公司将该项目作为商品房用于直接销售，依据税务规定，按照销售不动产税目征税，涉及土地增值税。

销售收入(含增值税)=50 000(万元)

销售收入(不含增值税)=50 000÷(1+5%)=47 619(万元)

销项税额=47 619×5%=2 381(万元)

城市维护建设税及教育费附加=2 381×(7%+3%+2%)=286(万元)

印花税=50 000×0.000 5=25(万元)

土地增值税：

扣除项=29 280×(1+10%+20%)+286=38 350(万元)

增值额=47 619-38 350=9 269(万元)

增值率=9 269÷38 350=24%

高职高专互联网＋新形态教材·财会系列

土地增值税=9 269×30%=2 780.7(万元)

净收入=47 619-29 280-25-2 780.7-286=15 247.3(万元)

方案二：代建。

甲公司先将该地块出售给乙公司用于职工住房，土地转让价格按照评估价格为 10 000 万元，土地成本为 7 280 万元，进行土地使用权证的更名，涉及土地增值税。甲公司与乙公司签订房屋代建协议书，工程所需全部建设资金均由乙公司提供，同时乙公司还负责采购大部分的建筑材料(价款约为 1 300 万元)，甲公司只负责工程的组织协调工作，建筑面积为 90 000 平方米，按照每平方米 2 500 元收取代建服务费，共计 22 500 万元。代建服务期间费用预测为 6 500 万元。代建服务按照服务收入征税，不涉及土地增值税。

该房地产公司转让该地块的损益如下。

销售收入(含增值税)=10 000 万元

销售收入(不含增值税)=10 000÷(1+5%)=9 524(万元)

销项税额=9524×5%=476(万元)

城市维护建设税及教育费附加=476×(7%+3%+2%)=57(万元)

印花税=10 000×0.000 5=5(万元)

土地增值税：

扣除项=7 280×(1+10%)+57=8 065(万元)

增值额=9 524-8 065=1 459(万元)

增值率=1 459/8 065=18%

土地增值税=1 459×30%=438(万元)

净收入=9 524-7 280-57-5-438=1 744(万元)

该房地产公司代建服务损益如下。

代建收入(含增值税)=22 500 万元

代建收入(不含增值税)=22 500÷(1+5%)=21 429(万元)

代建增值税=21 429×5%=1 071(万元)

代建城市维护建设税及教育费附加=1 071×(7%+3%+2%)=129(万元)

净收入=21 429-129-6 500=14 800(万元)

该房地产公司两项业务合计净收入如下。

合计净收入=14 800+1 744=16 544(万元)

【结论】根据以上分析，就此项目来说方案二净收入更多，比方案一多 296 万元。因此方案二代建更好。

3. 园林绿化的纳税筹划

项目二期的园林绿化工程项目的实际园林绿化工程费用约为 774 万元。一般来说，园林绿化施工中，苗木费占比约为 60%，因此合理估计该项目中的苗木费为 464 万元，其他费用为 310 万元。另外，甲公司主要有三种供应商可以选择。其中 A 公司是以建筑安装为主业，经营范围包括苗木种植。B 公司是专门进行苗木销售的公司。C 公司以出售苗木为主业，经营范围包括建筑安装。于 A 公司、B 公司、C 公司均能取得增值税专用发票。

【分析】

方案一：与 A 公司签订园林绿化施工合同，同时附带苗木销售共计约 774 万元。

可抵扣进项税额=774÷(1+11%)×11%=76.7(万元)

采购成本=774-76.7=697.3(万元)

方案二：与 A 公司分别签订销售合同 464 万元、建筑安装合同 310 万元。

可抵扣进项税额=464÷(1+13%)×13%+310÷(1+11%)×11%=84.1(万元)

采购成本=774-84.1=689.9(万元)

方案三：先在 B 公司购买苗木 464 万元，再与 A 公司签订 100 万元的施工合同。

可抵扣进项税额=464÷(1+13%)×13%+100÷(1+11%)×11%=63.3(万元)

采购成本=774-63.3=710.7(万元)

方案四：与 C 公司签订销售苗木同时提供园林绿化工程合同，总价款为 774 万元。

可抵扣进项税额=774÷(1+13%)×13%=89(万元)

采购成本=774-89=685(万元)

【结论】

四个方案支付的总费用都是 774 万元，但是方案一的可抵扣进项税额少，方案四可抵扣进项税额最大。如果要和以建筑安装为主业、经营范围包括苗木种植的企业合作时，房地产开发企业把苗木销售费用和绿化施工费用分开签订合同更好；同时，先从苗木销售公司购买苗木，再与园林公司签订绿化施工合同也可以达到相同的筹划效果。

28.2.3　房产销售环节的纳税筹划

1. 房屋装修费用的纳税筹划

项目二期的商品住宅项目，住宅小区容积率为 1.5，户型为两室一厅、三室两厅，建筑面积为 90～140 平方米，总建筑面积为 10 000 平方米，其中，地价及开发成本为 9 000 万元，准予扣除的开发费用为 1 000 万元，扣除项目金额合计为 1 亿元。企业直接销售毛坯房，销售均价为 16 000 元/平方米。

假设企业的销售模式为方案一，后经过实地考察调研，建议在售价加上装修成本后定为 19 000 元/平方米，将毛坯房装修后销售，定为方案二。

【分析】

方案一：出售毛坯房。

应纳税金及附加=16 000×5%/(1+5%)(7%+3%+2%)=91.43(万元)

增值额=16 000/(1+5%)-9 000×(1+20%)-1 000-91.43=3 346.67(万元)

增值率=33.47%

应纳土地增值税=3 346.67×30%=1 004.001(万元)

应纳企业所得税=[16 000/(1+5%)-10 000-91.43-1 004.001]×25%=1 035.67(万元)

净利润=16 000/(1+5%)-(10 000+91.43+1 004.001+1 035.67)=3 107(万元)

方案二：出售精装房。

应纳税金及附加=19 000×5%/(1+5%)×(7%+3%+2%)=108.57(万元)

增值额=19 000/(1+5%)-12 000×(1+20%)-1 000-108.57=2 586.67(万元)

增值率=2 586.67/[12 000×(1+20%)+1 000+108.5]×100%=16.67%

(注：增值率未超过 20%不缴土地增值税。)

根据上述第三点政策可知该公司所开发的商品房属于普通住宅，因此该公司免于缴纳

高职高专互联网＋新形态教材·财会系列

土地增值税。

应纳企业所得税=(19 000/(1+5%)-13 000-108.57)×25%=1 246.67(万元)

净利润=19 000/(1+5%)-(13 000+108.57+1 246.67)=3 740(万元)

【结论】

通过测算(装修成本为 3 000 元/平方米),企业应缴纳主要税金总额是 1 355.24 万元,两种方案缴纳税金总额相差 775.861 万元,扣除增加的装修成本后,企业采用方案二净利润增加 633 万元。我们通过对影响税额的因素进行分析,仅增加了部分房地产开发成本,却享受到税收优惠政策,免缴了 1 004.001 万元的土地增值税。

2. 土地增值税核算方式的纳税筹划

项目二期两套商业用房,且处于同一片土地上,销售 1 号房产取得收入 300 万元,允许扣除金额为 200 万元;销售 2 号房产取得收入 400 万元,允许扣除项目金额为 100 万元。

方案一:分开核算时。

1 号房产的增值率=(300-200)/200×100%=50%

适用税率30%,应纳土地增值税=(300-200)×30%=30(万元)

2 号房产的增值率=(400-100)/100×100%=300%

适用税率60%,应纳土地增值税=(400-100)×60%-100×35%=145(万元)

共缴纳土地增值税 175 万元。

方案二:合并核算时。

两幢房产的收入总额=300+400=700(万元)

允许扣除的金额=200+100=300(万元)

增值率=(700-300)/300×100%=133.3%(适用税率为50%)

应纳土地增值税=(700-300)×50%-300×15%=155(万元)

【分析】通过比较可以看出,合并核算对公司是有利的。从上例可以看出,由于两类房产增值率相差很大,只要房地产开发公司将两处房产安排在一起开发出售,并将两类房产的收入和扣除项目放在一起核算,一起申报纳税,就可以达到少缴税的目的。

3. 合同合并与分立的纳税筹划

甲公司有未售完的闲置房产2.5万平方米,公司决定按照每平方米每月110元对外出租,该价格包含了物业管理费和水电费,假定每月从客户处收取的物业管理费和水电费合计为 60 万元,该公司的租金收入收取方式有两种方案可供选择。

【分析】

方案一:房租收入与物业收入统一收取。

按照从承租方收取的总价款 275 万元与客户签订一份房屋租赁合同,不区分房租收入与物业管理收入。每月租金收入为 2.5×110=275(万元),企业应该缴纳的房产税为 275×12%=33(万元),应该缴纳的增值税、城市维护建设税及教育费附加合计数为 275×11%×(1+7%+ 3%)=33.275(万元),以上纳税金额总计为 33+33.275=66.275(万元)。

方案二:房租收入与物业收入分开收取。

与承租方签订两份合同,一份是以房地产企业名义签订的金额为 215 万元的商品房出租合同,另一份是以下设物业公司名义签订的金额为 60 万元的物业管理合同。站在最终投资人的角度看,每月从承租方处收取的总收入仍为 275 万元。

　　房地产企业应纳房产税=215×12%=25.8(万元)

　　应纳增值税、城市维护建设税及教育费附加=215×11%×(1+7%+3%)=26.015(万元)

　　物业公司应纳增值税、城市维护建设税及教育费附加=60×6%×(1+7%+3%)=3.96(万元)

　　【结论】与方案一相比较，方案二可以在保持总收入不变的情况下，房地产企业少纳税=66.275-25.8-26.015=14.46(万元)。

××大型超市的纳税筹划

29.1　企业基本情况

　　××大型超市主要经营范围有日用百货、针纺织品、文体用品、副食品、粮油、饮料、冲调、家电、生鲜、鞋、床上用品、图书音像、服装等，大型超市内部还有融餐饮娱乐等为一体的一条龙服务。

　　涉及的主要税种为增值税和企业所得税。

29.2　纳税筹划方案解析

29.2.1　超市购销货物的纳税筹划

1. 农产品的纳税筹划思路

　　大型超市销售的肉、蛋、禽、鱼、瓜、果、蔬菜生鲜及其加工熟食等农副产品是日常消费必需品，其购销数量巨大，并且农产品购进的增值税抵扣政策与工业品不同，不但可以凭增值税专用发票抵扣，也可以根据普通发票和纳税人自填的收购发票抵扣，且不需要通过认证和比对，因此在购入农产品时出现了选择的余地。

2. 政策依据

　　(1)　《财政部 税务总局 海关总署 关于深化增值税改革有关政策的公告》(财政部、国家税务总局、海关总署 2019 年第 39 号公告)规定，自 2019 年 4 月 1 日起，纳税人将购买农产品，原扣除率为 10% 的，扣除率调整为 9%。

　　纳税人购买农产品用于生产或者委托加工税率为 13% 的货物的，应当按照 10% 的税率计算进项税额。

(2)　《财政部 国家税务总局 关于简并增值税税率有关政策的通知》(财税〔2017〕37号)规定，一般纳税人从按照简易计税方法缴纳增值税的小规模纳税人处取得增值税专用发票，税率为 3%，进项税按增值税专用发票上注明的金额计算，扣除率为 11%(2019 年调整为 9%)。

上述文件说明：①增值税一般纳税人购进农产品，不论是从农业生产者手中购买的还是从小规模纳税人手中购买的，也不论是自己开具的收购发票还是取得的增值税普通发票或增值税专用发票，一律允许计算抵扣进项税；②进项税抵扣比例为 9%，与增值税一般纳税人销售农产品的增值税税率相同。

3. 筹划方案解析

(1)　计算方法：①大型连锁超市在收购农产品时，按采购价和 9%的扣除率计提进项税额，而售出的销项税额按不含税销售额和 9%的税率计算；②大型连锁超市收购农业生产者自产的农产品，可凭超市自己为农业生产者开具的农产品收购发票抵扣税额。

(2)　纳税筹划点：结合计算方法及相关政策可知，大型连锁超市在收购农产品售出时，只有销售毛利在 9%以上，才有应纳税额，否则农产品的进项将大于该类农产品的销项，带来进销项倒挂。农产品进项税抵扣率提高后，一方面，企业比原来多抵扣 6%的进项税；另一方面，购货方一般纳税人进项税额的提取比例与销货方一般纳税人增值税的税率相同，使纳税人的农产品进货渠道比原来拓宽了。农产品购进的增值税抵扣不但可以凭增值税专用发票抵扣，也可以根据普通发票和纳税人自填的收购发票抵扣。大型连锁超市为农业生产者开具的农产品收购发票由收购的超市自行领购、开具、抵扣。

企业购进农产品，自己开具收购发票或取得普通发票与取得增值税专用发票价税合计总金额相同，增值税一般纳税人取得普通发票按价税合计的 9%计算进项税额，取得增值税专用发票则按不含税价计算进项税额，两者计算的结果不同，实际抵扣的进项税额也不同。

例如，购进玉米价税合计 50 万元，开具收购发票或取得普通发票按总金额 9%的扣除率计算抵扣进项税额为 4.5 万元。

$50×9\%=45\ 000(元)$

取得增值税专用发票则抵扣的进项税额=[500 000÷(1+9%)]×9%=41 284.4(元)

比取得普通发票少抵扣进项税额=45 000-41 284.4=3 715.6(元)

少抵进项税额=(45 000-41 284.4)÷45 000×100%=8.25%

假如，一个企业年消耗应取得增值税专用发票，而取得普通发票的进项税额是 5 000 万元，就可以多抵扣税款、少缴纳增值税=5 000×8.25%=412.5(万元)。

综上，在购进农产品时应选择直接从农业生产者手中购进，取得普通发票，按 9%的扣除率来计算其进项税额，有利于其可抵扣的进项税额的增加，减少其应缴增值税税额。

29.2.2　超市营销策略筹划

1. 筹划思路

超市作为一般纳税人，其主要负担税种为增值税和企业所得税，在对众多商品的税收筹划中，由于产品促销方式多种多样，包括折扣销售、销售折扣、销售折让、还本销售、以旧换新、以物易物等。但是，因为超市中商品种类繁多，价格参差不齐，故对于超市总

高职高专互联网＋新形态教材·财会系列

体而言，适合采用的是"满就送"优惠促销方式。但就"满就送"方式而言，也有不同的方式，其税负也不一样。

2. 筹划方案解析

若××大型超市每销售 100 元商品(含税)，其平均成本为 60 元。拟定"满 100 送 20"活动，即每销售 100 元商品，送出 20 元优惠(含尾数调整)。

(1) 满就打折。根据税法规定，采取折扣销售方式时，如果销售额和折扣额在同一张发票上注明，可以以销售额扣除折扣额后的余额作为计税金额。

若超市选择以 8 折商业折扣，则

增值税=80÷(1+13%)×13%-60÷(1+13%)×13%=2.29(元)

城市维护建设税及教育费附加=2.29×(7%+3%)=0.229(元)

利润额=80÷(1+13%)-60÷(1+13%)-0.229=17.69(元)

企业所得税=17.69×25%=4.43(元)

净利润=17.69-4.43=13.26(元)

(2) 满就送折扣券。采取折扣券促销，顾客相当于获得了下次购物的折扣期权。

若超市选择满 100 送 20 元折扣券，则

增值税=100÷(1+13%)×13%-60÷(1+13%)×13%=4.60(元)

城市维护建设税及教育费附加=4.60×(7%+3%)=0.46 (元)

利润额=100÷(1+13%)-60÷(1+13%)-0.46=34.94(元)

企业所得税=34.94×25%=8.73(元)

净利润=34.94-8.73=26.21(元)

(3) 满就送礼品。超市赠送礼品视同销售，其所赠送礼品视同销售，也需计算增值税。

若超市选择满 100 送价值 20 元礼品(成本为 12 元)

增值税=100÷(1+13%)×13%-60÷(1+13%)×13%+20÷(1+13%)×13%-12÷(1+13%)×13%=5.52(元)

城市维护建设税及教育费附加=5.52×(7%+3%)=0.552(元)

根据国税函〔2000〕57 号文件规定，为其他单位和部门的有关人员发放现金、实物等应按规定代扣代缴个人所得税，税款由支付单位代扣代缴。为保证让利顾客 20 元，超市赠送的价值 20 元的商品应不含个人所得税额，该税应由超市承担，因此赠送该商品时超市需代缴顾客偶然所得。

个人所得税=20÷(1-20%)×20%=5(元)

利润额=100÷(1+13%)-60÷(1+13%)-12÷(1+13%)-0.552-5=24.23(元)

企业所得税=24.23×25%=6.05(元)

净利润=24.23-6.05=18.18(元)

(4) 满就返现。超市返还现金亦属于商业折扣。

增值税=80÷(1+13%)×13%-60÷(1+13%)×13%=2.3(元)

城市维护建设税及教育费附加=2.3×(7%+3%)=0.23(元)

超市需代缴顾客偶然所得个人所得税为 20÷(1-20%)×20%=5(元)

利润额=80÷(1+13%)-60÷(1+13%)-20-0.23-5=-7.53(元)

企业所得税=-7.53×25%=-1.88(元)

净利润=-7.53-(-1.88)=-5.65(元)

(5) 满就送加量。超市采取满 100 可再购 20 元物品(其平均成本也为 12 元),实际是采用捆绑销售,但不同于无偿赠送。

增值税=100÷(1+13%)×13%−60÷(1+13%)×13%+20÷(1+13%)×13%−12÷(1+13%)×13%=5.52(元)

城市维护建设税及教育费附加=5.52×(7%+3%)=0.552(元)

利润额=100÷(1+13%)−60÷(1+13%)−12÷(1+13%)−0.697=24.99(元)

企业所得税=24.99×25%=6.25(元)

净利润=24.99−6.25=18.74(元)

综上所述,由以上方案分析,超市为获得利润最大,采取"满就送" 促销方式时,应选择"满就送加量"方案。虽然采用折扣券的方式当期所获得的利润高于"满就送加量"方案,但是由于其只是递延纳税,形成的是暂时性的差异,对于超市纳税总额的影响不大,但是,如果采用满就送加量,则形成的是永久性的差异,对于超市以后的发展更加有利。

29.2.3 超市商品损耗列支筹划

1. 筹划思路

超市商品繁多、种类品种复杂,面对的是零散的消费者的零散购买,因此,极易因管理等方面的原因造成很多商品的过期以及腐坏等情况的产生。而且作为开放式的商场,被盗、人为损坏等是一个超市无法避免的损失。这部分损失一般占其营业成本的 3%~5%,时效性较强的生鲜类更高达 10%以上,因此对这一部分损失的筹划也对超市的经营有着重要的影响。

2. 政策依据

(1) 超市的商品损耗从税收的角度而言可以分为正常损耗以及非正常损耗两种。

正常损失指的是增值税一般纳税人购进的货物或应税劳务在生产经营过程中的正常损耗,也就是合理损耗。

非正常损失指的是正常合理损耗以外的损失。例如,因管理不善造成的货物被盗、霉烂、变质等损失,以及其他不是生产经营过程中发生的正常合理损失外的损失。

对增值税来说,正常损失和非正常损失的账务处理不同,增值税的税额也不同。对一般纳税人来说,在购进货物或应税劳务时,收取的增值税专用发票或收取的海关完税凭证,其单据中注明的增值税可以抵扣,正常损失相对应的进项税也可以抵扣,但发生非正常损失相对应的进项税则不能抵扣。如果是抵扣后发生的非正常损失,还要将其进项税从当期发生的进项税额中扣减。

(2) 按《增值税暂行条例》和营改增相关规定,下列项目的进项税额不得从销项税额中抵扣。

① 非正常损失的购进货物及相关的应税劳务。

② 非正常损失的在产品、产成品所耗用的购进货物及应税劳务。

③ 与非正常损失的购进货物相关的交通运输服务。

④ 与非正常损失的在产品、产成品所耗用购进货物相关的交通运输服务。

(3) 纳税筹划方案。

目前,我国的税法中只对制造业的生产过程中规定了合理损耗的范围,而对于商贸企

高职高专互联网+新形态教材·财会系列

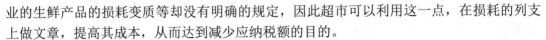

业的生鲜产品的损耗变质等却没有明确的规定，因此超市可以利用这一点，在损耗的列支上做文章，提高其成本，从而达到减少应纳税额的目的。

相应的会计处理如下。

企业盘亏时：

借：待处理财产损溢

　　贷：相关科目

　　　　应交税费——应交增值税(进项税额转出)

批准后结转：

借：管理费用(非正常损耗或管理不善)

　　其他应收款(保险公司或责任人赔偿)

　　营业外支出(非正常损失)

　　贷：待处理财产损溢

综上所述，企业发生的定额内合理损耗，按其购入的实际成本计入货物成本，货物单位成本增高，其进项税额可以抵扣，计算所得税时成本可以直接扣除。企业发生的非正常损失的购进货物及非正常损失的在产品，产成品所耗用的购进货物或应税劳务的进项税额不得从销项税额中扣除。因此，发生非正常损耗时，其所缴纳的增值税比正常损耗时多。据此，可以把超市的一些变质、过期、销售过程中的磨损等生鲜损耗转化为合理损耗，进项税得到抵扣，减轻税负。

29.2.4　超市位置布局及结构设置的纳税筹划

1. 总机构地域选择

(1)　连锁超市通过成立采购配送公司的形式来规避税收，即由总公司的采购配送公司和财务部负责商品的统一采购配送、统一结算货款、统一财务核算。

(2)　纳税筹划的关键点。由供货商将商品先卖给采购配送公司，然后由采购配送公司再配送商品并开具增值税发票给各分店，这样就意味着各分店毛利率的多少将取决于总公司，总公司选择设在企业所得税有优惠政策的低税率地区。

(3)　总公司通过税收筹划，调节分店两个环节的税收。一是对老的分店采取汇总缴纳的办法，将利润转移到总公司，享受所得税低税率区的政策；二是对免征所得税的新办分店通过增加返利的筹划，将利润转移到分店，减少总公司的所得税税负。

2. 超市结构设置

(1)　筹划思路。选择设立子公司还是分公司。

(2)　政策依据。①《企业所得税法》第五十条规定："居民企业在中国境内设立不具有法人资格的营业机构的，应当汇总计算并缴纳企业所得税。"②跨省市或省内跨市(县)总分机构企业是指跨省或省内跨市(县)设立不具有法人资格营业机构的企业。居民企业总机构分支机构都要办理税务登记并接受所在地主管税务机关的监管。③总机构应统一计算包括各个不具有法人资格营业机构在内的企业全部应纳税所得额，应纳税额。④分公司就流转税在所在地缴纳，利润由总公司合并纳税。⑤总分支机构适用税率不一致的，应分别计算应纳税所得额应纳税额，分别按适用税率缴纳。

(3)　筹划分析。分支机构的盈亏情况。①总公司盈利。新设置的分支机构可能出现亏损时，应当选择总分公司模式。根据税法规定，分公司是非独立纳税人，其亏损可以由总公司的利润弥补。如果设立子公司，子公司是独立纳税人，其亏损只能由以后年度实现的利润弥补，且总公司不能弥补子公司的亏损，也不得冲减对子公司投资的投资成本。②总机构亏损。新设置的分支机构可能盈利时应当选择母子公司模式；子公司不需要承担母公司的亏损，可以自我积累资金求得发展。总公司可以把其效益好的资产转移给子公司，把不良资产处理掉。

综上所述，企业设立分支机构，使其不具有法人资格，且不实行独立核算，则可由总公司汇总缴纳企业所得税。这样可以实现总公司调节盈亏，合理减轻企业所得税的负担。超市在进行连锁经营时可以采用分公司的方式来减少其本身企业所得税的负担，实现盈利最大化。

参 考 文 献

[1] 解宏. 企业纳税筹划策略与案例解读[M]. 北京：化学工业出版社，2009.

[2] 郭淑荣. 纳税筹划[M]. 成都：西南财经大学出版社，2016.

[3] 代义国. 纳税筹划案例大全[M]. 广州：广东出版社，2014.

[4] 黄凤羽. 税收筹划策略、方法与案例[M]. 大连：东北财经大学出版社，2011.

[5] 王振. 企业所得税纳税筹划 88 经典案例[M]. 大连：东北财经大学出版社，2017.

[6] 庄粉荣. 纳税筹划实战精选百例[M]. 北京：机械工业出版社，2014.

[7] 翟继光. 新税法下企业纳税筹划[M]. 北京：电子工业出版社，2021.

[8] 翟继光，袁芸，梁小斌. 企业纳税筹划实用技巧与典型案例分析[M]. 上海：立信会计出版社，2021.

[9] 常亚波，樊路青. 企业纳税筹划实用方法与案例解析[M]. 北京：人民邮电出版社，2020.